Katja Wolff:

Der kabbalistische Baum

Adams Schlüssel zum Paradies

Esoterik

Herausgegeben von Gerhard Riemann

KABBALAH – ein Symbol, in mannigfacher Weise interpretierbar, auf vielen Ebenen aussagekräftig. Allein der Name – wenn man mit seinen Buchstaben etwas herumspielt, kann man schon seine Universalität erkennen: dreimal das A, die Einheit; zweimal das B, der erste Schritt in die Polarität, einmal das C (K ist aussprachemäßig dem C gleichzusetzen), die zweite Seite der Polarität; H als stimmloser Konsonant am Übergang zwischen Materie und Geistbereich.

Bei der graphischen Darstellung des Baumes kann man sieben Ebenen erkennen. Dies wird ganz deutlich, wenn wir den Baum um 90° um seinen Stamm drehen. Daß diese sieben Ebenen den sieben Charakteren entsprechen, liegt auf der Hand. Von Chakra drei, fünf und sechs werden jeweils der vordere und der hintere Aspekt dargestellt. Ebenso wie das Herz im Körper, so nimmt das Herzchakra in der kabbalistischen Darstellung eine zentrale Rolle ein: bis auf das 1. Chakra stehen alle anderen Chakren mit ihm in direkter Verbindung!

Katja Wolffs Buch kommt dem Wunsch vieler Menschen entgegen, wieder Zugang zu finden zu unserer ureigensten abendländischen Esoterik-Tradition. Die Kabbalah als das große mystische Prinzip des Westens erlebt hier seine Wiedergeburt – und zwar in einer Form, die viele »erleuchten« wird, denen der Baum des Lebens bisher ein Buch mit sieben Siegeln war.

Katja Wolff, geboren 1961, studierte Philosophie, Mediävistik und Linguistik in Hamburg. Sie beschäftigt sich mit den divinatorischen Aspekten der Kabbalah: dem Tarot und der Numerologie.

Von Katja Wolff ist außerdem als Knaur-Taschenbuch
erhältlich:

»Der kabbalistische Spiegel« (Band 4217)

Originalausgabe 1989
© 1989 Droemersche Verlagsanstalt Th. Knaur Nachf., München
Umschlaggestaltung Dieter Bonhorst
Satz DTP im Verlag
Druck und Bindung Ebner Ulm
Printed in Germany 5 4 3 2 1
ISBN 3-426-04223-1

INHALTSVERZEICHNIS

EINLEITUNG

J üdische und christliche Religion, Astrologie, Tarot und Alchimie haben unzählige Väter, aber nur eine Mutter: die Kabbala. Mütterchen Kabbala ist älter als die Bibel. Eingeweihte berichten, sie sei sogar älter als die Menschheit. Das Mütterchen hat sich schon in vielen verschiedenen Körpern gezeigt. Die meisten davon hat sie längst verlassen. Diese verlassenen Körper sind entweder begraben und vergessen oder kunstvoll einbalsamiert worden. Mütterchens Körper nennt man »Religionen« oder »Philosophien«.

Zahlreiche Philosophien sind heute hutzelige Mumien, die von den Bewohnern der Elfenbeintürme verwaltet werden. Viele Religionen stolpern als Zombies, als scheinlebendige Tote, durch die Zeit, hohle Phrasen schnarrend, deren Bedeutung auf dem Weg durch die Jahrhunderte verlorengegangen ist.

Trotz ihres hohen Alters ist das Mütterchen putzmunter und springlebendig. Sie wächst mit jedem Tag, ändert ihr Gesicht und bleibt doch stets dieselbe. Sie bietet sich an, um von ihren Kindern erkannt und gel(i)ebt zu werden. Wer das Mütterchen kennt, der weiß, daß sie sich demnächst wieder einmal neu verkörpern wird — doch diesmal vermutlich in zahlreichen Erscheinungen zugleich. Ihren Kindern wird es nicht schwerfallen, die Eine in den Vielen zu erkennen.

Über Herkunft und Geschichte der Kabbala gibt es unterschiedliche Meinungen. Fest steht, daß der Name »Kabbala« sich von einem hebräischen Verb herleitet, das sowohl »geben« als auch »empfangen« bedeutet. Ein eingeweihter Meister gab und sein Schüler empfing Wissen — diesen gleichzeitigen Vorgang des Gebens und Empfangens bezeichnete man mit dem Wort »Kabbala«.

Manche sagen, die Kabbala sei Adam nach der Vertreibung

aus dem Paradies von den Engeln als Mittel der Rückkehr überreicht worden. Andere halten sie für die Essenz des Wissens, für die Summe aller Fragen und Antworten. Man nennt sie eine Tradition, einen Einweihungsweg, die Struktur des Universums, den göttlichen Bauplan, das Drehbuch der Schöpfung, den Stadtplan der Seele, eine Technik, den Verstand zu benutzen, oder auch eine Gebrauchsanweisung für die menschliche Intelligenz.

Jede dieser Bezeichnungen beschreibt nur einen bestimmten Aspekt der Kabbala. Wir wollen zunächst dabei bleiben, in ihr das »Mütterchen« zu sehen.

Das Mütterchen liebt es, wenn man sie geduldig umwirbt und ihr den Hof macht — nicht etwa, weil sie eitel wäre, sondern weil sie nur denjenigen reich beschenken kann, der sich für die »Quaternität des Schenkens« geöffnet hat. Die »Viereinigkeit des Schenkens« besteht darin, daß das Mütterchen

1. die Schenkende
2. das Geschenk
3. der Vorgang des Schenkens und
4. die Beschenkte ist — alles zugleich. Indem sie sich in ihre Kinder verströmt, kehrt sie in sich selbst zurück. (Warum das so ist und wie das funktioniert, erfahren wir später.)

Zunächst müssen wir wissen, daß das Mütterchen eine Vorliebe für die hebräische Sprache hat. Diese heilige Sprache war einer ihrer ersten Körper. Dieser Körper zählt zu den wenigen, die bislang weder der Verwesung noch der Mumifizierung anheimgefallen sind. Wir müssen nicht unbedingt die hebräische Sprache lernen, um das Mütterchen zu verstehen oder ihr eine Freude zu machen. Es genügt vollkommen, wenn wir uns mit einigen Besonderheiten dieser Sprache, die in Wahrheit eine Philosophie ist, vertraut machen.

Die hebräische Sprache (auch das »Sanskrit des Westens« genannt), ist voller faszinierender Besonderheiten. Es beginnt schon damit, daß man sie von rechts nach links liest, also quasi von Osten nach Westen, von Sonnenaufgang bis Sonnenuntergang, dem Lauf der Sonne, dem Licht folgend. Die zweite Besonderheit besteht darin, daß jeder Buchstabe des hebräischen Alphabets zugleich ein Wort ist. Der erste Buchstabe, Aleph, bedeutet: Ochse. Der zweite, Beth, bedeutet: Haus. (Bethlehem heißt: Brot-Haus!) Die dritte Besonderheit: Im Hebräischen werden dieselben Schriftzeichen sowohl für Zahlen als auch für Buchstaben verwendet. Das Zeichen Aleph steht sowohl für den ersten Buchstaben des Alphabets als auch für die Ziffer 1. Das Beth steht sowohl für den Laut »B« als auch für die Zahl 2; jedes Schriftzeichen ist Zahl und Buchstabe zugleich.

Wir sind an römische Buchstaben (A, B, C . . .) und arabische Ziffern (1, 2, 3 . . .) gewöhnt. Bei uns kann es keinen Zweifel darüber geben, ob wir es mit einem A oder einer 1, einem B oder einer 2 zu tun haben. Das vereinfacht den Vorgang des Lesens. Aber jede Vereinfachung ist immer auch eine Verarmung. Wer mit der hebräischen Sprache aufwächst, wer mit ihr und in ihr lebt, dem erschließen sich Einsichten in Zusammenhänge, die so aufregend sind, daß man sein ganzes Leben mit dem Studium dieser Zusammenhänge verbringen könnte. Es gibt Menschen, die haben genau das getan!

Wenn zwei Wörter in der hebräischen Sprache denselben Zahlenwert haben, so besteht zwischen ihnen eine subtile Verwandtschaft; beide Wörter erläutern einander wie die Querverweise in einem guten Lexikon. Die Sprache als ein gigantisches Lexikon mit unendlich vielen Querverweisen zu benutzen — das funktioniert nur im Hebräischen.

Beispiel: 358 ist der Zahlenwert des Wortes NChSh — das ist: die Schlange im Garten Eden, die unsere gemeinsame Vorfahrin Eva anregte, doch einmal von den Früchten des Baumes der Erkenntnis zu naschen. 358 ist aber gleichzeitig auch der Zahlenwert des Wortes MShICh — das ist: Messias. Es gibt eine geheime Identität beider Worte. Die Schlange war nicht, wie uns immer erzählt wurde, der Satan, sondern, ganz im Gegenteil: ein Wesen, das es gut mit den Menschen meinte und sie aus dem Zustand der Unbewußtheit befreien wollte. Der Mensch konnte nun bewußt zwischen Gut und Böse unterscheiden: Er konnte gut oder böse sein. Dadurch lud er Schuld auf sich. Diese Schuld wurde von demselben Wesen, das schon einmal als Schlange aufgetreten war, pauschal am Kreuz bezahlt.

Die vierte Besonderheit der hebräischen Sprache besteht darin, daß es in der hebräischen Schriftsprache keine Vokale gibt.

Ein Satz ohne Vokale sieht so aus:

n S tz hn V k l s ht s s: wie ein Gerippe, wie ein Skelett ohne Fleisch und Blut, wie ein Körper ohne Seele, tot und leer. Lesen ist im Hebräischen immer auch Interpretieren, Deuten, Erschließen der Bedeutung aus dem Zusammenhang.

Beispiel: Ein Wort, das aus den Konsonanten »LB« besteht, könnte unter anderem gedeutet werden als: »Leib«, »Liebe«, »Lob«, »Laub« und »Alibi«. Hieraus erwächst eine zweite Möglichkeit, die hebräische Sprache als ein großes Lexikon zu benutzen. Ein Netz gegenseitiger Querverweise, Erklärungen und Sinnverwandtschaften wird sichtbar. Leider funktioniert dies Prinzip nur im Hebräischen. Der Anschaulichkeit halber können wir aber trotzdem versuchen, dies »Querverweis-Prinzip«, das auf dem Fehlen der Vokale beruht, auch im Deutschen zu illustrieren. Gäbe es in unserer Schriftsprache keine Vokale, so würden die Worte »Leib«, »Liebe«, »Lob«, »Laub« und »Alibi« alle gleich geschrieben werden, nämlich so: »LB«. Daraus könnten wir dann entnehmen, daß sich ein feines Netz gegenseitiger Erläuterungen und subtiler Sinnverwandtschaften zwischen diesen Wörtern spinnt.

Was »Leib« und »Liebe« miteinander zu tun haben, wissen wir spätestens seit der Pubertät. Dieser Zusammenhang bedarf keiner weitschweifigen Erläuterung. Das Verhältnis von »Lob« zu »Liebe« könnte man folgendermaßen beschreiben: Wenn man jemanden lobt, so zeigt man ihm damit seine Zuneigung. Umgekehrt gilt: Wird man gelobt, so ist einem derjenige, der das Lob aussprach, sofort ein bißchen sympathischer. Lob als Aufmunterung in schweren Zeiten ist ein Zeichen der Liebe. Der Lobhudler macht sich durch Schmeichelei bei den Mächtigen be-liebt. Und was ein Casanova im Sinn hat, wenn er die ach-so-schönen Augen einer Frau lobt, deutet auf den Zusammenhang zwischen »Lob«, »Leib« und »Liebe«.

Was haben »Lob« und »Laub« miteinander zu tun? Der Beifall der Menge erinnert an das Rauschen der Blätter im Wind (»rauschende Beifallsstürme«). Im Herbst fällt das Laub. Wenn die Zeiten für dich schlechter werden, kannst du nicht auf die Hilfe derjenigen rechnen, die dich gestern noch, als du erfolgreich warst, bejubelt haben. Dieselben Hände, die gestern noch Beifall geklatscht haben, sinken untätig und kraftlos wie Herbstlaub nieder. Was haben »Leib« und »Alibi« miteinander zu tun? Das Wort »Alibi« stammt aus dem Lateinischen. Es bedeutet: »anderswo«. »Körper« und »anderswo« — worin bestehen die subtilen Zusammenhänge? Der Körper ist das »Anderswo« der Seele. Dadurch, daß wir inkarniert sind und einen Körper haben, befinden wir uns im »Anderswo« der Materie. Wir bewegen uns auf der Ebene des Materiellen wie Könige im Exil.

Selbst in unserer Sprache gewährt dieses »Querverweis-Spiel« einige aufschlußreiche Einsichten. Doch unser Beispiel »LB« ist nur ein müder Abklatsch dessen, was die hebräische Sprache an Möglichkeiten bietet!

Otz chiim, der Baum des Lebens (im folgenden werden wir ihn der Einfachheit halber nur noch »Baum« nennen), ist das zentrale Symbol der Kabbala.

Ein pfiffiger Witzbold hat einmal errechnet, daß der Mensch aus Chemikalien im Wert von unter fünf Mark besteht: in der Hauptsache aus Wasser, mit Beimengungen verschiedener Salze und Mineralstoffe. (Entsprechend höher läge dann natürlich der »Wert« solcher Menschen, die Goldplomben in den Zähnen haben . . .)

Ähnlich banal ließe sich auch der Baum beschreiben.

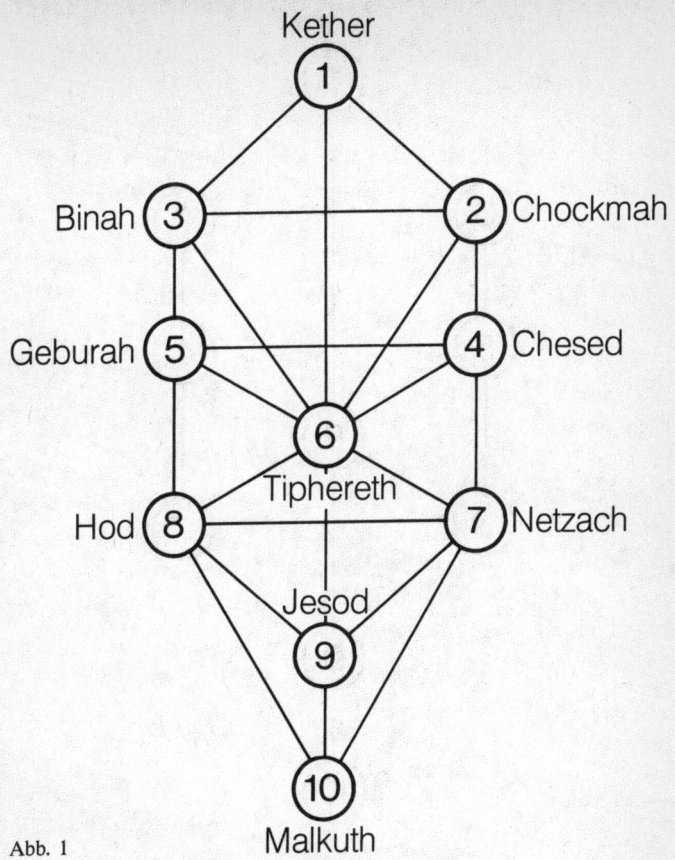

Abb. 1

Der Baum ist eine Glyphe, ein graphisches Symbol, und besteht aus zehn Zahlen, die durch 22 Linien miteinander verbunden sind. Die Zahlen verteilen sich auf drei »Säulen«: auf die rechte, die mittlere und die linke.

Die rechte Säule besteht aus den Zahlen 2, 4 und 7. Auf der mittleren Säule liegen die Zahlen 1, 6, 9 und 10. Links befinden sich die 3, die 5 und die 8.

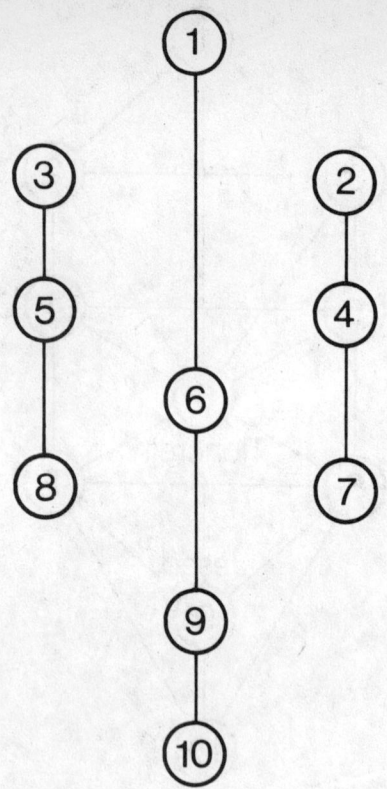

Abb. 2

Die Zahlen lassen sich in drei nebeneinanderstehende Paare
(2 und 3; 4 und 5; 7 und 8) einteilen

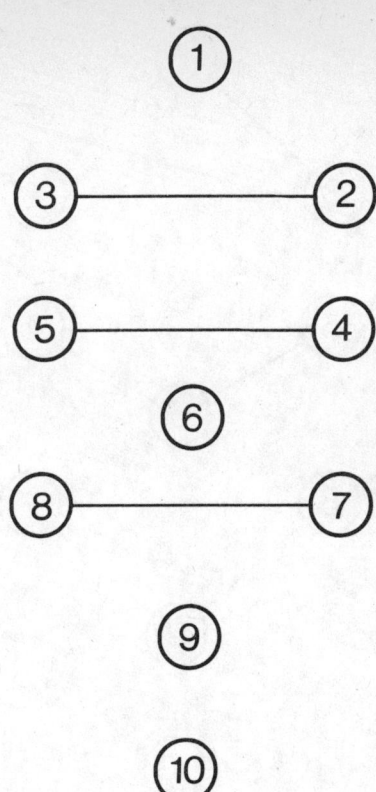

Abb. 3

oder auch in drei Triaden (Dreiergruppen). Die erste Triade besteht aus 1, 2 und 3 — sie bildet ein mit der Spitze nach oben weisendes Dreieck. Die beiden anderen Triaden, bestehend aus 4, 5 und 6 bzw. 7, 8 und 9, bilden jeweils ein mit der Spitze nach unten, ein auf die einsame 10 weisendes Dreieck.

17

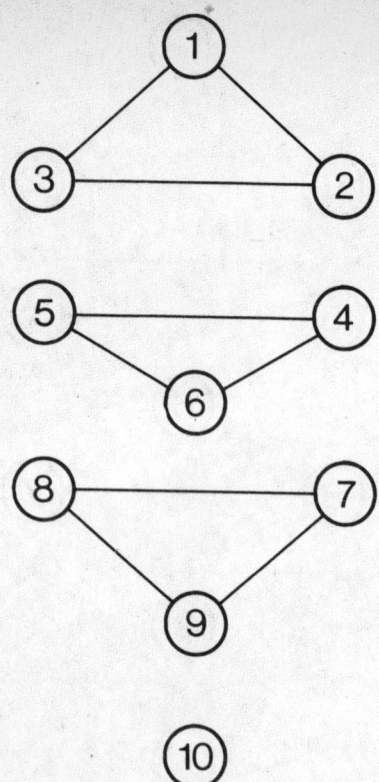

Abb. 4

Man kann die Zahlen des Baumes auch folgendermaßen untergliedern:

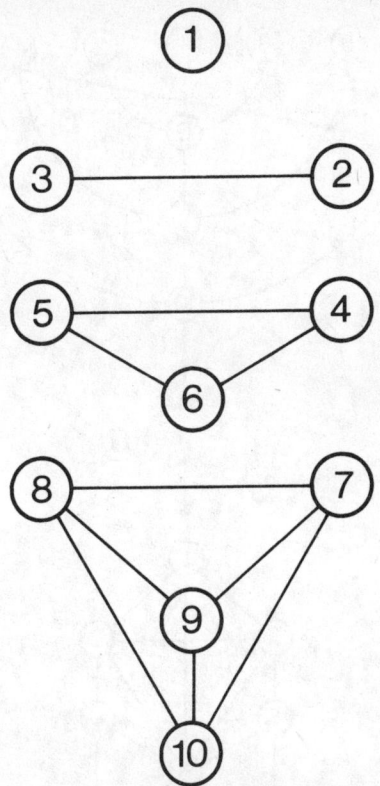

Abb. 5

Wir hätten dann den Punkt (die Eins), die Linie (zwischen 2 und 3), die Fläche (das Dreieck mit den Eckpunkten 4, 5 und 6) sowie den dreidimensionalen Raum, symbolisiert durch die Pyramide, deren Grundfläche aus 7, 8 und 10 besteht und deren nach oben weisende Spitze die 9 ist.

Wie ist dieses graphische Symbol, das wir »Baum« nennen, entstanden? Manchen meinen, so:

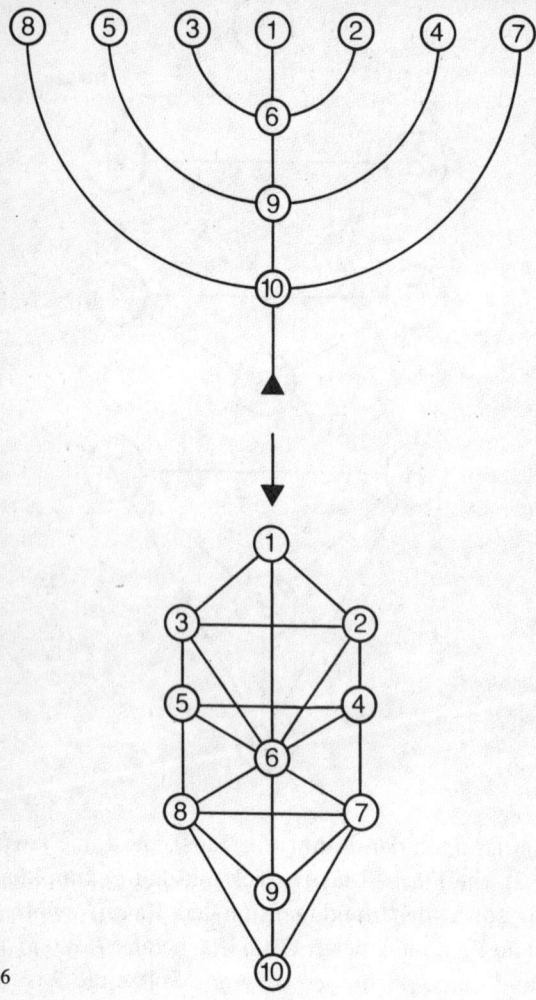

Abb. 6

Es könnte aber auch genau umgekehrt sein, nämlich daß der siebenarmige Leuchter aus dem Baum entstanden ist. Wir wollen uns jetzt nicht in den Streit darüber einmischen, wer zuerst da war: das Huhn oder das Ei. Es genügt die Feststellung, daß es Zusammenhänge gibt.

Was bedeuten die Zahlen, was bedeutet die Anordnung? Welchen Sinn hat das Ganze?

Genau um diese Fragen soll es in diesem Buch gehen. Der Baum ist ein Diagramm gegenseitiger Querverweise. Daß Mütterchen Kabbala die Querverweise liebt, geht schon aus ihrer Vorliebe für die hebräische Sprache hervor.

Die Zahlen nennt man »Sephiroth«. Sephiroth ist das hebräische Wort für: Zahlen. Im Singular lautet es: Sephirah (= Zahl). Zahlen sind, wie Marie-Louise von Franz schlüssig nachgewiesen hat, Archetypen. Wer mag, kann in den Sephiroth also auch Symbole der Archetypen sehen.

Beim ersten Blick auf den Baum scheint es so, als käme nach der Sephirah 1 zuerst die 3 und dann die 2. Nach der Sephirah 3 scheint zunächst die 5 und dann erst die 4 zu folgen. Wir sind gewohnt, von links nach rechts zu lesen. Wie bereits erwähnt, liest man das Hebräische aber genau umgekehrt, nämlich von rechts nach links. Die numerische Reihenfolge der Sephiroth ist also vollkommen korrekt.

Die Sephiroth des Baumes symbolisieren die zehn verschiedenen Emanationen Gottes. Die Sephirah 1 (sie heißt Kether = Krone) ist die erste, die Sephirah 10 (Malkuth = das Reich) ist die letzte Emanation. Emanationen sind Entwicklungsstufen, Ausströmungen der ersten Ursache, die wir »Gott« zu nennen pflegen. Sie offenbaren die immanenten Qualitäten Gottes. Die Sephiroth in ihrer Funktion als Symbole der Emanationen Gottes stellen also (unter anderem!) eine Art abstrakte Zusammenfassung der Schöpfungsgeschichte dar. Grob vereinfachend, könnte man sagen: die Sephirah 1 (Kether) symbolisiert Gott bzw. das Universum vor dem Urknall, der vor circa 13 bis 20 Milliarden Jahren stattgefunden haben soll. Aber die Sephirah Kether ist ja auch »nur« eine Emanation; sie ist also kein vollständiges Symbol Gottes, sondern Seine erste Ausströmung, Seine erste Manifestation. Wenn Sie so wollen: Kether symbolisiert den »Tag vor der Schöpfung«, obwohl es Tage ja erst seit der Schöpfung gibt, denn auch Tage sind Schöpfungen.

Daraus ergibt sich eine Frage, die schon Augustinus vor anderthalb Jahrtausenden in seinen »Bekenntnissen« beschäftigte:

»›Was tat Gott, bevor Er Himmel und Erde erschuf?‹ Ich antworte nicht mit dem Spaßwort, das einer, der Wucht der Frage ausweichend, erwidert haben soll: ›Er hat Höllen hergerichtet für Leute, die so hohe Geheimnisse ergrübeln wollen.‹ Aber Fassen und Spaßen ist zweierlei. Nein, das ist meine Antwort nicht.« Augustinus beantwortet die Frage, indem er sie als Paradox entlarvt. Sinngemäß sagt er: Ein »Vorher« und ein »Nachher« kann es erst geben, wenn es die Zeit schon gibt. Die Zeit ist aber eine Schöpfung (Emanation) Gottes. Dadurch führt sich die Frage selbst ad absurdum.

Diese Überlegungen führen uns zum kabbalistischen Gottesbegriff. Kether (1) symbolisiert die erste Emanation Gottes. »Bevor« (wir wissen jetzt, wie problematisch in diesem Zusammenhang Worte wie »vorher« und »nachher« sind!), »bevor« also Kether entstand, trug Gott in einem Zustand der Bewegungslosigkeit und der Inaktivität in einem ewigen Jetzt die Möglichkeiten der Schöpfung latent, also noch unverwirklicht, in Sich. Es gab nur Gott, nichts neben Ihm oder außerhalb Seiner. Gottes Seinsweise war ein gleichzeitiges Existieren und Nicht-Existieren, das wir aus unserer eingeschränkten menschlichen Perspektive als Nicht-Sein im Sinne des Noch-nicht-Seins bezeichnen müßten. Der kabbalistische Name der Sephirah Kether, der ersten Emanation, lautet: »Ehyeh«. Diesen Namen kann man übersetzen als: »Ich werde sein« oder auch: »Ich bin der, der ich sein werde.«

Dies »Ich«, das da spricht, hat aber notwendigerweise schon ein »Du«, zu dem es sprechen kann, also etwas neben sich oder außerhalb seiner. Gott »vor« der Schöpfung wäre also im Gegensatz zu Kether, der ersten Emanation, ein »Ehyeh«, das ungesagt bleibt, da niemand es hören würde, weil es noch kein Zweites neben oder in Gott gibt.

Als wir Kinder waren, also bevor wir das Fragenstellen verlernt haben, bevor wir aufhörten, kleine Philosophen, kleine Kabbalisten zu sein, hat man uns ungefähr folgendes zu verstehen gegeben: Gott ist so eine Art Mischwesen aus Weihnachtsmann, Polizeipräsident und Bundeskanzler — allwissend, mächtig, weit weg, ein einschüchternder rauschebärtiger Aufpasser mit pedantischer Buchhaltermentalität, der von Ewigkeit zu Ewigkeit damit beschäftigt ist, die Guten zu belohnen und die Bösen zu bestrafen.

Dieser Gott ist tot. Er starb zusammen mit dem Osterhasen und dem Klapperstorch.

Von diesem Zeitpunkt an wußten wir nur noch, was Gott nicht ist: Er ist nicht der Bestrafer der »Bösen«, nicht der Beschützer der »Guten«. Manche haben es dann mit der Definition versucht: »Gott ist Liebe.« Daraus ergibt sich aber ein unlösbares Dilemma: Wie kann ein allmächtiger Gott der Liebe bestialische Grausamkeit und himmelschreiendes Unrecht auf dieser Welt dulden? Da er es duldet, ist er entweder kein Gott der Liebe, oder er ist nicht allmächtig. Ist er nicht allmächtig, dann ist er auch kein Gott. Und damit fällt dann die schöne griffige Formel »Gott ist Liebe« in sich zusammen. (Gott ist nicht Liebe; aber Liebe ist die Sprache, in der er die ersten Antworten auf die letzten Fragen gibt.) An diesem Punkt der Überlegungen angelangt, werden viele Menschen zu Atheisten, denn Glauben und Verstand scheinen einander wechselseitig auszuschließen. Man entscheidet sich also für die Vernunft und meint, sich damit automatisch gegen die Gottesidee entschieden zu haben. Oder man entscheidet sich (»Credo quia absurdum« = »Ich glaube gerade deswegen, weil es mit dem Verstand nicht vereinbar ist«) bewußt gegen den Verstand, hört auf, ein Homo sapiens, ein vernunftbegabtes Wesen, zu sein, und wird ein braves Schäfchen.

Beide Entscheidungen sind Bankrotterklärungen. Aus dem Widerspruch zwischen Glauben und Vernunft scheint es kein Entrinnen zu geben. Konsequent ist dann auch, wenn sogenannte Christen sich über die Lehren des Galileo Galilei oder des Charles Darwin empören oder wenn sogenannte aufgeklärte Menschen Galilei und Darwin als Kronzeugen für ihren Atheismus mißbrauchen.

Der Abgrund zwischen Glauben und Vernunft, der Abgrund zwischen den Menschen und in den Menschen, klafft immer breiter und tiefer auf. Ein Kabbalist würde über dies dumme Gezänk zwischen »Christen« und »Atheisten« nur kopfschüttelnd lächeln.

Mütterchen Kabbala pfeift auf den Glauben. Sie liefert uns Methoden, wie man mit den Mitteln der Vernunft, des Verstandes, der Intelligenz die verschlüsselten Botschaften der Religionen dechiffriert. Es geht ihr nicht darum, daß wir irgend etwas glauben sollen. Wir sollen wissen.

Otz chiim, der Baum des Lebens, die zentrale Glyphe der

Kabbala, Mütterchens universelles Lehrbuch, das wir lesen lernen wollen, illustriert die verschiedenen Entwicklungsstufen desjenigen Teiles Gottes, der sich zur Schöpfung, das heißt: zum Werden, zur Entfaltung oder Entwicklung entschlossen hat, und der die latent in ihm enthaltenen Möglichkeiten verwirklichte. Daraus folgert der kabbalistische Gottesbegriff: Gott ist sowohl innerhalb der Schöpfung (immanent) als auch außerhalb (transzendent).

Kether emanierte aus den drei Schleiern der Negativen Existenz. Die Negative Existenz ist »Gott vor der Schöpfung«, der Gott des Noch-nicht-Seins und des gleichzeitigen Existierens, der Gott auf der Stufe des Werden-Könnens. Diese Stufe ist dreigeteilt.

Die drei Stufen (oder Schleier der Negativen Existenz, aus denen Kether emanierte) heißen:

1. Ajin — das absolute und grenzenlose Nichts: ein existierendes Etwas, das noch nicht ist.
2. Ajin soph — die Unendlichkeit, das ewige Jetzt ohne Gestern und Morgen, ohne Anfang und Ende, ohne Begrenzung und Entwicklung.
3. Ajin soph or — das unbegrenzte Licht.

Aus dem Gott des Noch-nicht-Seins wird der Gott der Schöpfung, der Gott der Emanationen. (Um die Verwirrung vollständig zu machen: Da sich der Gang durch die drei Schleier der Negativen Existenz außerhalb der Zeit vollzieht, müssen wir erkennen: Gott verwandelt sich jetzt; der Schöpfergott entsteht jetzt. »Immer mehr Gott« geht jetzt durch die drei Schleier hindurch, um Kether zu werden.)

Der Gott der Schöpfung heißt Jehova bzw. Jahve. Sein Name ist eine geheime Formel. Man nennt sie das Tetragramm, denn sie besteht aus vier Buchstaben: JHVH. Die Worte »Jehova« und »Jahve« sind nur Versuche, diese kosmische Schöpfungsformel in einen Namen zu verwandeln, den man aussprechen kann.

Die Tetragramm-Formel ist eine Gleichung. Wir erinnern uns: Jedes hebräische Schriftzeichen ist Zahl und Buchstabe zugleich. Der Buchstabe V (Waw) ist das hebräische Wort für »und«. J hat den Zahlenwert 10, H hat den Zahlenwert 5.

Die Formel des Tetragramms lautet also: $10 = 5 + 5$.

Wir erinnern uns, daß jeder Buchstabe gleichzeitig ein Wort ist. J steht für Jod. Jod heißt: Hand. H steht für He. He heißt: Fenster. Die Hand ist das Symbol für: tun, handeln, bewirken, erschaffen. Fenster ist das Symbol für Welt, Realität. (Darauf werden wir später noch näher eingehen.) Die Botschaft des Tetragramms lautet also, in Worte übersetzt: »Der handelnde Schöpfergott teilt sich in zwei Welten, er schafft Polaritäten. Aus der ursprünglichen Ganzheit macht er Gegensatzpaare, die, da die Gleichung umkehrbar ist, sich einander wechselseitig aufheben und wieder zur vollkommenen Einheit ergänzen können.«

Alles, was innerhalb des materiellen Universums existiert, hat sein Gegenteil, seinen Gegenpol (Liebe und Haß, Gut und Böse, Leben und Tod, Weisheit und Dummheit, Tag und Nacht.) Nichts, was existiert, kann ohne sein Gegenteil existieren. Das Gute gibt es nur, weil es gleichzeitig das Böse gibt. Das Licht kann nur existieren, weil es auch das Dunkel gibt. Gäbe es keinen Haß, so könnte es auch keine Liebe geben. Das Gleichgewicht des Universums bleibt immer bestehen. Es gilt die Gleichung $10 = 5 + 5$. Wer den Haß vernichten würde, würde damit auch die Liebe vernichten. Wer den Tod besiegen würde, hätte damit auch das Leben besiegt und zerstört. Die Gleichung kennt kein Gemauschel. Sie geht gnadenlos glatt auf.

Beispiel: Solange es den Reichtum gibt, muß es auch die Armut geben. Armut als Gegensatz zum Reichtum besteht nur so lange wie der Reichtum selbst. Woher kommt der Reichtum der Industrienationen? Aus seinem Gegenpol. Und das ist die Armut der Entwicklungsländer. Die Gegensätze bedingen einander; das eine kann und wird ohne das andere nicht fortbestehen können.

Es gibt noch einen anderen Aspekt des Tetragramms. Man nennt ihn die »vier kabbalistischen Welten«. Jedem der vier Buchstaben der Formel JHVH ist eine Welt (eine Schöpfungsebene) zugeordnet.

Dem J des Tetragramms entspricht die kabbalistische Welt Aziluth. Aziluth ist die göttliche Welt. In der Bibel gibt es zwei Schöpfungsgeschichten. Die erste ist die mit den sieben Tagen, die zweite ist die, wo Adam und Eva aus dem Paradies vertrieben werden. Aziluth entspricht der ersten Schöpfungsgeschichte, also quasi dem Konzept Gottes, seinem Entwurf, seiner theoretischen Planung. Sie wurde dann in der zweiten kabbalistischen Welt, in Beriah, »verwirklicht«, also der materiellen Wirklichkeit angenähert. Beriah ist die schöpferische Welt, die Welt der Erzengel. Dieser Ebene wird der zweite Buchstabe des Tetragramms zugeordnet. Was sind Erzengel? Sie sind die »Vorarbeiter« der Engel. Engel sind »Gottesarbeiter«. Sie sorgen dafür, daß das, was Gott will, auch tatsächlich geschieht. Sie haben keinen eigenen Willen und keine Entscheidungsfreiheit. Man könnte sie als Personifizierungen der ausgeführten göttlichen Befehle bezeichnen.

Dem dritten Buchstaben des Tetragramms, dem V, entspricht die kabbalistische Welt Jetzirah. Dies ist die Welt der Engel, der Gestaltungen, der wirkenden Kräfte. Der letzte Buchstabe des Tetragramms bezieht sich auf Assiah, die materielle Welt — also auf das, was Sie sehen, wenn Sie jetzt das Buch aus der Hand legen und aus dem Fenster gucken.

All diese vier Welten folgen nicht zeitlich aufeinander, sie entwickelten sich nicht nacheinander, sondern gleichzeitig. Während Gott die sieben Schöpfungstage konzipiert, vollzieht sich zeitgleich und parallel dazu die Schöpfung in den drei anderen Welten. Der Gedanke Gottes geht ohne Umwege direkt an die Erzengel und wird zu ihrem Willen. Sie leiten die entsprechenden Pläne und Aufträge im selben Moment an die Engel weiter, just im selben Moment werden die Befehle auf der Ebene des Materiellen ausgeführt. Alles vollzieht sich gleichzeitig. Unvorstellbar für uns; wir bringen es einfach nicht fertig, uns irgend etwas außerhalb der Kategorien von Raum und Zeit vorzustellen. Aber das ist unser Problem, nicht das Problem Gottes. (In Anlehnung an Lichtenberg könnte man sagen: Wenn ein menschlicher Verstand und eine Information zusammenprallen und absolut nichts miteinander anfangen können, dann muß daran nicht unbedingt die Information schuld sein.)

Damit kommen wir zum Analogiesatz des Hermes Trismegistos. Er lautet: »Wie oben, so unten.« (»Superius est sicut quod inferius« — bzw.: »Quod est inferius, est sicut quod est superius« — in den Worten des Vaterunsers: »Dein Wille geschehe, wie im Himmel [oben, Aziluth], also auch auf Erden [unten, Assiah].«)
»Wie oben, so unten« bedeutet also, daß das, was in der kabbalistischen Welt Aziluth geschieht, sich zugleich auch

28

in Assiah vollzieht. Wie das funktioniert, nämlich über diejenigen Prinzipien, die man Erzengel und Engel nennt, haben wir ja schon gesehen.

»Wie oben, so unten« bedeutet aber noch viel mehr! Dieser Satz verweist auf die Gleichartigkeit der Strukturen im gesamten Universum. Diese strukturelle Identität ist Gegenstand der Lehre von Mikrokosmos und Makrokosmos. »Mikro« heißt: klein. »Makro« heißt: groß. »Kosmos« heißt: Ordnung. Es geht also um die kleine Ordnung und die große Ordnung, um das Gesetz: »Wie im Großen, so im Kleinen« (Wie oben, so unten). Hinter diesen Worten verbirgt sich die Idee, die uns von der Kirche als die Lehre von der »Gottesebenbildlichkeit« des Menschen präsentiert worden ist. Im Großen wie im Kleinen herrschen dieselben Strukturen und Gesetzmäßigkeiten. Das bedeutet: Der Mensch ist eine Miniaturausgabe des Universums. Er ist nach genau denselben göttlichen Bauplänen konstruiert wie der Makrokosmos. Seine Seele gleicht in Struktur und Funktion der universalen Intelligenz des Universums. Der kabbalistische Baum, Mütterchens Lehrbuch, zeigt, daß der Mensch ein kleiner Baum im großen Baum, ein kleiner Gott im großen Gott, ein kleines Universum im großen Universum ist. Den vier kabbalistischen Welten, repräsentiert durch die vier Buchstaben des Tetragramms, entsprechen im Mikrokosmos, im Menschen, die vier Körper:

1. der spirituelle Körper (J und Aziluth)
2. der emotionale Körper (H und Beriah)
3. der mentale Körper (V und Jetzirah)
4. der physische Körper (H und Assiah).

Wie oben, so unten: der spirituelle Körper gestaltet sich sei-

nen physischen Leib genauso, wie der Schöpfergott des Tetragramms sich sein Universum schafft.

Machen wir es uns auf Mütterchens Schoß gemütlich und
blättern wir in ihrem Lehrbuch, kehren wir also zum Baum,
zur Glyphe zurück. Was fällt auf? Wir sehen, daß der
Baum nicht nur aus den zehn Sephiroth besteht, sondern
daß die zehn Sephiroth durch 22 Linien miteinander in Verbindung stehen. Man nennt diese Verbindungslinien Zinno-
roth (Kanäle) oder Pfade. Wir nennen sie einfach die Pfade,
weil man auf ihnen, wie wir noch sehen werden, herrlich
spazierengehen kann.
Es gibt 22 Pfade, und es gibt 22 Buchstaben im hebräischen
Alphabet. Zufall? Natürlich nicht! Jedem Pfad wird ein
Buchstabe zugeordnet.
Wir kennen den Analogiesatz des Hermes Trismegistos
(»Wie oben, so unten«) und die Lehre von Mikro- und Makrokosmos. Mit diesem »intellektuellen Handwerkszeug«
hat Mütterchen Kabbala uns optimal ausgestattet; damit
läßt sich schon eine Menge anfangen. Wir können es beispielsweise benutzen, um die Frage zu klären: Was hat es
mit den Sephiroth und den Pfaden auf sich? Was sind das
für unterschiedliche Systeme?
Die Sephiroth als Emanationen Gottes zeichnen eine Entwicklung nach: Sie zeigen, wie aus dem Geist bzw. aus Gott
die Welt, die Schöpfung geworden ist. Diesen Vorgang könnte man als eine »Abwärtsentwicklung« bezeichnen; man
nennt ihn die Involution, die »Hinein-Entwicklung« —
nämlich die des Geistes in die Materie. (Oder auch: den Kri-
stallisationsvorgang des Geistes zu fester Materie.)
Aus der Tetragramm-Formel wissen wir, daß im Universum
alles, was existiert, seinen Gegenpol hat. Gibt es eine Invo-

lution, so muß es auch das Gegenteil davon geben, die Evolution, die »Heraus-Entwicklung« — nämlich die des Geistes wieder aus den Beschränkungen der Materie heraus, empor, zurück zum Ursprung.

Involution und Evolution bilden also einen Kreislauf. Der funktioniert (»Wie oben, so unten«) im Prinzip genauso wie unser menschlicher Blutkreislauf. Unser Herz pumpt das Blut in den Körper hinein, und das Blut kehrt wieder zum Herzen zurück. Vom Herzen weg und in den Körper hinein fließt das Blut durch die Arterien. Den Rückweg tritt es durch die Venen an. Die Sephiroth können mit den Arterien verglichen werden, und die Pfade gleichen in ihrer Funktion den Venen. Daraus folgt: Die Pfade sind die Rückwege. Sie symbolisieren die Evolution, und zwar die Evolution im Großen wie im Kleinen — die Evolution der Arten, wie Darwin sie rekonstruiert hat, genauso wie die Evolution der individuellen menschlichen Seele.

Der »Kreislauf« des otz chiim, des Baumes, fließt von der Sephirah 1 (Kether) zu 10 (Malkuth) und wieder zurück. Malkuth ist der tiefste Punkt der Involution, der tiefste Punkt der Verstrickung des Geistes in die Materie. Von diesem Punkt an kann es nur noch »aufwärts« gehen: zurück zu Gott, zurück zum Ursprung, zur Einheit — und zwar über die 22 Pfade.

Einige Kabbalisten sagen, daß die Pfade Zustände des Gleichgewichts zwischen zwei Sephiroth darstellen. Dieser Aspekt bezieht sich allerdings in erster Linie auf diejenigen Pfade, die zwei Sephiroth verbinden, von denen eine auf der linken und eine auf der rechten Säule liegt. — Also die Pfade zwischen den Sephiroth 2 und 3, 4 und 5, 7 und 8. Denn diese Sephiroth bilden, wie wir später genauer sehen werden, Gegensatzpaare. Eines der Ziele eines fortgeschrit-

31

tenen »Kindes« von Mütterchen Kabbala besteht darin, konfliktträchtige Ambivalenzen und gegensätzliche Kräfte, die innerhalb seiner Psyche bestehen, auszugleichen, um zu einer harmonischen, ganzheitlichen Persönlichkeit zu werden. Gelingt es einem fortgeschrittenen Kabbalisten, die Gegensätze miteinander auszusöhnen, so nähern sich die polaren Sephiroth (in ihm; denn der Mensch ist ja ein »kleiner Baum«) einander an, bis sie schließlich irgendwann in der Mitte miteinander verschmelzen.

Das Leben gleicht einer Zentrifuge — die wirksamen Mechanismen dieser Welt schleudern uns vom Mittelpunkt fort. Dennoch zur Mitte zu gelangen kostet unendlich viel Kraft. Der Punkt der Verschmelzung aber ist die Mitte. Auf dem Baum wäre dieser Punkt der Verschmelzung der Gegensätze die mittlere Säule.

Diesen Vorgang der kabbalistischen Selbstvervollkommnung könnte man graphisch darstellen, siehe rechte Seite:

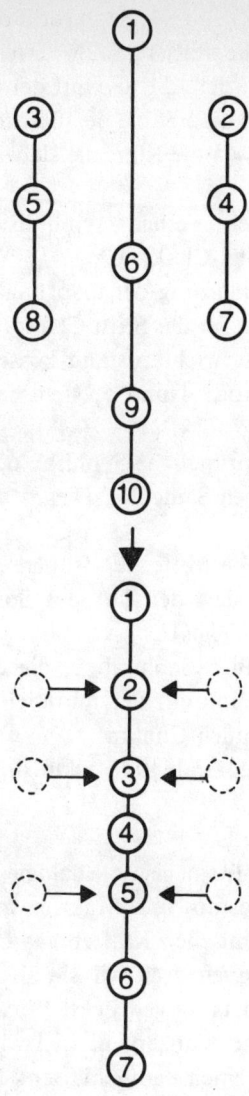

Abb. 7

33

Aus den ursprünglichen zehn Sephiroth, die sich auf die linke, die rechte und die mittlere Säule verteilten, sind nun sieben Sephiroth geworden, die alle auf der mittleren Säule — man nennt sie auch die »Säule des Bewußtseins« — liegen. Und was haben wir dann? Klar: die sieben Haupt-Chakren.

Die 1, ursprünglich Kether, symbolisiert das Kronen- bzw. Scheitel-Chakra.

Die 2, die Verschmelzung der ursprünglichen Sephiroth 2 und 3, steht für das Stirn-Chakra (das Dritte Auge).

Die 3, der Gleichgewichtszustand zwischen den vormaligen Sephiroth 4 und 5, steht jetzt für das Hals-Chakra.

Die 4 ist die ursprüngliche Sephirah 6, die eh schon auf der mittleren Säule lag. Dies ist der Sitz des Herz-Chakra.

Die 5, harmonische Mitte der früheren Sephiroth 7 und 8, symbolisiert den Ort des Sonnengeflecht-Chakra (Solarplexus).

Die 6, die ehemalige Sephirah 9, die ebenfalls von Anfang an schon auf der mittleren Säule lag, ist der Sitz des Bauch-Chakra.

Die 7, vormals Sephirah 10 (Malkuth), ist jetzt das Basis-Chakra.

Aus dem Hermes-Trismegistos-Analogiesatz bzw. aus der Lehre von Mikrokosmos und Makrokosmos folgt, daß wir mit den makrokosmischen Kräften des Universums in Verbindung treten können, weil wir sie als Miniaturausgaben in uns tragen. Anders ausgedrückt: Wir können die Kräfte des »großen Baumes« anzapfen, weil wir »kleine Bäume« sind. Das mag für einen »aufgeklärten« Mitteleuropäer zunächst einmal unglaubwürdig klingen. Wenn er aber einmal am eigenen Leib erlebt hat, wie die geballte Kraft einer Sephirah in ihn hineingefahren ist, so daß es ihn schier zu Boden schleuderte und er Rotz und Wasser heulte vor Glück und Dankbarkeit — oder wer einmal »in Tiphereth« (das ist die Sephirah 6) war, der braucht nichts mehr zu glauben — denn er weiß. Und dieses Wissen ist überzeugender als tausend blitzgescheite Theorien.

Das Mütterchen will lange umworben werden. Zu den wichtigsten Tugenden eines Kabbalisten zählen Zähigkeit, Durchhaltevermögen, Disziplin und Geduld. Wem es nicht sofort auf Anhieb gelingt, die Kräfte des Baumes in sich einströmen zu lassen, der denke an die »große Garantie-Erklärung«: »Suchet, so werdet ihr finden. Klopfet an, und es wird euch aufgetan.«

Wie zapft man die Kräfte des Baumes an?

Zunächst müssen wir unsere liebgewordene Konsumenten-Mentalität ablegen. Am liebsten haben wir es ja (Hand aufs Herz!), wenn jemand, von der Würde seiner meisterlichen Autorität umwabert, daherkommt und uns sagt: »Du mußt zuerst dies tun, dann das, dann jenes, und dann wird sich das gewünschte Ergebnis einstellen.« Wir wollen, geben wir's doch ruhig zu, am liebsten eine Gebrauchsanweisung nach dem Motto: »In drei Wochen zur Erleuchtung!« Gebrauchsanweisungen kann es aber nur für baugleiche Maschinen geben, die alle auf dieselbe Art funktionieren, gleichgültig, ob du sie bedienst oder ich. Wir aber wollen nicht die Funktion einer Maschine, sondern die unserer Seele erforschen. Also kann es keine allgemeingültigen Gebrauchsanweisungen geben. Der Weg ist das Ziel — das heißt: das Ziel besteht darin, den eigenen, individuellen Zugang zu finden. Die einzige Möglichkeit, den Weg zu finden, besteht darin, fest überzeugt zu sein, daß das Ziel erreichbar ist. Wenn ich nicht glaube, daß das Wasser mich trägt, werde ich nie schwimmen lernen. Wenn ich weiß, daß ich mein Ziel erreichen kann, dann werde ich meinen Weg auch finden. Doch die Erfahrung meines Weges hat nur für mich allein individuelle Gültigkeit.

Beispiel: Ich wohne in Hamburg, und ich möchte nach München fahren. Ich muß also den Weg nach Süden einschlagen, um an mein Ziel zu gelangen. Fragt mich ein Wiener, wie er nach München kommt, kann ich ihm nicht sagen: »Ich bin immer in Richtung Süden gefahren, und so bin ich an mein Ziel gekommen.« Wer in Budapest wohnt, muß Richtung Westen fahren, wer aus Colmar kommt, fährt gen Osten. Wenn ich nun den Leuten aus Wien, Budapest und Colmar erzähle, sie alle sollen nach Süden fahren, denn nur so käme man nach München — wer weiß, wo sie ankommen? Ihr gewünschtes Ziel werden sie jedenfalls nicht erreichen.

Denken wir an die Helden der Sagen, Mythen und Märchen. Sie begaben sich auf die Suche. Sie wußten das Ziel, aber sie kannten nicht den Weg. Weil sie jedoch um das Ziel wußten, fanden sie ihren Weg.

Das mag zunächst unbefriedigend klingen. Generell gilt: Wer eine Sephirah anzapfen möchte, muß sie zunächst einmal genau kennen. Einige Grundkenntnisse soll dieses Buch vermitteln. Wichtig ist, daß wir wieder wie Kinder werden: daß wir lernen, Fragen zu stellen, Fragen an Mütterchen Kabbala. Sie antwortet durch den Baum. Wer sich auf eine Frage konzentriert und im Baum nach Antwort sucht, wird im Regelfall nach kurzer Zeit fündig. Es ist dann so, als würde in der Seele eine Schleuse geöffnet, als würde eine Blockade, die bisher die Antwort zurückhielt, fallen. Anders gesagt: Im Baum finden wir die Tore zu den Bereichen des Unbewußten, und das Unbewußte »weiß« viel mehr als das Bewußtsein. Diese Tore wollen wir öffnen lernen — durch Meditation. Meditation ist der Schlüssel.

Meditation bedeutet nicht, daß Sie stundenlang auf die Glyphe, auf den Baum starren sollen, bis Ihnen die Augen tränen, in der Hoffnung, irgendwie würde durch stumpfsinniges Starren schon die göttliche Inspiration in Sie hineinfahren. So geht es nicht. Meditation mit dem Baum ist ein aktiver Prozeß des Fragens. Die Fragen ergeben sich fast von allein. Die Antworten gibt der Baum. Da ist vielleicht irgendeine Kleinigkeit, die Sie beim Betrachten des Baumes neugierig macht.

Beispiel: Sie stellen fest, daß es auf dem Baum Pfade gibt, die sich kreuzen und einen Schnittpunkt miteinander bilden.

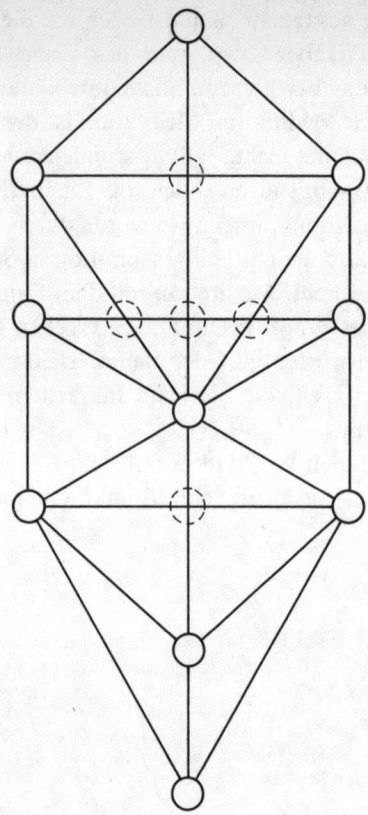

Abb. 8

Der erste Schnittpunkt liegt auf den Pfaden 1 — 6 und 2 — 3. Schnittpunkt Nummer 2 ergibt sich aus den Pfaden 2 — 6 und 4 — 5. Der dritte Schnittpunkt: 3 — 6 und 4 — 5. Der vierte: 7 — 8 und 6 — 9.

Wenn wir die Schnittpunkte miteinander verbinden, erhalten wir das Zeichen des Kreuzes. Auf dem senkrechten Balken des Kreuzes liegt die Sephirah 6, Tiphereth, die wir

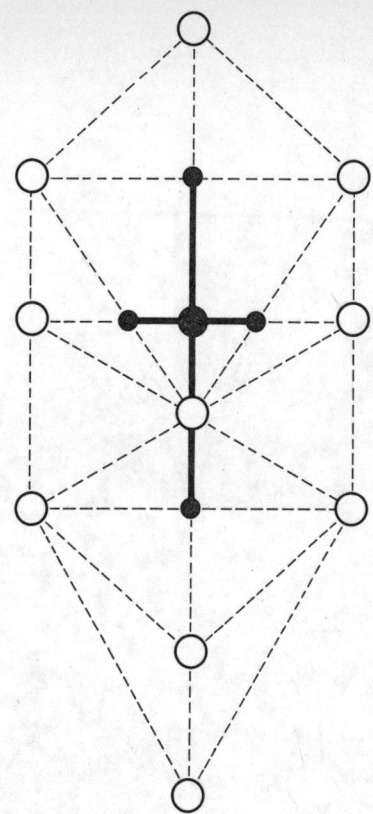

Abb. 9

später noch näher kennenlernen werden. Tiphereth ist die Sephirah Christi. Wir haben nun also einen Christus am Kreuz. Zufall?

Sicher nicht! Wenn wir jetzt die Endpunkte des Kreuzes miteinander verbinden, erhalten wir vier neue Schnittpunkte.

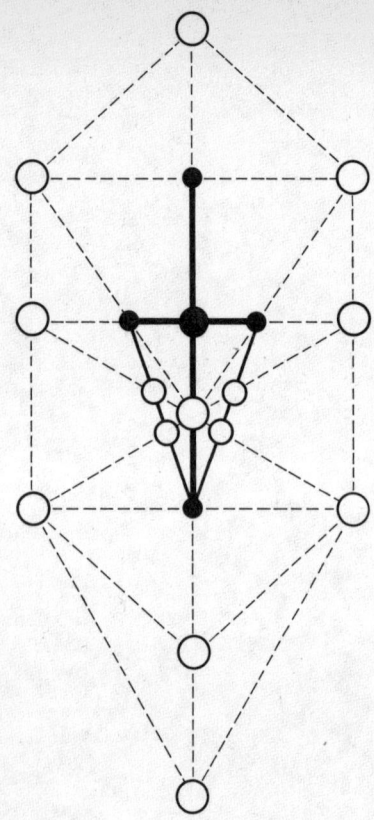

Abb. 10

Wenn wir den Punkt, der als Sephirah 6 (Tiphereth) das Zentrum des Baumes bildet, zu den gefundenen Schnittpunkten dazunehmen (denn das Zentrum bleibt immer das Zentrum . . .), dann haben wir plötzlich wieder zehn Punkte, zehn neue Sephiroth.

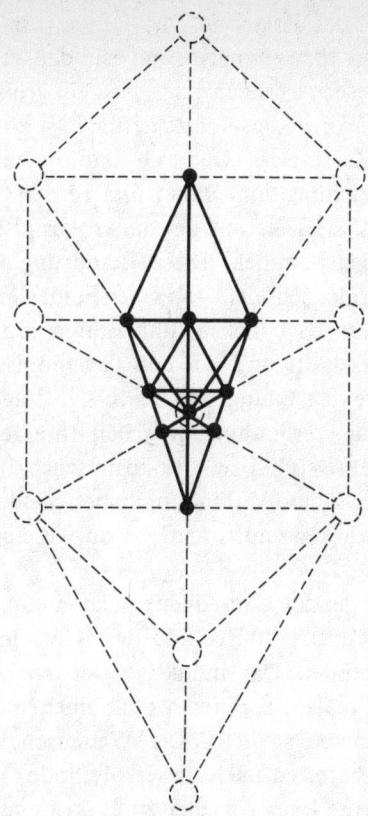

Abb. 11

Was finden wir? Einen Baum im Baum mit 22 kleinen Pfaden, der sich aus dem Kreuz — Zeichen des Erlösers — er-
gab. Was ist das? Ein Symbol der »Imago dei« im Menschen! Eine Imago dei, die durch Tiphereth lebendig wird.
Die Imago dei ist ein Bild im Bild: Der Mensch ist als Mikrokosmos ein Abbild Gottes und trägt das Bild Gottes, die
Imago dei, wiederum in sich.

Zugegeben — das ist schon eine Übung für Fortgeschrittene. Aber wer erst einmal soweit ist, daß er eigene Entdeckungen dieser Art macht, der wird ein großes Glücksgefühl erleben. Woher dies Glücksgefühl? Ist es banaler Entdeckerstolz? Keineswegs. Dadurch, daß Sie eine eigene, individuelle Beziehung zum Baum und zu den Sephiroth gefunden haben, sind Sie mit den makrokosmischen Kräften in Berührung gekommen. Diese Berührung vollzieht sich unterhalb — oder jenseits — des Verstandes und kann vom Bewußtsein nur als Glücksgefühl wahrgenommen werden. Durch die Beschäftigung mit den Geheimnissen des Baumes haben Sie den Baum, den Sie in sich tragen, aktiviert. Sie haben eine Verbindung zwischen Ihrer eigenen Seele und der Kollektivseele bzw. der kosmischen Intelligenz geschaffen. Durch diese Verbindung haben Sie den Baum und seine Sephiroth angezapft, Kraft ist in Sie eingeflossen.

Kabbala ist in letzter Konsequenz auch eine Art des kreativen Denkens, das induktive und deduktive Techniken miteinander verbindet. Das induktive Denken besteht darin, daß man von realen, konkreten Phänomenen auf abstrakte Gesetzmäßigkeiten schließt. Die Wissenschaftler arbeiten in ihren Laboratorien nach dieser Methode. Wenn zahlreiche Experimente immer wieder zu exakt demselben Ergebnis führen, liegt der Schluß nahe, daß es sich hierbei nicht um Zufälle handeln kann, sondern daß man auf eine Gesetzmäßigkeit gestoßen ist. Das deduktive Denken besteht darin, daß man von abstrakten Prinzipien und Gesetzmäßigkeiten auf konkrete Einzelfälle rückschließt.
Ein Kabbalist ähnelt in gewisser Weise einem Anwalt oder einem Richter. Eine Hauptaufgabe der Juristen besteht ja darin, konkrete Einzelfälle den abstrakten Gesetzesparagra-

phen zuzuordnen. Etwas Ähnliches tut der Kabbalist. Er ordnet Strukturen, Naturkräfte, Mythen, historische Ereignisse und Persönlichkeiten, psychologische, chemische, physikalische und alltägliche menschliche Phänomene den abstrakten zehn Grundprinzipien der Kabbala, nämlich den Sephiroth, zu. Sowohl der Jurist als auch der Kabbalist, beide widmen einen wesentlichen Teil ihrer Arbeit dem Versuch, korrekte Zuordnungen des Konkreten zum Abstrakten zu finden. Dem Juristen geht es um Recht, dem Kabbalisten um Wahrheit — er will die realen, konkreten Auswirkungen der großen kosmischen Kräfte mitten im Leben, jetzt, hier, überall sehen und erkennen. In einem Wort: Er sucht Gott.

Manche Dinge, die man liest, hört oder erlebt, begreift man erst Jahre später. Zum Beispiel die sonderbaren Worte unseres alten Lateinlehrers. Gleich in der ersten Unterrichtsstunde verblüffte er uns mit einer merkwürdigen Ansprache. Er sagte: Ein alter Philosoph, dessen Namen wir sicherlich noch nie gehört hätten und den wir auch gleich wieder vergessen würden, den zu nennen sich also nicht lohne (heute weiß ich, daß er von Sokrates sprach), dieser Philosoph also habe gesagt: Alles Lernen ist in Wahrheit ein Sicherinnern. Was man Lernen nennt, das sei nichts anderes als die Bemühung, Informationen aus früheren Leben wieder ins Bewußtsein zurückzuholen. — Betretenes Schweigen in der Klasse, hier und da ein verlegenes Grinsen. Unseren Verdacht, es mit einem höchst sonderbaren Kauz zu tun zu haben, erhärtete er mit dem letzten Satz seiner Ansprache. Dieser Satz lautete: »Wir wollen uns nun also gemeinsam an die lateinische Sprache erinnern!«

Wir wollen uns nun also gemeinsam an die Kabbala erinnern!

Kleine Anmerkung für Leute, die mit dem Tarot arbeiten: Man kann die Karten auch nach dem Baum-Schema auslegen. Genau wie beim Keltischen Kreuz erhält man dann einen Überblick, bestehend aus zehn Karten.

Position

1: (Kether) steht für die Ausgangssituation, für die Entwicklung, die im Begriff ist, sich zu manifestieren
2: Die ursächlichen Kräfte, die durch die Ausgangssituation aktiviert werden
3: Die Erwartungshaltungen des Fragenden
4: Die für den Fragenden positiven Aspekte
5: Die destabilisierenden Faktoren, das für den Fragenden Negative
6: Der Fragende selbst, sein derzeitiger Zustand
7: Seine Gefühle
8: Sein Verstand, seine Grundsätze und Überzeugungen
9: Sein Unterbewußtsein, Dinge, von denen er nichts wissen will
10: (Malkuth) Das zu erwartende Ergebnis der Entwicklung.

KETHER

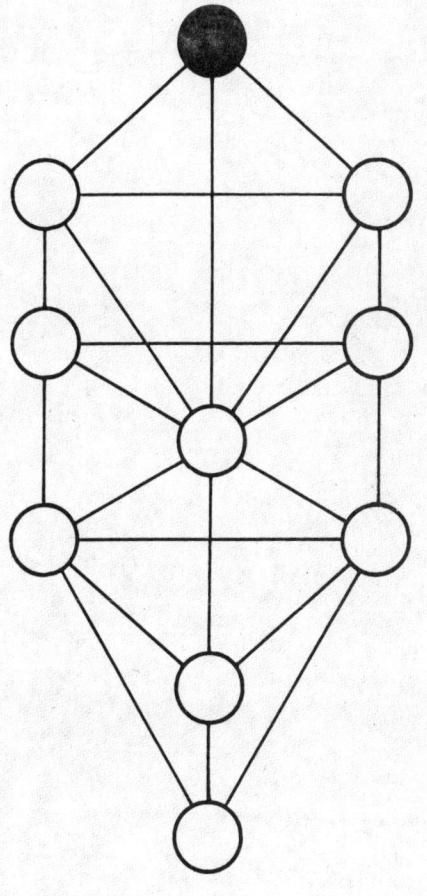

Jeder Baum hat eine Krone. Otz chiim natürlich auch. Seine Krone heißt Kether, denn Kether heißt: Krone.

Es gibt zehn Sephiroth, und es gibt zehn Gebote. An Zufälle zu glauben gehört zu den ersten Unarten, die Mütterchen Kabbala uns abgewöhnt. Es läßt sich also jeder Sephirah ein Gebot zuordnen. Kether steht in Zusammenhang mit dem ersten Gebot. Es lautet: »Ich bin der Herr, dein Gott. Du sollst nicht andere Götter haben neben mir.«

Als erste Emanation Gottes trägt Kether alle anderen Emanationen latent als Möglichkeit in sich. Machtvolle Kräfte schlummern unverwirklicht in Kether. In Kether ist Gott mit sich selbst schwanger. Nach dem Gang durch die drei Schleier der Negativen Existenz ist Kether die erste Manifestation Gottes im Bereich der Positiven Existenz. Aus dem, was uns wie das Nichts erscheint, ist das geballte Etwas geworden. Kether ist ein Konzentrat des Seins, die konkrete Möglichkeit des Werdens, inaktiv zwar und noch außerhalb von Raum und Zeit. Doch die gesamte Schöpfung vom Atom bis zur Galaxie, vom Tropfen bis zum Ozean, vom Einzeller bis zu Mensch, Tier und Pflanze liegen bereits als Entwurf oder Drehbuch in ihr. Mit Kether beginnt die große Metamorphose Gottes. Man könnte auch sagen: Kether ist wie eine gigantische Pumpe; sie pumpt das Nichts ins Etwas hinein. Dion Fortune verdanken wir die schöne Definition: »Gott ist Wucht.« Die geballte Kraft Kethers wartet nur darauf, zu zerbersten, sich zu verströmen und zu den unendlich vielen Bausteinen des Lebens zu werden.

Kether ist noch die vollkommene Einheit, aber sie trägt alle Polaritäten, alle Gegensatzpaare schon in sich. Raum und Zeit, Materie, Energie und Naturgesetze schlummern — noch unverwirklicht — in der ersten Emanation. Die Einheit Gottes wird sich in unendliche Vielheiten aufspalten. Kether »weiß« das bereits, genauso, wie eine schwangere Frau weiß, daß ihr Kind geboren werden, zur Schule gehen, sich von ihr trennen und eine eigene Familie gründen wird. Dies ist also der Zeitpunkt (wir erinnern uns, wie problematisch es ist, in diesem Zusammenhang von Zeit zu sprechen!), dies ist also der Entwicklungsstand, an dem Gott noch einmal nachdrücklich seine Ganzheit, seine Einheit betont. Vor dem großen Tanz der Universen, vor der ersten Drehung des ewigen Rades, das »Entstehen und Vergehen« heißt, sagt Gott:

»Es gibt nur mich. Alles, was ist, ist ICH. Zwar trete ich aus dem Einssein in die Zersplitterung, in die Vielheit hinein, aber ich bleibe doch immer der, der ich bin. In den vielfältigsten, verschiedensten Gestalten und Kräften werde ich mich zeigen. Und bin doch immer, der ich bin. Und bin schon jetzt der, der ich sein werde. Ich werde Blitz sein, ich werde Berg sein, Fluß, ich werde der Lauf der Gestirne sein; Mineralien, Pflanzen, Tiere und Menschen werde ich sein. Und werde doch immer der Eine sein, das Eine, die Einheit des Vielen. Nichts und niemand wird außerhalb meiner sein, nichts und niemand neben mir. Irrtum wäre es, eine meiner vielen Emanationen als Gottheit anzubeten. Zwar bin ich der Blitz, aber der Blitz ist nicht ICH. Zwar bin ich der heilige Berg, aber der heilige Berg ist nicht ICH. Zwar bin ich der Fluß, das Unwetter, die Jahreszeit, aber sie alle sind nur winzige Atome meines unendlichen Leibes.«

Prinzipien werden aus Kether entstehen, archetypische Kräfte und Strukturen der Natur, die man später in unterschiedlichen Kulturen mit unterschiedlichen Namen belegen wird. Eine Emanation wird entstehen, die man Aphrodite, Venus, Ischtar, Astarte, Lakshmi oder auch Freya nennen wird.

Eine andere wird Mars, Tevi oder Ares genannt werden. Hermes, Loki, Thoth, Hanuman oder Merkur wird eine weitere Emanation in den verschiedenen Sprachen der verschiedenen Völker heißen. Sie werden lebendige Kräfte, wirksame Prinzipien sein, aber sie sind nicht Gott. Sie sind Emanationen des einen Gottes. Wer sie anbetet, betet nicht Gott an, sondern eine Teilkraft, eine Seiner unterschiedlichen Wirkungsweisen. Und wer das tut, wird Gott nicht erkennen können. Er ist ein Opfer des Irrtums geworden.

Gott aber will sich selbst durch den Menschen erkennen. Er hat den Menschen geschaffen, ist Menschheit geworden, um mit ihr (das heißt auch: mit sich selbst) eine leidenschaftliche Liebesaffäre zu beginnen. Er will werben und umworben werden, durchdringen und durchdrungen werden, getrennt sein und eins werden, Streit und Versöhnung will Er, erkennen und erkannt werden, lieben und geliebt werden, Er will sich hingeben, sich ganz in Liebe verströmen und mit derselben Leidenschaft begehrt werden, wie Er den Menschen begehrt.

Stellen Sie sich vor, jemand verliebt sich, sagen wir: in Ihre Ohren. Er befestigt kostbares Geschmeide an Ihren Ohren, schmeichelt den Ohren mit Musik, wäscht und salbt Ihre Ohren, fotografiert sie, stellt die Fotos der Ohren in goldene Rahmen, die mit Brillanten besetzt sind, würde Ihre Ohren am liebsten vergolden lassen und behauptet steif und fest, er liebe Sie. Sie sagen ihm tausendmal: »Ich bestehe nicht nur aus Ohren! Sieh doch! Ich bin viel mehr!« Er hört nicht zu. Verzückt zupft er an Ihren Ohrläppchen herum. Er kennt nicht Ihren Mund und Ihre Füße, würdigt Ihre Hände keines Blickes, sieht nicht Ihre Frisur oder Ihr Gesicht, ignoriert Ihre Gefühle und Wünsche, kümmert sich einen feuchten Kehricht um das, was Sie denken, glauben, fürchten und hoffen, was Sie freut und was Sie ärgert. Kann man mit solch einem perversen Fetischisten eine dauerhafte, beglückende Liebesbeziehung haben? Vermutlich nicht.

Daß dieser Ohrenfetischist ein armer Dummkopf ist, der nichts von der Liebe weiß und sich in all seiner eifrigen Verehrung nur lächerlich macht, leuchtet jedem ein. Den gleichen Unfug treiben aber solche Menschen, die ausschließlich eine einzige Emanation Gottes anbeten und Sein wahres Wesen, das in der Einheit des Vielen besteht, schlichtweg ignorieren. Das sagt uns Gott als erste Emanation, als Kether, mit dem ersten Gebot.

Kether nimmt auf dem Baum den Platz des höchsten Punktes der mittleren Säule ein. Die mittlere Säule wird die »Säule des Bewußtseins« genannt. Sie symbolisiert die Achse, auf der sich die widerstreitenden polaren Kräfte gegenseitig neutralisieren, die harmonische Mitte, wo These und Antithese sich zur Synthese vereinigen, wo Liebe und Haß genauso miteinander verschmelzen wie Gut und Böse, Männlich und Weiblich, Yin und Yang. (Im Mikrokosmos des menschlichen Körpers entspricht die mittlere Säule des Bewußtseins dem Rückgrat. Kundalini liegt zusammengerollt in Jesod, der neunten Sephirah.) Die Säule des Bewußtseins markiert die exakte Mitte zwischen der (linken) Säule der Härte und der (rechten) Säule der Barmherzigkeit.

Folgende Attribute werden der (rechten) Säule der Barmherzigkeit zugeordnet: männlich, positiv, aktiv, gebend, kinetisch. Im Gegensatz dazu sind die Eigenschaften der (linken) Säule der Härte: weiblich, negativ, passiv, empfangend und statisch. Die Säulen repräsentieren also gewissermaßen zwei unterschiedlich geladene Pole, vergleichbar dem »Nordpol« und »Südpol« eines Magneten. Es besteht ein

Spannungsgefälle zwischen der Säule der Barmherzigkeit und der Säule der Härte.

Verwirrung stiftet zunächst die Lehre der Kabbalisten, daß ab der sechsten Sephirah (Tiphereth) eine »Umpolung« der Säulen stattfindet: Was oberhalb Tiphereths auf der rechten Säule männlich war, ist unterhalb Tiphereths weiblich, Genauso gelten ab Tiphereth für die linke Säule die Attribute der rechten Säule. Diese Verwirrung verschwindet, wenn wir den Baum auf ein Koordinatensystem projizieren,

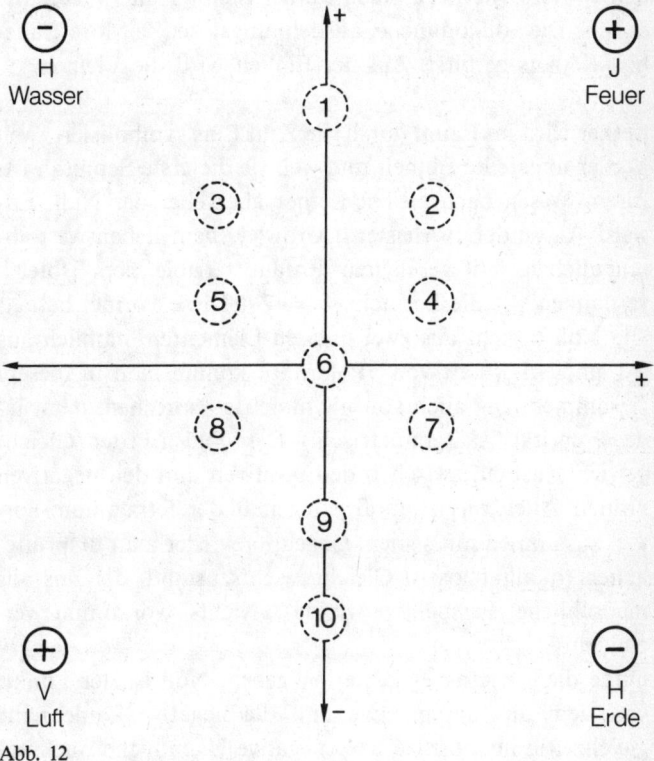

Abb. 12

wobei Tiphereth den Schnittpunkt der beiden Achsen bildet. Obwohl die achte Sephirah (Hod) auf der Säule der Härte liegt, ist ihr Attribut: männlich. Wir erinnern uns: der Sephirah Tiphereth wurde der Erlöser zugeordnet. Die Umkehrung der achsenspezifischen Attribute kann also als eine kabbalistische Illustration des Satzes »Siehe, ich mache alle Dinge neu« verstanden werden, denn die Polaritäten kehren sich um. Nichts bleibt nach Tiphereth, wie es war. Was für den »Sohn« (Tiphereth) gilt, das gilt auch für den »Vater« (Kether). Nach Kether bleibt nichts mehr, wie es war. Die vollkommene, ausdehnungslose, Zeit-lose Ganzheit Kethers zerbirst. Aus der Einheit wird die Vielheit.

Kether wird im Baum durch die Zahl Eins symbolisiert, weil Kether ungeteilte Einheit und weil sie die erste Sephirah ist. Ihrem Wesen nach gleicht Kether aber eher der Null. Edward Alexander (»Aleister«) Crowley, dem liebenswert-abscheulichen, blitzgescheiten Enfant terrible der Esoterik verdanken wir die Formel: »0 = 2«. Diese Formel besagt: Die Null besteht aus zwei polaren Elementen, nämlich aus $+1$ und -1. (Statt von »Polarität« könnte man in diesem Zusammenhang auch von »Symmetrie« sprechen, denn jede Polarität ist symmetrisch.) Die Null ist der Gleichgewichtszustand zwischen den positiven und den negativen Zahlen. Alles, was ist, muß sich gemäß der Tetragramm-Formel zusammen mit seinem Gegenpol wieder zum ursprünglichen (qualitätslosen) Gleichgewichtszustand, der uns aus menschlicher Perspektive wie das »Nichts« vorkommt, vereinigen.

Ohne die -1 kann es keine $+1$ geben. Null ist der Punkt, von dem aus die positive und die negative Zahlenreihe gleichzeitig ins positive bzw. negative Unendliche wachsen.

Die Null ist wie eine Symmetrieachse, die den Punkt der Neutralisierung aller Zahlen, die einander spiegelbildlich entsprechen (z. B. $+5$ und -5), symbolisiert. Eine Zahl, zur Null addiert, »wird geboren«, denn z. B. die 3 ist nichts anderes als null plus 3. Eine Zahl, die man von der Null subtrahiert, »existiert im Jenseits fort«, denn die negativen Zahlen sind das »Jenseits« der positiven Zahlen. Eine Zahl, die man mit der Null multipliziert, löst sich vollkommen in der Null, im Ursprung, auf, denn null mal 5 ist wieder null.

Stellen Sie sich vor, Sie begegnen einem wildfremden Menschen, der Sie neugierig macht. Sie möchten möglichst viel über diese Person erfahren, können sie aber aus bestimmten Gründen nicht fragen: »Wer bist du? Was denkst du?« Sie sind auf Ihre Beobachtungen angewiesen. Indem Sie analysieren, was dieser Mensch tut, wie er sich anderen gegenüber verhält oder wie er in bestimmten Situationen reagiert, können Sie Rückschlüsse auf seine Überzeugungen und seinen Charakter ziehen.

Ähnlich muß man vorgehen, wenn man etwas über Kether in Erfahrung bringen will. Da Kether oberhalb von Raum und Zeit, Form und Kraft, Ursache und Wirkung steht, können wir nur indirekt auf ihr Wesen schließen, nämlich durch das, was Kether »tut«, wie Kether sich »verhält«.
Wenn wir bei unserer These bleiben, daß Kethers Wesen in gewissen Grundzügen der Zahl Null entspricht, können wir sagen: Kether an sich kann, genau wie die Null, von unserem Verstand nicht wirklich begriffen werden. Sie sprengt unser Vorstellungsvermögen. Wir können nur innerhalb der Polaritäten und der raumzeitlichen Kategorien denken. Wer die Null verstehen möchte, muß wissen, daß sie aus $+1$ und

-1, +2 und -2, +3 und -3 usw. besteht. Alle Zahlen schlummern in der Null. Alle weiteren Emanationen schlummern in Kether. Unser Wissen über Kether können wir also erst dann vervollständigen, wenn wir die anderen Sephiroth kennen, die zusammen als Summe die verwirklichten Möglichkeiten und Eigenschaften Kethers darstellen. (Für die Freunde des I Ging: Kether entspricht dem Hexagramm Kiäu; für die Freunde des Tantra: Kether entspricht dem ausdehnungslosen, alles in sich vereinigenden, punktförmigen Shiva.)

Wie die Null sich zunächst in +1 und -1 aufspaltet, so teilt sich Kether zunächst in die Sephiroth Chockmah (2) und Binah (3). (Yin und Yang; Shiva-bindu und Maja). Kether nimmt die Spitzenposition der obersten Triade ein. Zusammen mit Chockmah (2) und Binah (3) bildet sie ein nach oben weisendes Dreieck — es weist zurück auf die drei Schleier der Negativen Existenz und kann als Spiegelung der Negativen in die Positive Existenz hinein betrachtet werden. Unterhalb der höchsten Triade befindet sich eine undurchdringliche Grenze. Es ist die Grenze, vor der unser Verstand (spätestens!) kapitulieren muß. Man nennt sie den »Abyssos« (Abgrund). Die Sephiroth 4 (Chesed) bis 10 (Malkuth) können von der menschlichen Intelligenz erfaßt und in der Meditation (gefahrlos) erreicht werden. Die oberen drei Sephiroth können es nicht. Der Abyssos teilt die zehn Sephiroth des Baumes also in die höchsten Drei und in die nachfolgenden Sieben.

Nachdem sich Kether in zwei gegensätzliche Pole (»+1 und -1«), in Chockmah (männlich) und Binah (weiblich) aufgeteilt hat, kehrt die höchste Sephirah exakt auf der Grenzlinie des Abyssos gewissermaßen noch einmal in sich selbst, in die Einheit zurück. Auf dem Abyssos nämlich liegt eine elfte (»unsichtbare«) Sephirah, die nichts mit den anderen Sephiroth gemein hat, die weder in die Schöpfung gehört noch eine Emanation ist. Sie heißt Daath.

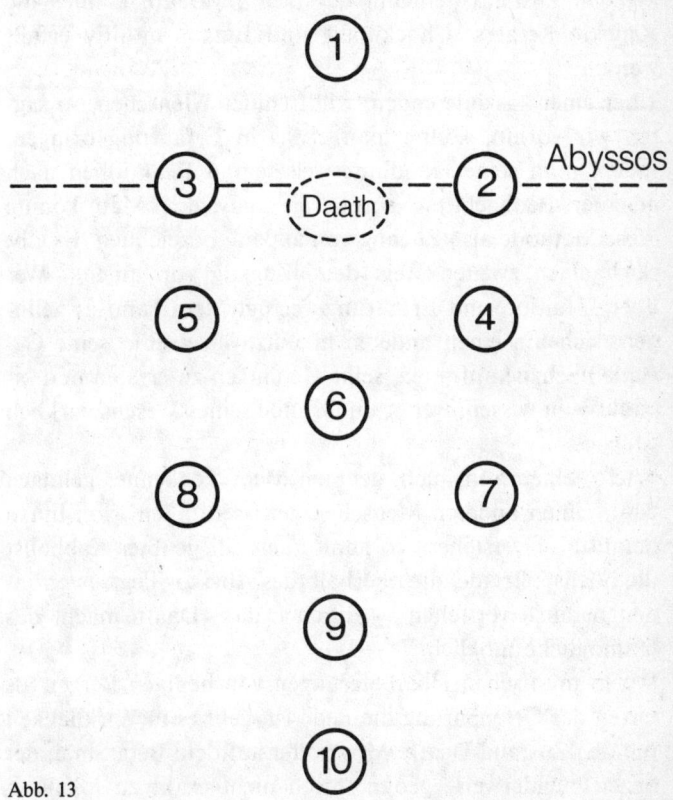

Abb. 13

Die Kabbalisten sagen, Daath gehöre in eine andere Dimension als der Baum. Daath ist ein Bewußtseinszustand, die Fähigkeit zum vollkommenen Verstehen der übrigen Sephiroth und des eigenen menschlichen Standortes im Universum. Wer Daath erreicht, erlangt höchstes Wissen über sich selbst, über Sinn, Zweck, Ursache, Wirkung, über Art und Weise seiner Einbettung in Raum und Zeit. Daath bezeichnet den Zustand der Unio mystica. In Daath können die Aspekte Kethers, Chockmahs und Binahs intuitiv erfaßt werden.

Über einen faszinierenden, wildfremden Menschen, so sagten wir vorhin, könne man etwas in Erfahrung bringen, indem man seine Handlungsweisen und Reaktionen nach genauer Beobachtung sorgfältig analysiert. Man könnte diese Methode als »Zugang von außen« bezeichnen. Es gibt noch einen zweiten Weg: den »Zugang von innen«. Wer über Intuition und Erfahrung verfügt, dem kann es gelingen, sich »in einen anderen hineinzuversetzen«, seine Gefühle nachzuempfinden, seine Gedanken zu erraten und instinktiv zu wissen, wer er im Grunde seines Wesens wirklich ist.

Wie es einem sensiblen, geübten Menschenkenner gelingen kann, einen anderen Menschen gewissermaßen »von innen heraus« zu verstehen, so kann auch ein geübter Kabbalist die höchste Triade, die oberhalb des Abyssos liegt, »von innen heraus« verstehen — durch Daath. Daath macht das Unmögliche möglich.

Wo in mystischen Überlieferungen von heiligen Bergen als Orten der Offenbarung die Rede ist, geht es in Wirklichkeit um den Zustand Daath. Moses, der auf dem Berg Sinai, der bezeichnenderweise geographisch nicht exakt zu lokalisieren ist, die Zehn Gebote empfing, befand sich tatsächlich in Daath. Der »heilige Berg« ist nur ein Versuch, einen Zustand »zwischen Himmel und Erde« bildhaft zu symbolisieren. Denn dieser Zustand entzieht sich jeder rationalen Definition. Er ist jenseits der sprachlichen Faßbarkeit. Es gibt keine Worte, die irgendeine treffende Aussage über diesen Zustand machen könnten.

»In Daath sein« bedeutet nicht, mit verdrehten Augen in einen entrückt-verzückten Rausch einzutauchen. Daath ist höchste intellektuelle Klarheit, vollkommene Bewußtheit, ohne Grenzen. Wer in Daath war, der weiß, daß das gewöhnliche Bewußtsein dem »Bewußtsein« eines Schlafwandlers gleicht.

Daath als der elften Sephirah wird das »elfte Gebot« zugeordnet: »Du sollst deinen Nächsten lieben wie dich selbst.« In anderen Worten: »Solange du dich selbst haßt und solange du dir selbst fremd bist, wirst du auch andere Menschen weder lieben noch verstehen können. Fang bei dir selbst an, oder du wirst immer ein Heuchler bleiben.« Daath ist Wissen. Wer sich selbst weder kennt noch bejaht, der kann auch andere nur mißverstehen und ablehnen.

Das magische Bild Kethers gleicht ungefähr dem, das Michelangelo in die Kuppel der Sixtinischen Kapelle gemalt hat — dies Bild, auf dem die Fingerspitzen Gottes und Adams sich fast berühren. Es ist das Bild eines weisen, majestätischen alten Mannes, der nur im Profil zu sehen ist. Die rechte Gesichtshälfte wendet er dem Betrachter, die linke dem »Nichts«, den drei Schleiern der Negativen Existenz, zu.

Der Erkenntnisweg verläuft nicht linear. Er gleicht einer Wendeltreppe. Nach tausend Zweifeln und Überlegungen sind wir wieder exakt da, wo wir schon einmal waren — wenn auch auf höherer intellektueller Ebene: nämlich beim »alten Mann mit dem weißen Rauschebart«. — Das entbehrt nicht einer gewissen Ironie...

Dies Prinzip der Rückkehr zum Ausgangspunkt auf höherer Ebene — wir können es das »Wendeltreppen-Prinzip« nennen — ist in mancherlei Hinsicht charakteristisch für Kether. Nicht genug, daß wir in Kether dem längst tot geglaubten alten Mann mit dem langen weißen Bart wiederbegegnen. Aus Kether ist das gesamte Universum hervorgegangen. Und alles wird wieder in Kether zurückkehren. Was aus »Nichts« entstanden ist, wird auch wieder zu »Nichts« werden. Da drängt sich die Frage auf: wozu das Ganze, wenn es doch wieder ins »Nichts« einmündet? Was soll der Kreislauf, wenn er nicht zu einem Ziel, sondern zurück zum Ausgangspunkt führt? Wozu? Warum? Was soll dieser Expansions- und Kontraktionszyklus? Eine Ur-Einheit, die wir Kether nennen, teilt sich in Gegensatzpaare auf, die miteinander kommunizieren, Bewegung und Veränderung, Beeinflussung und Entwicklung ermöglichen. »Aufstieg durch Teilung« könnte man dies Prinzip nennen — kosmisches Urbild der Arbeits-teiligen Gesellschaft, die die Grundlage kultureller Weiterentwicklung und der Zivilisation ist.

Einheit — Zweiheit — Vielheit — Einheit, das ist der Vierschritt Kethers. Dieser Vierschritt, basierend auf dem Willen Kethers, sich in die Emanationen zu verströmen, hebt Kether im vierten Schritt auf eine höhere als die Ausgangsstufe.

Jemand, der eine Wendeltreppe emporklettert, dreht sich im Kreis. Er kommt keinen Schritt vorwärts — aber viele aufwärts. Ist es sinnlos, eine Wendeltreppe hinaufzusteigen, weil man auf ihr nicht wirklich vorwärts kommt und sich nur im Kreise dreht? Anders gefragt: Was hat der verlorene Sohn aus dem gleichnamigen Gleichnis erreicht? Man könnte antworten: gar nichts, denn er kehrte dorthin zurück, woher er kam; er hätte genausogut daheim bleiben können.

So einfach ist es aber nicht.

Nichts ist so öde wie die Idylle ohne Alternative. Wer nie gehaßt, verachtet und gedemütigt worden ist, wird irrigerweise annehmen, es sei die selbstverständlichste Sache der Welt, geliebt zu werden. Er weiß sein Glück nicht zu schätzen. Wer nie arm, einsam, verzweifelt und krank war, wer nie das Gefühl hatte, vor einem schwarzen, tief aufklaffenden Abgrund zu stehen, aus dessen unendlicher Finsternis es kein Entrinnen gibt, der weiß nicht, welche Auszeichnung es ist, unbeschwert in Sorglosigkeit leben zu dürfen. Er langweilt sich entsetzlich und ist im Grunde genommen nichts anderes als ein bemitleidenswerter Dummkopf.

Erinnern wir uns an den Analogiesatz »Superius est sicut quod inferius« — im Makrokosmos herrschen dieselben Gesetze wie im Mikrokosmos, wie oben, so unten, wie im Himmel, also auch auf Erden. Nicht nur der inkarnierte Mensch ist ein »verlorener Sohn«. Der Teil Gottes, der sich zur Schöpfung entschlossen hat, ist es auch. Der verlorene Sohn kehrt äußerlich arm und innerlich reich, nämlich reich an Erfahrungen, dorthin zurück, woher er kam. Seine Abwesenheit hat ihn verändert, hat ihn zur Bewußtheit gelangen lassen. Genauso, wie der verlorene Sohn voller Erfahrungen zu seinem Vater zurückkehrt, kehrt auch Gott voller Ideen und Erfahrungen in sich selbst zurück.

Und wer oder was sind diese göttlichen Ideen und Erfahrungen?

Gucken Sie in den Spiegel. Dann sehen Sie eine davon.

CHOCKMAH

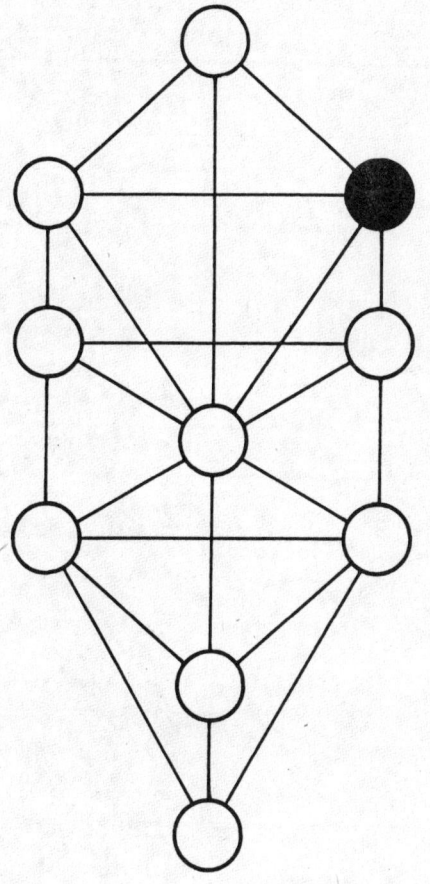

S tellen Sie sich das Unvorstellbare vor: Kether, kosmischer Embryo, ein winziger Punkt nur und weniger als das, so klein, daß, was die räumliche Ausdehnung betrifft, unzählige Milliarden und Abermilliarden »Kethers« spielend in der Spitze einer Stecknadel untergebracht werden könnten, ein »Nichts«, das mit bloßem Auge nicht zu sehen gewesen wäre, das Samenkorn des Universums, um ein Vielfaches winziger als ein Staub-Partikel, dehnt sich in Sekundenbruchteilen explosionsartig aus.

Krawumm! Alles ist Zerbersten, Zerstieben, Auseinanderfetzen. Alles, was »jetzt« existiert, ist reine Kraft, ist Explodieren, pure Energie, totale Wucht. Das Universum wird geboren — es gebiert sich selbst. Unvorstellbar gewaltige, geballte Masse-Energie-Einheiten werden vom Mittelpunkt der Explosion, von dem, was eben »noch« Kether war, in einer Geschwindigkeit, die sich nur noch in Zahlen, aber nicht mehr in Worten ausdrücken läßt, fortgeschleudert. Alles ist Strahlung, Kraft, Energie. Kether-Ehyeh (»Ich bin, der ich sein werde«) geht in einen völlig neuen Zustand über, der durch das Tetragramm JHVH symbolisiert wird. Kether emaniert Chockmah. Das ist der »Urknall«, der »Big Bang«.

Chockmah als der zweiten Emanation wird das zweite Gebot zugeordnet. Es lautet: »Du sollst den Namen des Herrn nicht unnütz führen.« Was heißt das? Dürfen wir nicht »O Gott!« sagen, wenn wir uns erschrocken haben? Oder »Gott sei Dank«, wenn eine Sache wider Erwarten doch noch gut ausgegangen ist? Dürfen wir nicht »Ach, du lieber Gott!« stöhnen, wenn uns hanebüchener Unsinn aufgetischt wird?
Um solche Banalitäten geht es natürlich nicht. Das Gebot

bezieht sich auf JHVH, auf das Tetragramm, das die Kabbalisten der Sephirah Chockmah zuordnen. JHVH ist unaussprechlich. Wer »Jehova« oder »Jahve« sagt und sich einbildet, den Namen Gottes ausgesprochen zu haben, der irrt. Gott hat Abermilliarden Namen gleichzeitig. Er heißt wie die fernste Galaxie und wie das Kind, das erst in hundert Jahren geboren werden wird. Er heißt wie die Wolke über und wie das Grundwasser unter Ihrem Haus, wie die Möwe am Hafen irgendwo in Alaska und wie Nachbars Dackel, er heißt wie die Amöbe, wie der Kristall, wie der arktische Wal und der Mondkrater, wie das Tal und wie der Schmetterling, wie der Komet und wie das Eiweißmolekül. Und noch viel größer ist Sein Name.

Die Buchstaben JHVH symbolisieren die vier Grundkräfte der Natur; JHVH ist die Formel des werdenden Gottes, des »Gottes in Aktion«. JHVH soll, darf und kann nicht als Name gelesen werden. Es handelt sich bei JHVH um eine komprimierte, höchst abstrakte Formel, um die denkbar knappste, präziseste Formulierung eines kosmischen Gesetzes. Gott »ist« nicht JHVH — »Jehova«/»Jahve«. JHVH ist nur ein Aspekt, eine Emanation Gottes. Die Formel JHVH beschreibt, wie Gott Sich in vier unterschiedliche Kräfte aufteilt, um schöpferisch tätig, um kreativ werden zu können. Anders gesagt: JHVH ist ein Vorbereitungsprozeß der Schöpfung und kein persönlicher Gott, zu dem man »Du« sagen könnte.

Wie das erste Gebot, so ist auch das zweite Gebot eine eindringliche Warnung vor einem großen Mißverständnis. Gott sagt mit diesem Gebot: »Ich bin nicht nur mein Wirken. Ich bin mehr. Wer mich auf das reduziert, was ich an mir zum Werkzeug habe werden lassen, der hat mich nicht verstanden. Bilde dir ja nicht ein, du wüßtest, wer ich bin!

Jede definitive Aussage, die du über mich zu machen versuchst, jeder Satz, den du über mich sagst, ist falsch und dumm. Du kannst nichts über mich sagen, denn ich bin größer als du und deine kümmerliche Sprache.« (Etwas Ähnliches hatte wohl Meister Eckhart im Sinn, als er sagte: »Gott ist nicht gut, sonst könnte Er besser sein.« Definition ist Eingrenzung. Das Grenzenlose, Unbegrenzbare mit Worten eingrenzen zu wollen ist von vornherein zum Scheitern verurteilt. Moralische Kategorien wie »Gut« und »Böse« sind Erzeugnisse des menschlichen Geistes. Gott nach menschlichen Kategorien messen zu wollen gleicht dem Versuch, mit Hilfe eines Lineals den Abstand zwischen der Erde und der Sonne zu ermitteln.) Gott will sich nicht auf eine einzige Rolle, nämlich die des Schöpfers, reduzieren lassen.

Um leben und arbeiten zu können, mußte Goethe essen, trinken, atmen und schlafen. Wenn jemand die Frage: »Wer oder was war Goethe?« folgendermaßen beantwortet: »Goethe war einer, der gegessen, getrunken, geatmet und geschlafen hat«, dann hat er damit zweifelsohne recht. Die Antwort ist völlig korrekt. Es dürfte schwerfallen, diese Antwort zu widerlegen. Doch »das heißt soviel wie nicht unterscheiden können zwischen der eigentlichen Ursache und der Erscheinung, ohne welche die Ursache nicht Ursache wäre. Gerade hier tappen die Menschen wie im Finstern herum, indem sie die einzelne Erscheinung ganz ungehörig mit der Ursache verwechseln«. (Sokrates, vor fast zweieinhalb Jahrtausenden, nachzulesen in Platons Dialog »Phaidon«.)

Ähnlich intelligent wie unser Goethe-Spezialist antwortet einer, dem auf die Frage: »Wer oder was ist Gott?« nur einfällt: »Gott ist Jehova, der Schöpfer.« Von ebenso herausragender intellektueller Kapazität zeugt der Versuch, die vier primären Wirkungsaspekte Gottes, die durch die Formel JHVH symbolisiert werden, zu dem Wörtchen »Jehova« oder »Jahve« zusammenzufassen und sich einzubilden: nun, da Gott einen Namen habe, sei alles klar — denn was einen Namen hat, darüber kann gesprochen werden. Namenlose Dinge sind für den Verstand nicht greifbar. Sie machen angst. Sie sind im wahrsten Sinne des Wortes un-erklärlich. Denn erklären können wir nur das, was wir auch konkret benennen können.

Gott ist unter anderem ein kraftvolles, lebendiges, schöpferisches Prinzip, das man JHVH nennt; genauso, wie Sie vielleicht unter anderem Weinkenner, Wähler, Stammkunde im Tabakladen, Autofahrer, Enkel, Onkel, Hundebesitzer oder Steuerzahler sind.

Das zweite Gebot ist eine neuerliche Warnung vor Irrtümern und Mißverständnissen. (Wenn Sie mit dem Hammer nicht den Nagel auf den Kopf, sondern Ihren Daumen treffen und »Herrgottsakramentnochmal!« fluchen, verstoßen Sie gegen kein Gebot. Gegen das zweite Gebot kann nur verstoßen, wer sich anmaßt, er wüßte alles über Gott, wer sagt und glaubt: »Gott ist der Schöpfer, Punktum, basta!«)

Unterhalb des Abyssos, der die oberen Drei von den unteren Sieben trennt, emaniert jede Sephirah — schön der Reihe nach — aus der jeweils vorangegangenen: die fünfte aus der vierten, die sechste aus der fünften usw. Chockmah und Binah dagegen emanieren gleichzeitig aus Kether. Während der Sephirah Chockmah die Attribute: kinetische Energie, Dynamik und motorische Kraft zugeordnet werden, steht Binah für: Form, Zeit und Raum, für das statische, rezeptive Element. Die kraftvolle Beweglichkeit Chockmahs und die »Fähigkeit« Binahs, Zeit und Raum für die durch Chockmah hervorgerufenen Veränderungen quasi »bereitzustellen«, bedingen einander in ursächlicher Weise. Kraft schafft Veränderung. Veränderung ist die Bewegung von Zustand A zu Zustand B. Bewegung kann es nur innerhalb von Raum und Zeit geben. Die Frage, ob Veränderung und Bewegung erst Zeit und Raum schaffen oder ob Zeit und Raum erst Bewegung und Veränderung ermöglichen, führt uns zurück zu unserer alten Frage, wer wohl zuerst dagewesen ist: das Huhn oder das Ei.

Huhn und Ei befinden sich bereits innerhalb der Kategorien von Raum und Zeit. Chockmah und Binah dagegen sind, wie Kant sagen würde, die »Bedingungen der Möglichkeit« dafür, daß es Raum und Zeit überhaupt geben kann. Beide zusammen markieren die Grenze zwischen Zeit und Ewigkeit, zwischen dem ewigen Jetzt Kethers und dem linearen Zeitstrahl der Schöpfung, auf dem es erst ein »Vorher« und ein »Nachher« geben kann. Beide stehen noch »mit einem Bein in der Ewigkeit«, in der großen Gleichzeitigkeit des ewigen Jetzt, das ein Attribut Kethers ist.

Fest steht: Chockmah ohne Binah kann es genausowenig geben wie Binah ohne Chockmah.

Chockmah und Binah emanieren gleichzeitig aus Kether. Um diesen synchronen Emanationsvorgang adäquat zu beschreiben, müßte man Chockmah und Binah gleichzeitig charakterisieren. Das ließe sich durchaus bewerkstelligen. Angenommen, Sie sitzen bequem auf Ihrem Sofa, rechts und links von Ihnen Ihre zwei besten Freunde. Während Ihnen der Freund zur Rechten das Kapitel über Chockmah vorliest, liest der Freund zu Ihrer Linken das Kapitel über Binah laut vor. Dann haben Sie adäquate Gleichzeitigkeit. Nur: Sie haben nichts davon. Unser Hirn ist, da es sich innerhalb der Kategorien von Raum und Zeit entwickelt hat, nun einmal auf das »Nacheinander« und nicht auf das »Gleichzeitig« geeicht. Wenn also Chockmah und Binah in gesonderten, aufeinanderfolgenden Kapiteln behandelt werden, so handelt es sich hierbei um ein notwendiges Zugeständnis an die menschliche Auffassungsgabe und nicht etwa darum, daß der Streit um Huhn und Ei zugunsten von Huhn oder Ei entschieden werden soll!

Stellen Sie sich vor, Sie müßten ein Anatomie-Lehrbuch lesen. Im ersten Kapitel würde vielleicht das Herz, im zweiten die Muskulatur und im dritten die Haut beschrieben und erklärt werden. Nach der Lektüre des ersten Kapitels kämen Sie sicherlich nicht auf die Idee, daß die menschliche Muskulatur erst dann zu arbeiten beginnt, wenn das Herz zu schlagen aufgehört hat. Beim Lesen des dritten Kapitels würden Sie wahrscheinlich nicht mutmaßen, daß dem Menschen erst dann eine Haut wächst, wenn seine Muskulatur nicht mehr funktionsfähig ist.

Wenn wir das Universum mit einem lebendigen Organismus vergleichen, dann ist otz chiim, der Baum, das beschreibende und erläuternde Lehrbuch. Die Kabbalisten wiesen schon sehr früh darauf hin, daß alle Emanationen, alle sephirothischen Kräfte gleichzeitig im Universum vorhanden sind — in friedlicher Koexistenz, sozusagen. Entschieden traten sie der Ansicht entgegen, alles im Universum Existierende befände sich auf der Stufe Malkuth (10), alles sei Materie. Gerade die Sephirah Chockmah kann als Untermauerung der These von der »friedlichen Koexistenz« aller Sephiroth/Emanationen herangezogen werden.

Noch immer, jetzt, heute, stiebt das Universum auseinander, wächst es weiter ins »Nichts« hinein. Noch immer ist das Prinzip, das Mütterchen Kabbala »Chockmah« nennt, die aktive, treibende Kraft, die die Raum-Zeit-Materie-Insel innerhalb des »Meeres von Nichts« ausdehnt. Das Universum breitet sich aus. Chockmah arbeitet unermüdlich weiter. Chockmah schläft nicht. Das Universum expandiert noch heute. Gemäß der Tetragramm-Formel, die besagt, daß jede Kraft durch ihre polare Gegenkraft ausgeglichen werden muß, besteht die Notwendigkeit, daß das Universum, nachdem es lange Zeit expandiert ist, irgendwann auch wieder kleiner werden, schrumpfen muß. Das Universum absolviert Expansions- und Kontraktionszyklen. Gegenwärtig befindet es sich in einem Expansionszyklus — Chockmah ist die aktive Kraft.

Chockmah hinterläßt bei ihrer Arbeit sichtbare Spuren und ein hörbares Echo: Kaum ein Schlummer ist so süß wie der vor dem laufenden Fernsehapparat. Wird man geweckt, grunzt man: »Wer war der Mörder?«, um dann mit halbgeschlossenen Augen ins Bett zu taumeln. Oder man wird, nachdem in den öffentlich-rechtlichen Sendeanstalten ordnungsgemäß die Nationalhymne abgesungen worden ist, vom Rauschen und Flimmern, vom »Schnee« auf dem Bildschirm geweckt. Dieser »Schnee«, das Phänomen der Hintergrundstrahlung, also der gleichförmig im All verteilten Radiostrahlung, ist Chockmahs Spur, Chockmahs Echo.

In der kabbalistischen Literatur wird Chockmah »Abba« (höchster Vater) oder auch »erleuchtende Intelligenz« genannt. Beide Namen besagen im Kern dasselbe. Sie betonen die aktive Schaffenskraft Chockmahs und unterstreichen, daß es Chockmah allein für sich nicht geben kann. »Erleuchtend« (aktiv) kann etwas oder jemand nur dann sein, wenn es ein Zweites neben ihm und außerhalb seiner gibt, das sich (passiv) erleuchten läßt. Einen Vater kann es nur unter der Voraussetzung geben, daß auch eine Mutter vorhanden ist. Existiert keine Mutter neben dem Vater, so kann es bestenfalls einen alleinstehenden, kinderlosen Mann geben, aber keinen Vater. Chockmahs Energie richtet sich ganz gezielt auf ein Objekt, auf ein Gegenüber: auf Binah. Chockmah verströmt sich in Binah. Was Chockmah gibt, empfängt Binah. Oder, abstrakter formuliert: Chockmah ist Geben, Binah ist Empfangen. Bewegung ohne ein Bewegtes, Licht ohne ein Erleuchtetes, Veränderung ohne ein Verändertes kann es nicht geben. Chockmah ist Ur-aktivität, die ohne die rezeptive Ur-passivität Binahs quasi »ins Nichts« verpuffen würde, als hätte es sie nie gegeben.

Geben und Nehmen bedingen einander. Es kann nur gegeben werden, wenn auch von einem anderen genommen wird. Chockmah gibt sich selbst, ist Sichverströmen, Sichausbreiten, ist Geben. Chockmah als kraftvoll bewegende Voraussetzung allen Lebens ist die kosmische Initialzündung, die erste Inspiration des Universums, das Stimulans, das auslösende Moment.

Chockmah ist der »Odem«, der in den Schöpfungsmythen der unterschiedlichsten Völker und Kulturen zu den geformten Erd- oder Tonfigürchen hinzukommen muß, um die ersten Menschen aus ihnen zu machen — der göttliche Funke, der Geist, die belebende Seele, die lebensspendende Ur-Kraft, die tote Materie in lebendige Organismen verwandelt. Wer »Augen hat zu sehen«, der kann überall die aktive Wirksamkeit des Initialzündungs-Prinzips entdecken, das Mütterchen Kabbala »Chockmah« nennt. Im Mikrokosmos beispielsweise ist Chockmah der »Kick«, die Inspiration, die einen Mozart komponieren, einen Michelangelo malen und einen Goethe dichten läßt. Chockmah, im Gewande der Kontinentaldrift, machte aus dem Ur-Kontinent die heutigen Kontinente. Chockmah ist auch der »Kick«, von dem der wissenschaftliche Schöpfungsmythos der Biochemiker handelt:

Es war einmal vor urlanger Zeit irgendwo ein Teich, ein Tümpel oder eine Pfütze in unmittelbarer Nähe eines Ozeans. Darin befanden sich alle anorganischen Substanzen, alle Chemikalien, die als Grundbausteine für einen ersten primitiven Einzeller benötigt werden. Aus diesem Einzeller sollte im Laufe der Jahrmillionen alles Leben auf dieser Erde entstehen. Was veranlaßte die verschiedenen anorganischen Substanzen, sich ausgerechnet so zu gruppieren, daß die Vorstufe aller lebendigen Organismen entstehen konnte? Es gibt verschiedene Namen für diesen »Kick«, doch jeder dieser Namen ist ein Synonym für: Chockmah. Prometheus war, salopp formuliert, der erste kreative Künstler und ein Kanal für die Kräfte Chockmahs, ein Chockmah-Räuber, wenn Sie so wollen. Er formte nach dem Vorbild der Götter kleine Lehmfigürchen und belebte seine Skulpturen, indem er am Sonnenwagen eine Fackel entzündete, deren ätherische Flamme seinen Geschöpfen Geist und Leben gab. Durch diese ätherische Flamme wurden aus original-handgearbeiteten Lehm-Männchen die ersten Menschen, so sagt der antike Mythos.

Der biochemisch-wissenschaftliche wie der griechische Schöpfungsmythos erzählen dieselbe Geschichte. Ur-Zelle und Ur-Mensch, anorganische Substanzen und knetbarer Lehm, Tümpel und Prometheus — es gibt nur formale, aber keine strukturellen Unterschiede. (Für unsere Freunde aus Atlantis: Der »Kick«, der von den Plejaden als »kosmische Entwicklungshilfe« zur Erde kam, ist ebenfalls dem

Chockmah-Prinzip zuzuordnen. Die Plejaden verhielten sich zur Erde wie Chockmah zu Binah.)

Erwähnt und zur Diskussion gestellt sei in diesem Zusammenhang die These einiger kabbalistischer Autoren, die besagt, Chockmah sei der Logos. Der Logos ist das, wovon Doktor Faust bei Goethe nicht recht wußte, wie er's übersetzen sollte: »Geschrieben steht: ›Am Anfang war das Wort!‹/Hier stock' ich schon! Wer hilft mir weiter fort?/Ich kann das Wort so hoch unmöglich schätzen,/Ich muß es anders übersetzen.« (Den Rest seiner Überlegungen können Sie nachlesen im »Faust«, Erster Teil, Zeile 1224 ff.) Der Logos ist das, wovon das Johannes-Evangelium in den ersten Zeilen berichtet: »Im Anfang war das Wort, und das Wort war bei Gott, und Gott war das Wort. Dasselbe war im Anfang bei Gott. Alle Dinge sind durch dasselbe gemacht, und ohne dasselbe ist nichts gemacht, was gemacht ist. In ihm war Leben, und das Leben war das Licht der Menschen.« In diesem Prinzip, das hier Logos bzw. Wort genannt wird, Chockmah zu erkennen und die ersten Zeilen des Johannes-Evangeliums als Beschreibung der Emanation Chockmahs aus Kether zu lesen, liegt eigentlich auf der Hand.
Wenn Chockmah das »Wort« ist, dann ist Binah die Stille, in die hinein das Wort gesprochen wird. Chockmah wird von den Kabbalisten auch »Weisheit« genannt, während sie Binah »Verstehen« nennen. Weisheit und Verstehen bedingen einander.
Die erhabenste Weisheit ist keinen Pfifferling wert, wenn niemand sie versteht. Falls Sie nach einem durchzechten Abend oder aus purem Übermut einmal versucht haben, Ihrem Wellensittich, Ihrem Dackel oder Ihrer Katze Einsteins Relativitätstheorie zu erläutern, dann wissen Sie aus eige-

ner leidvoller Erfahrung, daß Wissen, wenn es nicht auf Verständnis stößt, intellektuellem Eunuchentum gleicht. (Dann können Sie vielleicht auch nachvollziehen, weshalb Gott sich nach einem einigermaßen intelligenten Gegenüber, nach dem Menschen, sehnte.)

Weisheit verhält sich zu Verstehen wie das Wort zur Stille, wie das Aktive zum Passiven, wie Geben zum Nehmen — oder: wie Chockmah zu Binah.

Die oberen Drei, Kether, Chockmah und Binah, werden den »alten Gottheiten« aller religiösen und mythologischen Systeme zugeordnet. Die älteste Gottheit ist aber, gemäß griechischer Überlieferung: Eros. Parmenides beispielsweise sagt über die geballte göttliche Urkraft, die man mit Kether gleichsetzen kann: »Als den ersten vor allen Göttern ersann sie den Eros.« Karl Phillip Moritz schreibt in seiner »Götterlehre« über Eros, er »ist der älteste unter den Göttern. Er war vor allen Erzeugungen da und regte zuerst das unfruchtbare Chaos an.« Eros sei »der erhabene Begriff von der alles erregenden und befruchtenden Liebe selber«, schreibt Moritz. Eros als der älteste Gott ist nicht zu verwechseln mit dem geflügelten, pausbäckigen Pummelchen mit Pfeil und Bogen, das später aus der Verbindung von Venus und Mars hervorging. Der ursprüngliche, erste Eros ist das gebende, erzeugende Prinzip, also das, was Mütterchen Kabbala Chockmah nennt.

Chockmah ist Geben. Geben macht reich. Geben ist Reichtum. Nichts und niemand, hier oder irgendwo, jetzt oder irgendwann, ist so reich wie Chockmah oder diejenigen Menschen, die Chockmah (in Chesed, durch Binah) leben.

BINAH

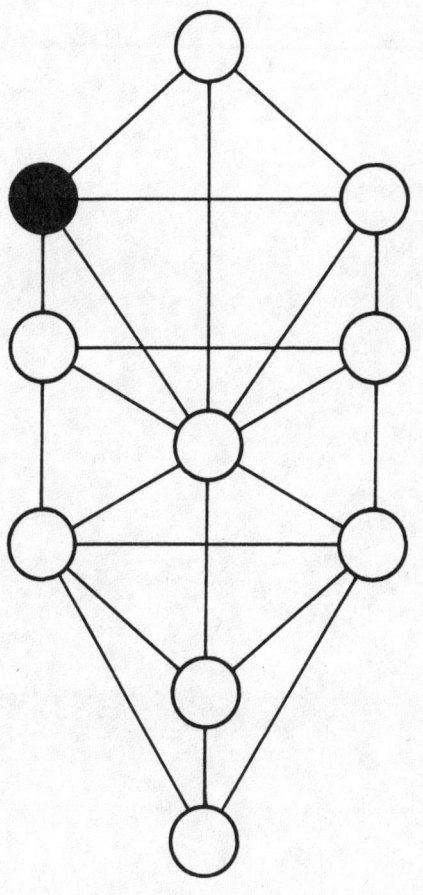

B inah ist die facettenreichste, ambivalenteste und faszinierendste Sephirah. Ganze Enzyklopädien könnte man über das breite Spektrum ihrer unterschiedlichen Aspekte schreiben. Und selbst dann bliebe noch vieles ungesagt.

Binah ist der Beginn des linearen Zeitstrahls. Sie symbolisiert den Übergang vom ewigen Jetzt der ausdehnungslosen Gleich-Zeitigkeit zur chronologischen Trinität von Vergangenheit, Gegenwart und Zukunft. Ebenso naiv wie zutreffend wäre folgender erster Definitionsversuch: »Binah ist, wenn der liebe Gott auf die kosmische Stoppuhr drückt und sagt: Ab jetzt läuft die Zeit!«

Leben als dynamischer Entwicklungsprozeß kann sich nur innerhalb der Kategorien von Raum und Zeit vollziehen. Das Entstehen der Zeit bedingt die Notwendigkeit eines Anfangs und eines Endes. Als Mutter allen Lebens ist Binah zugleich die Mutter des Todes. Indem sie die konkreten Voraussetzungen des Entstehens verkörpert, ist sie auch die Ursache des Vergehens. Ohne vorgreifen zu wollen, sei schon hier auf die Gottheit Kronos/Saturn hingewiesen, die der Sephirah Binah zugeordnet wird. Genau wie Binah, steht auch Saturn für das Prinzip Materie—Zeit. Dem Gott Saturn wurden üble kannibalische Gelüste nachgesagt. Er fraß seine Kinder. Die Zeit ist die »Bedingung der Möglichkeit« unserer Existenz auf den Ebenen des Materiellen. Wir werden geboren durch die Zeit und in der Zeit. Die Zeit läßt uns altern und sterben. Alles, was die Zeit hervorbringt, verschlingt sie auch wieder. Binah ist eine kannibalische Mutter.

Kether emaniert gleichzeitig Chockmah und Binah, also einen männlichen und einen weiblichen Aspekt. Binah ist der weibliche Teil Gottes, die Muttergottheit, die Urmutter, die

Große Göttin der matriarchalischen Zeit, vor circa dreißig Jahrtausenden anschaulich dargestellt von unseren Vorfahren in Gestalt einer kleinen Skulptur, die wir heute die »Venus von Willendorf« nennen, oder von Günter Grass in seinem Roman »Der Butt« in der Figur der Aua.

Mit dem Auftreten der patriarchalischen Strukturen, als die Männer sich emanzipierten und die Herrschaft an sich rissen, wurden die großen Muttergöttinnen verdrängt, dämonisiert, kurzerhand abgeschafft oder einer Geschlechtsumwandlung unterzogen — denn eigentlich müßte Kronos/Saturn eine weibliche Gottheit sein! Doch schon unsere Herren Vorväter schlossen messerscharf, daß nicht sein kann, was nicht sein darf. Das Prinzip Masse—Materie—Zeit war von nun an männlich. Jahrtausendelang waren die Männer von den Frauen unterdrückt worden. Jetzt wurden sie aufmüpfig und wollten auch mal die Bestimmer sein. Sie beschlossen: Von nun an ist Gott männlich. Punktum. Basta!

Die Zehn Gebote untergliedern sich, genau wie die Sephiroth, in zwei unterschiedliche Gruppen. Der oberen Trinität des Baumes, bestehend aus Kether, Chockmah und Binah, entsprechen die ersten drei Gebote; sie beziehen sich (auf der naiven, wortwörtlichen Verständnisebene) auf das Verhältnis des Menschen zu Gott, während die sieben folgenden Gebote (auf der naiven Verständnisebene) die Beziehungen der Menschen untereinander regeln sollen. Wenn man so will: Auch die Gebote werden, genau wie die Sephiroth, durch einen unsichtbaren Abyssos in drei obere und sieben untere getrennt.

Das dritte Gebot wird Binah zugeordnet. Es lautet: »Du sollst den Feiertag heiligen.«

Wir erinnern uns: Chockmah wird von den Kabbalisten

»Weisheit«, Binah dagegen »Verstehen« genannt. Die gnostische Terminologie benutzt die Vokabeln »nous« (männlich; Verstand) und »epinoia« (weiblich; Intelligenz). Binah symbolisiert (unter anderem!) die Intelligenz, also die Fähigkeit, (passiv, empfangend) Wissen in sich eindringen zu lassen und Informationen zu verstehen, das heißt: sie zu ordnen, sie miteinander in logische Zusammenhänge zu stellen und sie zu bestimmten Strukturen zu verknüpfen. Ohne dies rezeptive, empfangende Element, ohne das Verstehen bzw. die Intelligenz, wäre jede Weisheit bzw. Information unfruchtbar wie ein Same, der nicht auf guten Boden, sondern auf felsiges Gestein fällt.

Das aktiv sich verströmende Wissen, die kinetischen Energien Chockmahs finden in Binah ihren notwendigen Gegenpol, ohne den sie nicht existieren könnten. Binah setzt die Informationen in strukturelle oder logische Zusammenhänge, sie bietet die ordnende Folie, vor der als Hintergrund die Informationen erst Sinn machen. Ebenso ordnet Binah die kinetischen Energien Chockmahs zu komplexeren Strukturen, beispielsweise zu Atomen. Binah transformiert die Energien Chockmahs in Materie, sie bietet die Möglichkeit für die materielle Manifestation der kinetischen Chockmah-Energien. (Diejenigen Prinzipien, die Mütterchen Kabbala Chockmah und Binah nennt, faszinierten Einstein am meisten, auch wenn er beide Prinzipien anders nannte, nämlich: Energie und Masse.)

Der Sephirah Chockmah läßt sich die Vita activa zuordnen; entsprechend gehört die Vita contemplativa zum Binah-Prinzip. Falls Sie Hermann Hesses Roman »Narziß und Goldmund« kennen: Narziß steht für die Vita contemplativa, Goldmund für die Vita activa. Die Vita contemplativa bezeichnet, vereinfachend gesagt, ein eremitenhaftes, asketisches Philosophenleben, während die Vita activa ein »weltliches« Leben ist. In der Vita activa dominiert das Handeln, in der Vita contemplativa das Denken. Mütterchen Kabbala ist nie müde geworden, nachdrücklich und eindringlich zu betonen, daß zu einem sinnerfüllten Leben beide Elemente gehören: die Vita contemplativa genauso wie die Vita activa. Ihre Lieblingssöhne waren immer zugleich auch zünftige Handwerker — einer kam aus Nazareth und war gelernte Zimmermann — und Familienväter, die mit beiden Beinen im Alltagsleben standen und sich weder in einen Elfenbeinturm zurückzogen noch sich in einer feuchten Klosterzelle hinter Büchern verkrochen, um dünkelhaft auf die »gewöhnlichen« Menschen mit ihren »profanen« Sorgen herabzublicken.

Nach diesen scheinbaren Umwegen (Umwege erhöhen die Ortskenntnis!) kehren wir wieder zum Ausgangspunkt zurück: zum dritten Gebot. Das dritte Gebot ist, auf klar deutsch gesagt, eine eindringliche Warnung vor der Gefahr des Verblödens, der intellektuellen Abstumpfung, des geistigen Stillstandes. Das Wort »Feiertag« verweist auf den Sabbat (der dem Saturn zugeordnet wird, der wiederum an das Binah-Prinzip erinnert) oder unseren Sonntag, also auf denjenigen Tag in der Woche, an dem die Arbeit ruht, die Vita activa der Vita contemplativa weicht, der Alltag unterbrochen wird und man sich der Muße hingeben kann. Sonntag ist der Tag der Passivität, der Tag, an dem nicht gearbeitet wird und freie Zeit zur Verfügung steht, die man nutzen kann, um sich mit Dingen zu beschäftigen, die im Laufe der Arbeitswoche notwendigerweise zu kurz kommen müssen. Es ist der Tag des (passiven) Verstehens, Aufnehmens. Man hat Zeit zum Nachdenken und wird nicht durch berufliche

Kleinigkeiten abgelenkt, man kann lesen und neue Gedanken aufnehmen, so wie Binah (Verstehen) Chockmah (Weisheit) in sich aufnimmt. Man kann sich Themen widmen, die nicht in direktem Zusammenhang mit den konkreten Erfordernissen des Broterwerbs stehen. Man kann es nicht nur — man soll es sogar. Ein Tag in der Woche soll der Vita contemplativa gewidmet werden. Im Prinzip spielt es keine Rolle, ob dieser kontemplative Tag nun der Sonntag, der Donnerstag oder der Dienstag ist. Da aber die meisten Menschen am Sonntag nicht arbeiten müssen, bietet sich dieser Tag natürlich an. Wenigstens einmal in der Woche sollte man sich darüber klarwerden, daß es jenseits der alltäglichen Realitäten von Beruf, Ratenzahlungsverträgen, Angst vor Arbeitslosigkeit, Karrierestreben, Konkurrenzkampf und borniertem Chefs, den Schlangen an der Supermarktkasse und den blöden Ampeln, die ausgerechnet immer dann auf Rot umschalten, wenn man dem Feierabend entgegenfährt und sich auf das Essen freut, daß es also jenseits dieser tausend alltäglichen Kleinigkeiten noch eine andere Wirklichkeit gibt — eine Wirklichkeit, innerhalb derer wir nicht Rädchen im Getriebe, sondern potentielle Götter sind.

Im Alltag wollen wir etwas bewegen, bewirken, ob wir nun Computer verkaufen oder Kinder unterrichten, Kranke pflegen, Autos reparieren, in der Buchhaltungsabteilung sitzen oder Häuser bauen — immer richtet sich die konzentrierte Aufmerksamkeit auf konkrete Ziele. Der Sonntag soll die Umkehrung bringen: Nicht wir bewirken oder bewegen, sondern in uns soll etwas bewegt und bewirkt werden. Das aktive Bewirkenwollen verwandelt sich in das passive Bewegtwerden. Im Alltag leben wir das (männliche) Chockmah-Prinzip; am Sonntag sollen wir den Ausgleich schaffen, uns öffnen und zulassen, daß wir das Ziel einer höheren Aufmerksamkeit werden.

»Sapere aude!« — wage es, deinen Verstand zu benutzen — in anderen Worten: lebe Binah! Tritt einen Schritt neben deine Standpunkte und Überzeugungen, öffne dich für neue Impulse und Anregungen, laß das Neue in dich hinein, verwandle dich in einen gierigen intellektuellen Schwamm, der neues Wissen in sich aufsaugt! Greif zu: von allen Seiten wird dir Wissen geboten. Du kannst lesen, diskutieren, Seminare oder Vorträge besuchen, beim Malen oder Töpfern Inspiration erfahren und Chockmah in dich hineintreten lassen; du kannst spazierengehen und die Natur in dich einströmen lassen — unzählige Möglichkeiten stehen für dich bereit. Sie alle aber setzen voraus, daß du dich öffnest, daß du einen Tag lang Binah bist.

Was Gott mit dem dritten Gebot weder sagt noch meint, ist folgendes: »Du sollst am Sonntag nicht ausschlafen, sondern in die Kirche laufen. Auf der harten Holzbank soll dir dein Steißbein wehtun. Du sollst dich langweilen und Lieder singen, bei denen dir die Füße einschlafen!« Wenn Gott ein Gott der Lustlosigkeit und der Langeweile wäre, dann wäre Er auf ewig Kether geblieben. Dann gäbe es uns gar nicht. Vielmehr sagt Er mit dem dritten Gebot: »Mensch, öffne dich! Du stolperst wie ein Schlafwandler durch den Alltag. Deine Gewohnheiten sind festgefahren. Wenn du ein Sklave der Routine wirst, wirst du weder dich noch mich finden. Ich bin überall. Lerne, mich zu sehen! Tritt einen Schritt neben dich, vergiß deine Denkgewohnheiten. Ich habe viel zu geben. Ich will mich an dich verschenken. Aber wenn du dich nicht öffnest, kann ich dir auch nichts geben. Ich bin der Baum, unter dem du sitzt, ich bin der See, in dem du badest, du findest mich in den Menschen, in den

Büchern, in der Natur, in Bildern und in der Musik. Wo immer du mich suchst, da wirst du mich finden. Finden kannst du mich aber nur, wenn du dich öffnest. Du kannst alles von mir haben. Du mußt es nur haben wollen. Mach dich leer, dann will ich dich erfüllen!«

Niemand kann beschenkt werden, der sich nicht beschenken lassen will. Niemandem kann geholfen werden, der sich nicht helfen lassen will. Niemand kann geheilt werden, wenn es sein Wille ist, krank zu bleiben. In letzter Konsequenz ist das dritte Gebot, da es sich auf die Öffnung des Menschen bezieht und verlangt, daß man in möglichst regelmäßigen Abständen von der Vita activa in die Vita contemplativa überwechseln soll, gleichzeitig auch eine Warnung vor ideologischen Scheuklappen, vor Dogmen und Vorurteilen, kurz: vor geistigem Stillstand. Es ist eine Warnung vor gedanklicher Routine. Im Alltag, bei der Arbeit, bewährt sich die Routine. Sie garantiert einen schnellen, reibungslosen Arbeitsablauf. Wenn man bei jedem Handgriff erst lange überlegen müßte, also wenn man keine Routine hätte, würde die Arbeit unverhältnismäßig viel Zeit und Kraft in Anspruch nehmen. Wer die Routine aber auch auf die emotionale und die intellektuelle Ebene übergreifen läßt, wer in »Rastern« denkt und fühlt, der wird ein Opfer der geistigen Erstarrung. Er glaubt sich stets im Recht, er hält seine politischen, weltanschaulichen, religiösen oder moralischen Vorstellungen für die einzig gültigen und — verblödet!

Routine im Bereich des Intellektuellen und Emotionalen bedeutet ja auch: Abschottung, selektive Wahrnehmung, Scheuklappen, Tunnelblick, verengter Horizont. Davor warnt das dritte Gebot, und es schlägt vor, wenigstens einmal in der Woche den Versuch zu wagen, den passiv-rezeptiven, empfänglichen Binah-Aspekt zu leben und neugierig neue Impulse, neue Denkanstöße, neue Anregungen in sich aufzunehmen.

Falls Sie einmal Thomas Manns Roman »Der Zauberberg« gelesen haben, erinnern Sie sich bestimmt an das sonderbare Kapitel »Schnee«. In diesem Kapitel findet sich, kursiv gedruckt, der Kernsatz, die Quintessenz des Romans: »Der Mensch soll um der Güte und Liebe willen dem Tode keine Herrschaft einräumen über seine Gedanken.« — Ein Ja zum hellen, ein Nein zum dunklen Binah-Aspekt. Hans Castorp, der »total anämische« Held des Romans, hat sich im Schneegestöber verirrt. Stundenlang kämpft er verzweifelt gegen Eissturm, klirrenden Frost und Erschöpfung an. Schließlich, am Ende seiner Kräfte, kurz vor dem Erfrieren, auf der Schwelle zwischen Leben und Tod, wird ihm eine Vision zuteil. Sie handelt — von Binah, vom goldenen Saturn-Zeitalter. Castorp findet sich schließlich in einem Tempel wieder und wird Zeuge eines grauenvollen Vorgangs: Ein Säugling wird von alten Weibern gefressen. Stichwort: Binah und Saturn als Kannibalen; Lilith als dunkler Binah-Aspekt.
Binah ist in sich ambivalent und scheinbar voller Widersprüche. Je archaischer und archetypischer ein Symbol ist, desto größer wird die Wahrscheinlichkeit, daß sein Bedeutungsfeld sich aus — auf den ersten Blick — unvereinbaren Polaritäten zusammensetzt. Bei Binah liegt ein solcher Fall vor. Der Sephirah Chockmah, von den Kabbalisten »Abba« (höchster Vater) genannt, steht eine janusköpfige Binah gegenüber, eine Binah mit zwei Gesichtern. Die kabbalistischen Namen Binahs lauten »Ama« (dunkle, unfruchtbare Mutter) und »Aima« (helle, fruchtbare Mutter). Der Begriff »Mutter« steht symbolisch für: Materie. Das Wort »Materie« leitet sich von »mater« ab. Mater heißt: Mutter.

In Ama und Aima finden wir also die beiden unterschiedlichen Aspekte der Materie verkörpert: den »unfruchtbaren«, Forschungsgegenstand der anorganischen Chemie, also das Reich der Minerale, der chemischen Elemente und anorganischen Verbindungen, und auf der anderen Seite den »fruchtbaren«, den organischen, biochemischen, den lebendigen, Leben ermöglichenden Aspekt.

Wieder naiv, aber durchaus zutreffend, könnte man sagen: Ama und Aima, die beiden »Töchter« Binahs, sind Inhaberinnen des kosmischen Kostümverleihs. Bei Aima leiht man sich das Kostüm, das man »Körper« nennt, aus. Bei Ama gibt man es wieder ab. Sie reinigt es, zerlegt es in seine Bestandteile und schafft so den Rohstoff — im Recycling-Verfahren — für neue Kostüme. Wer ausleiht, der muß auch wieder zurückgeben. Diese Tatsache ist nicht immer angenehm — daher auch der Schrecken, den Ama, der dunkle Aspekt Binahs, verbreitet.

Dem Ama-Aspekt Binahs, der dunklen, unfruchtbaren, todbringenden Mutter, läßt sich die Gestalt Lilith zuordnen. Binah ist die Sephirah der archaischen Göttin, der alten Muttergottheit, sie steht für den weiblichen Aspekt Gottes, der mit dem Aufkommen des Patriarchats dämonisiert wurde. Der historische Moment der Dämonisierung der alten Muttergottheit ist die Geburtsstunde Liliths.

Wer ist Lilith? Im kabbalistischen Alphabet des ben Sira finden wir folgenden ersten Hinweis: »Als Gott Adam erschuf, sagte Er: Es ist nicht gut, daß der Mensch allein sei. Daher erschuf Er für ihn eine Gehilfin aus der gleichen Erde und nannte sie Lilith. Sobald sie geschaffen war, begann sie Streit und sagte: Weshalb sollte ich unten liegen? Ich bin ebensoviel wert wie du, wir sind beide aus Erde geschaffen.«

Ben Sira war ein Mann; er schrieb aus männlicher Perspektive. Die Schuld am Zerwürfnis schiebt er Lilith zu; daß Adam mit seiner selbstherrlichen Forderung nach Über-Legenheit und seiner willkürlichen Behauptung der Unter-Legenheit Liliths an diesem ersten Geschlechterkampf nicht ganz unschuldig war, wird verschwiegen.

Lilith, ein herrliches Weib, klug und geheimnisvoll wie eine Nachteule, mit langem, reichem roten Haar, verführerisch wie das Leben und tödlich wie das Leben — sie war, so berichtet der Mythos, unserem Urvater Adam schlichtweg unbequem. Mit Lilith konnte er nicht viel anfangen, sie war ihm zu eigenwillig, sie hatte einen eigenen Willen, und das mißfiel ihm ganz entschieden. Ein neues, ein zweites, ein fügsameres Weib mußte her. Eine, die völlig damit einverstanden war, eine untergeordnete Rolle zu spielen, und die keine Gleichberechtigungsflausen im Kopf hatte. Adam bestellte sich bei Gott eine neue Frau. Dies im Vergleich zu Lilith fügsamere Weib, die Frau ohne emanzipatorische Ideen, war Eva, die Mutter aller Lebenden, der Aima-Aspekt Binahs.

Lilith war von nun an gezwungen, das Leben einer Ausgestoßenen zu führen. Die jüdische Mythologie degradierte sie zu einer finsteren Dämonin. Väterchen Adam hatte keinen Bock auf Emanzen. Im Prinzip muß schon er der Ansicht gewesen sein, eine Frau gehöre an den Herd und ins Bett; sie habe keine Forderungen zu stellen, sondern den Anforderungen, die er an sie stellte, zu genügen.

Einen analogen Vorgang nach demselben Lilith-Adam-Schema finden wir im Alten Testament beschrieben. Abrahams Frau, die unfruchtbare (!), hieß ursprünglich Sarai, zu deutsch: die Herrin. Sie war schön, verführerisch und verkörperte den Ama-Lilith-Aspekt. Dann wurde Sarai, die

Herrin, »abgeschafft«, denn »Gott sprach abermals zu Abraham: Du sollst Sarai, deine Frau, nicht mehr Sarai nennen, sondern Sara soll ihr Name sein.« (Erstes Buch Mose, 17,15) Nicht als Sarai, als eigen-willige Herrin, sondern als »gezähmte« Sara kann Abrahams Frau einen Sohn bekommen, der dafür sorgt, daß Abrahams Same sich über die ganze Welt verbreitet. Ama/Aima und Sara/Sarai — Zufall? Die stolze Herrin wird zum braven Weibchen; Lilith wird durch Eva ersetzt. Abrahams Frau verwandelt sich durch Umbenennung von Lilith in Eva, von Ama in Aima. Das Patriarchat hat sich keine große Mühe gegeben, die Spuren seiner Machtergreifung zu verwischen; es muß sich seiner Sache von Anfang an sehr sicher gewesen sein!

Wer Lilith einmal gesehen hat, der erkennt sie überall wieder. Etwa in Goethes »Faust«, in der Gestalt des Gretchens. Gretchen war zuerst die »zahme Eva«, die sich dem Mann willig unterordnete. Als Verlassene, Verstoßene, Unerwünschte überwand sie die tragische Dualität Eva-Lilith. Sie lebte den verdrängten Lilith-Aspekt, indem sie zur Kindsmörderin wurde, und erst nach dieser grauenvollen Tat konnte sie erlöst werden, im Kerker, kurz vor der Hinrichtung, von Stimmen, die aus dem Himmel kamen.

In fast allen kabbalistischen Schriften findet Lilith Erwähnung, so zum Beispiel im »Sohar« des Moses de Leon. Die Mythologie spricht über sie in einer Mischung aus Furcht und Faszination. Lilith verbreitet Angstlust. Sie verkörpert eine weibliche Urkraft von so intensiver Präsenz, daß man (Mann) sich ihr nicht entziehen kann. Lilith trägt folgende Titel: die Würgerin, furchtbare Mutter und Kindsmörderin, die Verschlingende; sie gilt als wollüstige Hexe, als blutrünstiges Weib, als mordende Bestie und unwiderstehliche Verführerin. Sie steht für den unterdrückten und besiegt geglaubten naturhaft-wilden Aspekt des Weiblichen und ist der Gegenpol zum domestizierten Weibchen. Vamp ist sie und Femme fatale, Urpotential der ungezügelten weiblichen Sexualität. (Unsere rheinische Loreley wie auch die griechische Medea zählen zu ihren »Töchtern«.)

Sicher kennen Sie das Graffito: »Gott ist schwarz und eine Frau.« Dieser provokante Spruch hat, was wohl den wenigsten bewußt ist, einen wahren Kern. Im Falle des Ama-Lilith-Aspektes Binahs stimmt er nämlich. Die Dunkelheit gehört zum Wesen Liliths. Sie gilt als heimliche Herrin der Nacht; schwarz ist ihre seidige Haut, und an ihren Waden wachsen Federbüschel, die an die geflügelten Sandalen des Hermes/Merkur erinnern. In der Königin von Saba, der dunkelhäutigen äthiopischen Königin, die vierzig Nächte mit Salomo (einem großen Kabbalisten) verbrachte, begegnen wir ihr wieder. Mandäische Gnostiker nennen sie »Ruha« und sagen von ihr, sie sei die »Mutter der Sieben«, nämlich der sieben Planetengeister. (Tatsächlich ist Binah die »Mutter« der sieben unteren Sephiroth.)

Schwarz ist Lilith, wie feinstes Ebenholz, rot ihr Haar, und gefiedert sind ihre Waden; sie ist über und über behangen mit kostbarem Schmuck. Wer sie gesehen hat, verfällt der dunklen Faszination ihrer Schönheit. Schwarz ist sie wie die indische Kali und wie die schwarzen Madonnen von Tschenstochau, Einsiedeln und Altötting. (Binah ist in ihrem Aima-Eva-Aspekt, wie wir später noch sehen werden, die Sephirah der Gottesmutter — bezeichnenderweise »Gottes-Mutter« und nicht »Mutter-Göttin« — Maria.)

Immer wieder schließen sich die Kreise der gegenseitigen Querverweise. So heißt es beispielsweise im Sohar: dem Prinzip Lilith (als dem dunklen Aspekt Binahs) entspräche im menschlichen Organismus, also im Mikrokosmos des

Körpers, die »schwarze Galle der Milz«. Diese Zuordnung basiert auf den Thesen des Hippokrates, der in den unterschiedlichen »Körpersäften« eine Analogie zu den verschiedenen menschlichen Temperamenten sah. Die »schwarze Galle« steht für Melancholie. Denn Melancholie heißt übersetzt: Schwarzgalligkeit. Die Melancholie ist ein Attribut bzw. »Geschenk« Saturns, also Binahs, meisterlich dargestellt von Albrecht Dürer auf seinem berühmten Stich »Melencolia I«.

Das Zitat aus den Schriften des ben Sira deutete es bereits an: Lilith ist der weibliche Adam, nämlich: Adamah. Dies hebräische Wort ist zugleich die weibliche Vokabel für: Erde, Boden — ein weiterer Hinweis darauf, daß Lilith aus derselben Erde geformt worden ist wie Adam; Lilith-Adamah, die Frau aus Erde, im Gegensatz zu Eva, die aus einer »Rippe« Adams angefertigt wurde, ihre Existenz also der Existenz Adams verdankt.

Nachdem Lilith zur schwarzen Dämonin der Nacht degradiert worden war, entstand so etwas wie ein mythologisches Vakuum, das im Verbreitungsgebiet der hellenischen Kultur durch den männlichen Gott Kronos (Saturn) aufgefüllt würde. Kronos/Saturn zählt zu den »alten Göttern«, die später durch Zeus/Jupiter entmachtet wurden. Kronos/Saturn hatte, wie bereits erwähnt, die unsympathische Angewohnheit, seine eigenen Kinder zu fressen. Das heißt: er verwehrte ihnen das Geschenk der Unsterblichkeit. Genau dasselbe tat sein »Kollege« aus dem Alten Testament. Nachdem Eva von den verbotenen Früchten genascht hatte, sagte er: »Siehe, der Mensch ist geworden wie unsereiner und weiß, was gut und böse ist. Nun aber, daß er nicht ausstrecke seine Hand und breche von dem Baum des Lebens und esse und lebe ewiglich!« (Erstes Buch Mose, 3,22)

Zeus ist ausersehen, die Macht des Kronos in Frage zu stellen und zu brechen — dasselbe tat im Paradies die Schlange. Wir erinnern uns: Die hebräischen Wörter für »Schlange« und »Messias« hatten denselben Zahlenwert — ein Indikator für subtile Identität. Beiden, Zeus/Jupiter wie Jesus, ist es gelungen, den »Herrn der Welt« zu besiegen. Ebenso, wie Jesus als Säugling vor dem Blutgesindel des Kindsmörders Herodes in Sicherheit gebracht werden mußte (Flucht nach Ägypten), wurde auch Zeus/Jupiter vor seinem kannibalischen Vater gerettet. Er sollte zum Rächer seiner verspeisten Geschwister werden. Beide, Zeus wie Jesus, haben das Prinzip Saturn—Tod besiegt.

Falls Sie einmal Ihr gutes Geld zu einem schlechten Astrologen getragen haben, könnte Ihnen folgendes passiert sein: der Möchtegern-Seni hat vielleicht seine Stirn in Sorgenfalten gelegt und so finsteres, unheilverheißendes Gemurmel von sich gegeben, daß Ihnen schier das Blut in den Adern gefroren ist. Warum? Vielleicht wegen Saturn. Der nämlich gilt irrtümlich als »großer Malefikus«, als böswilliger Übeltäter und Unglücksbringer, der einem nichts als Ärger und Verdruß bereitet.
Der Planet Saturn »sagt« all das, was wir in unserer bequemen Trägheit nicht hören wollen. Aber genau das, was wir am wenigsten wahrhaben wollen, ist meist die Wahrheit. Saturn stellt knifflige Prüfungsaufgaben. Er ist ein strenger, aber gerechter Lehrer. Wer seine Hausaufgaben nicht ordentlich löst, bekommt von ihm saftige Strafarbeiten aufgebrummt. Das ist ebenso ärgerlich wie förderlich für unsere Entwicklung. Saturn haßt die Faulheit seiner Schüler. (Einen guten Astrologen erkennen Sie also unter anderem daran, daß er Ihnen nicht einredet, Saturn brächte Ihnen Un-

heil, sondern daß er Ihnen erklärt, wie Sie Ihre Saturn-Hausaufgaben am besten lösen können.)

Dem Gott Saturn erging es nicht viel besser als seiner »Schwester« Lilith. Auch er ist dämonisiert worden. Auf alten Stichen sehen wir ihn oft mit einer Sichel — er sieht beinahe aus wie ein mittelalterlicher Sensenmann. Auch die Ähnlichkeit zwischen den Wörtern »Saturn« und »Satan« ist nicht zufällig. Alles Übel wurde Saturn in die Schuhe geschoben — es ist halt so schön bequem, einen Sündenbock zu haben. Höchst unbequem dagegen wäre das Eingeständnis, daß wir selbst und niemand sonst die Verursacher unserer »Schicksalsschläge« sind. (Ein offenes Geheimnis: Nichts fürchtet ein Mensch, der in vollkommener Unbewußtheit lebt, so sehr wie die Selbstverantwortlichkeit.)

Chockmah symbolisiert unter anderem, wie wir gesehen haben, die befruchtende Inspiration, die einen Künstler dazu veranlaßt, ein neues Werk zu schaffen. In gewisser Hinsicht tut der Künstler eine Binah-Arbeit: Er verleiht dem flüchtigen Chockmah-Impuls eine Form, eine Gestalt — sei es in Noten, in Farben, in Versen oder wie auch immer. Nicht zufällig sind so viele bedeutende Künstler große Melancholiker, schwermütig bis an den Rand des Unerträglichen. Sie zapfen Binah-Energien an, und mit der Fähigkeit zur künstlerischen Gestaltung ziehen sie auch die Melancholie auf sich herab. (Und doch wird kaum ein Künstler behaupten, die Melancholie sei ein zu hoher Preis für die Kreativität.)

Eine kleine Anmerkung für unsere Freunde mit astrologisch erweitertem Horizont, die in Zeitaltern und nicht in Monaten oder Jahren denken: Das erste Dekanat des Wassermann-Zeitalters steht unter dem Saturn, also unter Binah.

Binah ist weiblich. Das Prinzip des Weiblichen wird der Menschheit wieder bewußt werden. Im Kapitel über Tiphereth und Hod werden wir auf diese Zusammenhänge näher eingehen.

Machen wir einen raschen Binah-Sprung durch Binahs Produkte »Raum« und »Zeit«, hüpfen wir vom griechisch/römischen Kronos/Saturn hinüber nach Indien, um Mutter Kali unsere Aufwartung zu machen. (»Kali« ist die weibliche Form des Wortes »Kala«. »Kala« heißt: Zeit. Den Namen »Kali« könnte man also als »Mütterchen Zeit« übersetzen.) Schwarz ist ihre Haut, wie die Liliths. Mit Lilith teilt sie ihre gnadenlose Blutrünstigkeit und ihre leidenschaftliche Sinnlichkeit. Dreifaltig ist sie, wie Binah: Sie schafft, erhält und zerstört Leben. Das Schwarz ihrer Haut erinnert an den Nacht-Aspekt, der auch ein Attribut ihrer dämonisierten »Schwester« Lilith ist. In kindlicher Liebe verehrte Ramakrishna sie, der heilige Narr, der närrische Heilige. Sie gab ihm alles und ließ ihn qualvoll an Kehlkopfkrebs verrecken. Und doch — es war eine aufregende Liebesgeschichte zwischen der Muttergöttin und dem kindsköpfigen, närrischen Heiligen.

Zu Binah gehören Melancholie, Schwermut und die finsteren Abgründe endloser Traurigkeit, ebenso wie der Weltschmerz, das heißt: der tiefe Schmerz über den Lauf der Dinge auf dieser Welt. Diesen Welt-Schmerz finden wir allegorisch dargestellt in der mittelalterlichen Pietà; Maria beugt sich in namenloser Trauer über den leblosen Leib ihres geopferten Sohnes, voller Einsicht in die Notwendigkeit seines Todes, und doch auch voller Schmerz über diese grausame Notwendigkeit.

Der Name »Maria« leitet sich von der Vokabel »marah« her. Das Wort »marah« hat eine Doppelbedeutung. Übersetzt heißt es sowohl »bitter« als auch »Meer«. Binah ist die Sephirah Marias. Der Zusammenhang zwischen Maria und der Bitterkeit ist klar: Er verweist auf den Melancholie-Aspekt Binahs, auf die Trauer Marias, auf bitter-liches Weinen, auf das Weinen bitterer Tränen und auf die Gefahr der Verbitterung im Leid. Was Maria als Binah-Aspekt mit dem Meer zu tun hat, steht gleich im ersten Satz der Bibel: »und der Geist Gottes schwebte auf dem Wasser«. Der »Geist Gottes« steht für Chockmah, das »Wasser«, das ja sowohl ein Symbol der verrinnenden Zeit als auch der Sphären des göttlichen Urgrundes, des Unbewußten, ist, steht für Binah.

Um am Ufer, an der Grenze zwischen Land und Wasser, von Binah-Gefühlen überwältigt zu werden, braucht man nicht einmal zu wissen, daß das Meer ein Symbol Binahs ist. Es geschieht ganz von allein. Für diese Ur-Erfahrung braucht man keine Schulbildung, kein abgeschlossenes Studium, keinerlei Vorkenntnisse. Kaum schweift der Blick zum Horizont, wo Meer und Wolken miteinander zu verschmelzen scheinen, hat man intuitiv eine seltsam beklemmende Vorstellung von Zeit und Ewigkeit. Ein unerklärliches Gefühl der Melancholie, eine halbbewußte Ahnung der eigenen Vergänglichkeit überkommt den Menschen am Meer: Wie groß und endlos ist das alles, wie klein dagegen mein Leben; ich bin nur eine Sekunde, nur ein Staubkorn, ein Nichts im Angesicht von Raum und Zeit und Ewigkeit. Sicher kennen Sie das Wort »Memme«. Wir verstehen darunter einen weinerlichen, verweichlichten Feigling. Ursprünglich kommt dieses Wort aus dem Jiddischen. Es bedeutet: Mutter. »Mem« ist ein zentraler Buchstabe, einer der drei »Mutterbuchstaben« im hebräischen Alphabet. Der Name eines jeden hebräischen Buchstaben hat eine spezielle Bedeutung. »Mem« bedeutet: Meere, also: Wasser.

Wir haben jetzt schon eine recht stattliche Liste von einander gegenseitig erläuternden Querverweisen; wir kennen oder ahnen die Zusammenhänge zwischen Mutter und Wasser, Wasser und Zeit, Zeit und Melancholie, Melancholie und Binah, Binah und Maria.

Mem/Wasser ist auch ein Symbol der Zeit. Wenn der Geist Gottes über den Wassern schwebt, so erkennen wir hierin eine symbolische Darstellung der Impulse Chockmahs, die in Binah eintauchen wie in ein fremdes Element, um sich in diesem anderen Element zu manifestieren, in diesem weiblichen Element, das die Grundvoraussetzung der Schöpfung ist.

Wer die Energien Binahs anzapft, und das gilt nicht nur für kreative Künstler, sondern auch für schwangere Frauen sowie für jeden Menschen, der bei seiner Arbeit den Formungs-Aspekt Binahs benötigt, macht die Erfahrung des Weltschmerzes, die Erfahrung zermürbender Melancholie und »schwarzgalliger« Trauer, wie wir sie in der Pietà dargestellt finden. Einer Inspiration, einer Idee oder einem Impuls Form zu geben bedeutet auch: ihn vergänglich zu machen, ihn in den Bereich der Vergänglichkeit herabzuziehen. Die schwangere Frau zieht die inkarnationswillige Seele auf die Ebenen des Materiellen herab, indem sie einen neuen Körper in ihrem Bauch wachsen läßt. Der Dichter macht eine Inspiration vergänglich, indem er sie in Verse kleidet, in Worte, deren Sinn vielleicht schon hundert Jahre später nicht mehr verstanden werden kann, weil die Sprache sich zusammen mit den Menschen verändert hat, und die Bedeutung, die die Menschen den Worten geben, nicht mehr dieselbe ist. Der Dichter und die Schwangere, beide stellen einen vergänglichen Leib für ein unvergängliches Prinzip bereit; sie geben Leben, und gleichzeitig legen sie den Samen des Todes in ihr Kind oder ihr Gedicht. Eine Form geben, heißt: begrenzen, abgrenzen, definieren, unfrei machen; die Inspiration ist im Kunstwerk ebenso eingefangen und eingesperrt wie die Seele des neuen Menschenkindes im Embryo oder im Neugeborenen. Die materielle Form ist der Träger einer Kraft, einer Idee oder eines Prinzips — und doch zugleich auch ein Gefängnis.

Binah ist der höchste Punkt der (linken, »weiblichen«) Säule der Härte. Härte ist Starrheit, Erstarrung; Binah macht es Chockmah möglich, sich zu manifestieren. Doch in Binah »stirbt« Chockmah; in Binah verliert Chockmah seine freie Beweglichkeit, seine kraftvoll-geschmeidige Eleganz, seine vollkommene Freiheit. Binah legt Chockmah fest, Binah zwingt zum Verzicht auf tausend potentielle Möglichkeiten zugunsten der Verwirklichung einer einzigen konkreten Möglichkeit. Indem Chockmah sich in Binah konkret manifestiert, verliert Chockmah seine unzähligen weiteren potentiellen Möglichkeiten. (Wir kennen das: Wenn wir uns für eine Sache entscheiden, bringt diese Entscheidung den notwendigen Verzicht auf andere Dinge mit sich.)

Ideen, Inspirationen und Weisheiten erleiden, da sie in die kerkerhafte Form der Worte gefaßt werden, dasselbe Schicksal wie der Mensch: sie müssen altern und sterben, um irgendwann wiedergeboren zu werden und eine neue Form zu erhalten. Ideen werden nach einer gewissen Zeit zu Dogmen, zu sinnentleerten geistigen Fossilien, die vielleicht ins Museum gehören, aber nicht mehr in die Köpfe und Herzen der Menschen. Die Idee stirbt mit der ursprünglichen Bedeutung der Worte. Was eben noch nur so strotzte vor

Wahrheit und Leben, ist plötzlich nur noch Phrase und Tradition, eine Überlieferung, deren Seele längst wieder aus der Form gewichen ist. So sterben Philosophien und Religionen — sie werden zu leeren Worthülsen, die uns nichts mehr zu sagen haben. Das »Chockmah« des Christentums, dieser zündende Ur-Impuls, bestehend aus Liebe und Gottvertrauen, der irgendwann einmal die Kraft hatte, ganze Völker zu begeistern, der die Menschen aufjubeln ließ und ihnen die Antwort auf alle Fragen gab — wo ist er denn? Wer geht denn noch aus der Kirche heraus und ist ganz und gar durchdrungen von diesem starken Glücksgefühl, das einen immer dann durchströmt, wenn man Gott gespürt hat? Das »Chockmah«, die ursprüngliche kraftvolle Idee des Christentums, ist nach dem langen Weg durch die Jahrhunderte in der Form des Christentums, wie es heute praktiziert wird, nicht mehr zu finden. Engherzige Kirchengläubigkeit und Obrigkeitshörigkeit ist nicht das, was Jesus im Sinn hatte. Er wollte keine verängstigten Schäfchen, die vor einem zornigen, strafenden Gott zittern. Das »Chockmah« des Christentums ist längst wieder eine freischwebende, kinetische Energieform.

Eine Binah-Form, sei es in Worten oder in Materie, ermöglicht die Greifbarkeit, das Sichtbar-Werden, die Manifestation einer Idee oder eines Prinzips. Sie kann aber auch die Weiterentwicklung dieser Idee oder dieses Prinzips hemmen oder gar verhindern. Eine Philosophie kann helfen, die Welt besser zu verstehen. Wird sie aber zum Dogma erhoben, das nicht mehr angezweifelt werden darf, so macht sie Erkenntnis unmöglich. Sie schafft dann Verblödung.
Form bedeutet Stabilität, Unveränderbarkeit; die Form ist der Tod des Impulses und der frei beweglichen Energie.

Doch ohne die materielle, sichtbare, fühlbare, den Sinnen zugängliche Form kann sich die Lebenskraft, kann sich die Ur-Kraft, kann sich der Chockmah-Impuls nicht manifestieren. Die Begrenzung des Impulses durch die Form gibt zwar das Gefühl des Gefangenseins, bringt Trauer und Melancholie, Alter und Tod — aber sie bringt auch unbändige Lebenslust. Was nützt die Idee der Blume, wenn sie sich nicht als tatsächliche, sichtbare, duftende Rose manifestiert? Kann man die Idee eines geliebten Menschen streicheln und küssen? Es geht nicht. Es geht nur auf der Ebene des Materiellen, im »Kerker der Form, im Gefängnis Binahs«.
Wir haben Binah sehr viel Vergnügen zu verdanken!

CHESED

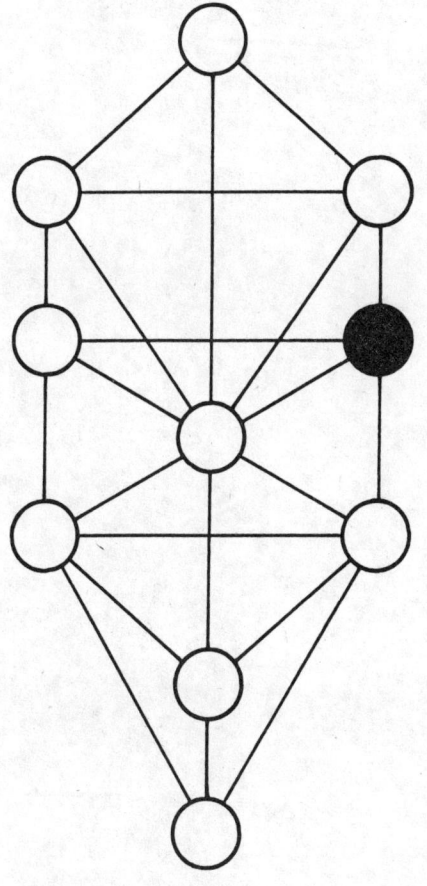

Kleine Standortbestimmung, ehe wir über den Abyssos hinweg geradewegs in die vierte Sephirah, in Chesed, hineinpurzeln: Die ersten drei Stationen auf dem Weg der Involution haben wir jetzt ansatzweise kennengelernt. In Kether hat sich Gott zum Werden entschlossen, in Chockmah hat er sich in reine kinetische Energie, in totale Wucht verwandelt, um dann in Binah in die Dimensionen von Raum und Zeit einzutauchen und die Voraussetzungen für die materielle Manifestation zu schaffen.

Chesed wird von den Kabbalisten »aufnehmende und verbindende Intelligenz« genannt. Sie ist die Sephirah des Konstruktiven, der harmonischen Organisation und der komplexen Strukturen. In Chesed stehen wir an dem Punkt der Involution, wo Geist und Materie innerhalb des Raum-Zeit-Kontinuums verschmolzen sind, um ihre latenten Möglichkeiten konkret zu verwirklichen. Die Möglichkeit des Seins hat sich in reale Existenz verwandelt. Materie-Partikel organisieren sich in der Chesed-Sphäre zu Molekülen, zu differenzierten Strukturen bis hin zu planetaren Systemen und Galaxien. Materie-Partikel wirken, den soeben entstandenen Naturgesetzen gehorchend, gegenseitig aufeinander ein. Es entsteht ein eng vernetztes Geflecht wechselseitiger Beziehungen, das vom winzigsten Atomkern bis zu den entferntesten Planeten reicht. Sterne ordnen sich zu Sternbildern; Planeten kreisen in gesetzmäßig vorgezeichneten Bahnen um ihre Zentralgestirne; Elektronen tanzen um den Atomkern. Das Chaos weicht der harmonischen Ordnung.

Unser Universum hat bereits zwei große »Chesed-Epochen« hinter sich gebracht. Wir wollen sie »Chesed I« und »Chesed II« nennen. Man kann diese beiden Phasen den zwei Schöpfungsberichten der Bibel oder der antiken Vorstellung von den alten und den neuen Göttern zuordnen und in diesem Zusammenhang von einer »Zwei-Phasen-Schöpfung« sprechen.

»Chesed I« ist konstitutiver Faktor der ersten Schöpfungs-Phase. Sie vollzog sich folgendermaßen: Als Kether Chockmah und Binah emanierte, also beim Urknall, wurde Materie gebildet — zunächst allerdings ausschließlich Wasserstoff-Atome. Die Wasserstoff-Atome schlossen sich zu wolkenartigen Gebilden zusammen, dem Gravitationsgesetz gehorchend. Diese Phase können wir »Chesed I« nennen. Mit zunehmender Dichte der Wasserstoffwolken nahm auch die Hitze zu. Kernfusionsprozesse vollzogen sich, die ersten Gestirne entstanden. Es waren »Sterne der ersten Generation« — in der Sprache der Mythologie: die »alten Götter«. Sie alterten und starben — das heißt: es kam zu Supernova-Explosionen. Wieder wurde Materie ins Universum geschleudert. Diese Materie bestand nun nicht mehr nur aus Wasserstoff-Atomen; denn durch die Kernfusionsprozesse der ersten Phase waren alle anderen chemischen Elemente entstanden.

Hier setzt nun die »Chesed II«-Phase ein. Die Materie aus den Supernova-Explosionen zog sich zu neuen Sternen und Planeten zusammen. Beim zweiten Schöpfungsschritt gab es nun unterschiedliche chemische Elemente — die Voraussetzung organischen Lebens war gegeben. »Chesed II« ist also die grundlegende Voraussetzung für die Entstehung organischen Lebens.

Doch nicht nur in den »ersten Schöpfungstagen« war Chesed aktiv. Noch heute können wir dies Prinzip im Alltag erkennen, wenn wir nur genau hinsehen. Wo Familien und Selbsthilfegruppen, Vereine, Bürgerinitiativen oder Parteien, Firmen, Siedlungen oder Städte gegründet werden, wo ein neuer autonomer Staat sich eine eigene Verfassung gibt, wo Individuen sich zu einem größeren Ganzen zusammenfinden, da wirkt die ordnende, verbindende Kraft Cheseds. Wo Menschen sich im Interesse einer über-individuellen Sache zusammenschließen, da ist Chesed, die »aufnehmende und verbindende Intelligenz«.

Der subtilere Sinn der Zehn Gebote erschließt sich erst vor dem Hintergrund der Kabbala. Wer über keinerlei kabbalistische Grundkenntnisse verfügt, der kann durch das vierte Gebot, das der Sephirah Chesed zugeordnet wird, in zermürbende Gewissenskonflikte und Schuldgefühle geraten: »Du sollst deinen Vater und deine Mutter ehren, auf daß dir's wohlergehe und du lange lebest auf Erden.« Ein schlichtes, naives Gemüt müßte dies Gebot ungefähr folgendermaßen verstehen: »Wenn mir meine alten Herrschaften mit ihrer Nörgelei und ihren guten Ratschlägen auf die Nerven gehen und ich nicht geduldig alles hinnehme, dann bin ich ein Sünder, der schwer büßen und früh sterben muß!« Daraus würde folgen, daß die jüngere Generation die Pflicht hätte, die Launen der Alten klaglos zu erdulden. Sie könnte sich mit der höchst fragwürdigen Hoffnung trösten, daß man ja »zum Ausgleich dafür« eines Tages seine eigenen Kinder genauso nerven dürfte, wie man selbst von seinen alten Herrschaften genervt worden ist. Ein strafender, zürnender Gott wachte also als ewiger Garant über die Herrschaft der Alten? Gott als Befürworter der Gerontokratie? Wie soll denn dann jemand fühlen oder handeln, dessen Vater vielleicht ein bestialischer Mörder war und dessen Mutter ihren Lebensinhalt darin erblickt, Unfrieden zwischen Freunden, Verwandten und Nachbarn zu stiften, indem sie mit Lügen und Halbwahrheiten hausieren geht? Dann kann er doch nur mit Goethes Prometheus aufstöhnen: »Ich dich ehren? Wofür?«

Ihre Eltern sind die beiden Menschen, die so freundlich waren, Ihnen für diese Inkarnation einen Körper bereitzustellen. Wenn Sie Glück hatten, dann verdanken Sie diesen beiden Menschen eine unbeschwerte Kindheit, eine gute Ausbildung sowie ein unerschütterliches Urvertrauen in die Kraft der Liebe und Geborgenheit. Wenn Sie sehr großes Glück haben, dann können Sie vielleicht sogar sagen: »Selbst wenn meine Eltern nicht meine Eltern, sondern Fremde wären, würde ich gern mit diesen beiden Menschen eng befreundet sein, möglichst viel Zeit mit ihnen verbringen und von ihrem reichen Erfahrungsschatz profitieren wollen.« — Das ist der Idealfall. Schwer abzuschätzen, wie hoch der Prozentsatz derjenigen Menschen ist, die so über ihre Eltern denken. Hundert Prozent werden es jedoch mit Sicherheit nicht sein.

Fest dürfte stehen, daß wir unseren alten Herrschaften instinktiv und intuitiv das wiedergeben, was wir von ihnen empfangen haben — Liebe oder Herzenskälte. Wer seine Eltern als engstirnige Tyrannen erlebt hat, der wird sie nicht plötzlich zu lieben beginnen, sobald sie alt und hilflos werden. Wer seine Eltern dagegen als aufrichtige, wohlwollende »ältere Freunde« und als zuverlässige Berater erlebt hat, die nichts verlangten oder forderten, sich aber über jeden kleinen Erfolg, den wir hatten, ehrlich freuten, wer solche Eltern hatte, der wird nicht plötzlich aufhören, sie zu lieben, nur weil sie alt und hutzelig werden. In diesem Punkt sind wir, ob wir wollen oder nicht, willige Werkzeuge und Erfüllungsgehilfen des Karmas. Unser Verhalten ist der Spiegel, in den unsere alten Herrschaften blicken können, falls sie wissen wollen, wie sie sich in unserer Kindheit uns gegenüber verhalten haben. Genauso ist das Verhalten unserer Kinder ein Spiegel für uns.

Demnach wäre das vierte Gebot also überflüssig oder gar eine Aufforderung zur Heuchelei? Eine Aufforderung, Ehrerbietung zu heucheln, wo in Wahrheit vielleicht nur Mitleid oder gar Abneigung diesen beiden älteren Mit-Inkarnierenden gegenüber ist?

Mütterchen Kabbala hat noch niemanden zum Lügen aufgefordert!

Lesen wir noch einmal genau nach! Im vierten Gebot steht nichts über leibliche Eltern, sondern etwas über »Vater« und »Mutter«, das sind: Abba und Aima, nämlich: Chockmah und Binah. Sie sind die Eltern unserer Seele und unseres materiellen Körpers, die Eltern allen Lebens; sie sind die Ur-Substanz sowohl des Geistes als auch der Materie. Das wichtigste Wort in diesem Gebot ist das kleine Wörtchen »und«! Wer sich als Christ bezeichnet, für den ist nur das relevant, was Jesus getan, gesagt und gewollt hat. Lesen wir uns also einmal quer durch die vier Evangelien hindurch. Was fällt auf?

Mit keiner Silbe spricht Jesus über den wackeren Zimmermann Josef, der so freundlich war, ihn zu ernähren, zu kleiden und ihm ein Heim sowie eine Ausbildung zu geben. Wenn er von seinem Vater spricht, meint er nicht Josef. Auch seiner leiblichen Mutter gegenüber erweist er sich nicht als ehrerbietiger Sohn. Mal weigert er sich, Mutter und Brüder überhaupt zu empfangen — er will sie nicht sehen; sie interessieren ihn nicht (Matthäus 12,46 ff., Markus 3,31, Lukas 8,19). Ein anderes Mal fährt er seiner Mutter, als sie ihn mit ihren Einwänden nerven will, unwirsch über den Mund: »Weib, was geht's dich an, was ich tue?« (Johannes 2,4 ff.) Mehrfach fordert er Menschen auf, Heim, Familie und Eltern einfach im Stich zu lassen — vor der Einführung einer gesetzlichen Altersversorgung, als es noch keine Sozialhilfe gab und die Alten elementar auf die Arbeit der Jungen angewiesen waren, um zu überleben! (Lukas 18,28 ff., Markus 10,28 ff. und Matthäus 19,27 ff.) Das ist nun wirklich alles andere als eine Ermunterung, sich dem Willen der Eltern zu beugen! Und warum? Deshalb: »Und ihr sollt niemanden euren Vater heißen auf Erden; denn einer ist euer Vater, der im Himmel ist.« (Matthäus 23,9) Den Namen dieses Vaters nennt er sogar ausdrücklich (Markus 14,36, zitiert nach der Luther-Übersetzung): »Abba, mein Vater«.

Früh schon wehrte sich Jesus gegen den Marien- und Madonnenkult, der heute weit verbreitet ist und sich schon zu seinen Lebzeiten ankündigte: »Und es begab sich, da er solches redete, erhob eine Frau im Volk die Stimme und sprach zu ihm: Selig ist der Leib, der dich getragen hat, und die Brüste, die du gesogen hast. Er aber sprach: Ja, selig sind, die das Wort Gottes hören und bewahren.« (Lukas 11,27 ff.) Im Klartext: »Wer meine Botschaft in sich trägt, wie Maria mich in sich getragen hat: der ist selig. — Nicht aber Maria als Person, nur weil sie mich geboren hat. Kein Personenkult! Es geht nicht um Maria, sondern um Inhalte!«

Jesus verstand sich nicht als einen Garant des Familienfriedens: »Denn ich bin gekommen, den Menschen zu erregen wider seinen Vater und die Tochter wider ihre Mutter.« (Matthäus 10,35) Ja, er verbietet es einem Jünger sogar, seinem Vater die letzte Ehre zu geben und ihn zu begraben: »Folge du mir und laß die Toten ihre Toten begraben.« (Matthäus 8,18 ff.)

Nach eigenem Bekunden ist Jesus nicht inkarniert, um die

Gebote abzuschaffen und sie durch neue zu ersetzen, sondern: um sie mit Leben zu erfüllen. An seiner leiblichen Verwandtschaft hatte er, wie wir gesehen haben, wenig Interesse. Seinen Ziehvater Josef erwähnt er mit keiner Silbe, und Maria scheint ihm eher auf die Nerven zu gehen, als daß er sich über ihre Anwesenheit freut. Es spricht also alles dagegen, daß sich das vierte Gebot auf die leiblichen Eltern bezieht.

Cheseds »Eltern« sind Chockmah und Binah, in der Sprache der Kabbala: Abba (höchster Vater) und Aima (höchste Mutter), also, vereinfachend gesagt: Geist und Materie. Wir haben schon angedeutet, daß das zentrale Wort des vierten Gebotes das Wörtchen »und« ist. Man soll also gleichermaßen Chockmah/Abba und Binah/Aima ehren und nicht einem »Elternteil« den Vorzug vor dem anderen geben. Was heißt das?

Würde man einzig und allein Väterchen Chockmah verehren, so müßte man Chockmahs Gegenpol, nämlich Mütterchen Binah, notwendigerweise verachten. Man müßte alles »Weltliche«, alles, was mit Materie, Körperlichkeit, Geld, Vergnügen und Alltag zu tun hat, geringschätzen. Man würde sich in der Studierstube hinter dickleibigen Wälzern verschanzen, seinen Lebensinhalt in meditativem Eremitentum erblicken, völlig gleichgültig gegen seine »verblendeten, verweltlichten« Mitmenschen sein und sich gebärden wie ein asketischer Mönch, der sein Heil in Verzicht und Enthaltsamkeit sucht.

Wer dagegen einzig und allein Mütterchen Binah verehrte, der wäre heillos in die Welt des Sinnlichen und Materiellen verstrickt: ein Hedonist, ein genußsüchtiger Schlemmer, geldgierig, nur auf kurzweiliges Vergnügen und materiellen Gewinn bedacht. Er wäre äußerlich reich und innerlich arm, während der hundertprozentige Chockmah-Mensch innerlich reich und äußerlich arm wäre. Beide wären Opfer eines schwerwiegenden Irrtums, denn beide glaubten, daß Geld und Geist, Alltag und Meditation, Broterwerb und Gottessuche, Körper und Seele, Lebensfreude und Freude am Lernen, sinnlicher und intellektueller Genuß nicht miteinander in einen vollkommen harmonischen Einklang zu bringen seien.

Der Kabbalist will mitten im Leben stehen, einen »bürgerlichen« Beruf ausüben, für seine Familie sorgen und sich bewußt den Anforderungen des alltäglichen menschlichen Lebens stellen. Er läuft vor den lästigen kleinen Verpflichtungen des Alltag ebensowenig davon wie vor den großen philosophischen Fragen. Er lebt die Vita activa genauso intensiv wie die Vita contemplativa. (Und das ist unendlich viel mühsamer, als sich ausschließlich für das eine oder für das andere zu entscheiden!) Der Kabbalist versucht, die scheinbaren Gegensätze harmonisch miteinander zu verschmelzen. Der Alltag ist sein Prüfstein. Was er in den Schriften gelesen und von den Meistern gehört hat, das will er auch ganz konkret und konsequent im Alltag leben und praktizieren. Anders gesagt: Er versteht sich als eine Art »Pumpwerk«, das Gott in die Welt hineinholt, damit Geist und Materie einander vollkommen durchdringen, damit alles Geistig-Theoretische sichtbar wirksam wird, damit Gott sich ver-wirklicht. (Beispiel: Martin Luther. Zunächst verkroch er sich hinter Klostermauern und praktizierte, wie es damals unter »Gottesmännern« Mode war, perverse Selbstkasteiung, um der Seele zum Sieg über den Körper zu verhelfen. Dann überwand er seine ungesunde Körperfeindlichkeit und sah ein, daß Seele und Körper nur zwei Seiten derselben Medaille sind. Er wurde Familienvater und führte gleichzeitig das Leben eines Gelehrten. Die Synthese von Chockmah und Binah ist ihm gelungen.)

»Papa Geist/Chockmah« und »Mama Materie/Binah«, von denen wir als Mischwesen zu gleichen Teilen abstammen, sollen nicht willkürlich gegeneinander ausgespielt werden. Wir sind eine Vereinigung beider, ob es uns nun gefällt oder nicht. Wer entweder seinen geistigen oder seinen materiellen Aspekt verleugnet, wer entweder seinen sterblichen oder aber seinen unsterblichen Aspekt ignoriert, der lebt haarscharf an der Wahrheit vorbei. Gott sagt mit dem vierten Gebot ungefähr dies: »Du bist Tier und göttliches Wesen zugleich! Laß das Tier in dir göttlich werden, laß mich ganz in deinem Tier-Körper aufgehen; verbinde! Teile nicht, was nur ungeteilt existieren soll! Ich bin Welt und Materie geworden. Wenn du die Materie, wenn du deinen Körper verachtest, verachtest du mich. Wenn du deine Seele, wenn du deinen Intellekt vernachlässigst, vernachlässigst du mich. Liebe beide, lebe und verbinde beide, so wie ich beide miteinander verbunden habe, dann bist du wie ich, dann bist du mir nahe.«

Um die Sephirah Chesed zu verstehen, müssen wir auch ihren polaren Gegensatz auf der gegenüberliegenden (linken, »weiblichen«) Säule der Härte kennen. Auf dieser Ebene des Baumes ist die Versuchung groß, in die alten anthropozentrischen, moralisierenden und die Polarität zementierenden Kategorien von »Gut« und »Böse« zurückzufallen. Viele Kabbalisten haben in Cheseds Gegenpol, in Geburah, die Sephirah des »Bösen«, des Satanischen schlechthin gesehen. Wir sollten uns jedoch bemühen, immer die funktionale Gleichwertigkeit der polaren Gegensätze im Blickpunkt zu behalten. Mütterchen Kabbala will nicht, daß wir einer Sephirah zum »Sieg« über die andere verhelfen. Es möchte, daß wir in uns die Gegensätze harmonisch vereinigen.

Ein Krabbelkind hat spielerisch-intuitiven Zugang zu den Kräften von Chesed und Geburah. Mit derselben lustvollen Inbrunst, mit der es seine bunten Holzklötzchen zu einem kunstvollen Turm aufschichtet, stößt es sein kleines architektonisches Meisterwerk — krawumm! — auch wieder um — und quietscht dabei vor Vergnügen. Babys sind klug! Wenn Sie diesem Zwerglein einzureden versuchen, es sei gut, einen Turm zu bauen, dagegen sei es böse und verwerflich, diesen Turm wieder zu zerstören — das Kind würde Sie für nicht recht gescheit halten. Denn: Wie soll es jemals wieder einen neuen Turm bauen, wenn es vorher den alten nicht kaputtgemacht hat? Geht doch gar nicht! So dumm können nur Erwachsene sein, das nicht zu begreifen!

Damit haben wir von unserem kleinen Baumeister im Windel-Dreß schon eine Menge über die grundlegenden Funktionsweisen Cheseds und Geburahs gelernt. Chesed, die Sephirah des Konstruktiven, Aufbauenden, ist die Quelle und das Sammelbecken all jener Prinzipien, die wir, aus unserer eingeschränkten menschlichen Perspektive, für wertvoll und gut halten. Geburah dagegen, die Sephirah des Zerstörerischen, des Destruktiven, symbolisiert all das, was uns nicht behagt. (Wir erinnern uns an den »großen Malefikus« Saturn, der bei oberflächlicher Betrachtungsweise wie ein hundsgemeiner Übeltäter erschien, sich bei genauerem Hinsehen aber als ein guter Lehrer erwies. Geburah ist die Sephirah des Planeten Mars, der auch der »kleine Malefikus« genannt wird. Darauf werden wir später noch näher eingehen.)

In Chesed finden wir beispielsweise die ursächlichen Strukturen des Verzeihens, des Ordnens, des Beschützens und der Gnade. Verzeihen kann es ohne »Sünde« nicht geben — oder, in den Worten des Karpokrates: »Du kannst von keiner Sünde erlöst werden, die du nicht begangen hast.« Geordnet kann nur werden, was vorher in Unordnung gebracht worden ist. Beschützen kann man nur jemanden, der bedroht wird und in Gefahr schwebt. Gnade kann nur demjenigen erwiesen werden, der gegen ein geschriebenes oder ungeschriebenes Gesetz verstoßen hat. Also: Was wären all diese wertvollen, guten und schönen Taten, Eigenschaften und Prinzipien ohne ihr Gegenteil? Sie wären schlicht und ergreifend — inexistent. Es gäbe sie nicht. Genauso, wie das Baby seinen Turm mutwillig zerstören muß, um einen neuen errichten zu können, genauso muß es das Destruktive, das »Böse«, geben, damit sich das Konstruktive, das »Gute«, manifestieren kann. So ist also das »Böse« die Ursache des »Guten«, und das »Gute« ist die Ursache alles »Bösen«. »Gut« und »Böse« bedingen einander. Beide stehen zueinander in einer dynamischen Wechselbeziehung. Eine Sephirah kann es ohne die andere nicht geben.

Chesed ist auch die Sphäre Jupiters, des ersten »neuen Gottes« unterhalb des Abyssos. Jupiter hat seinen Vater Saturn, den grausamen Repräsentanten des Todes und der Erstarrung, entmachtet, um sich als gütigerer Herrscher auf den verwaisten Thron zu setzen. Mit Jupiter beginnt die Herrschaft der Gerechtigkeit, der allgemeingültigen Gesetze, des Rechtes und der Harmonie. Weisheit und Gnade zeichnen seine Regentschaft aus. Das Gesetz gewährt Schutz; es erhält, bewahrt und behütet. Nicht zufällig finden wir Chesed, die Sphäre Jupiters, auf der harmonischen

111

Mitte der (rechten, »männlichen«) Säule der Barmherzigkeit!

Jupiter repräsentiert die zweite schöpferische Hierarchie, den konkret aktiven Schöpfergott, den Baumeister des Universums, den die Gnostiker »Demiurg« nennen. Er ist nicht Gott, genausowenig, wie Chockmah oder Binah für sich genommen Gott sind. Er ist eine Emanation Gottes, ein aktiv-kreativer Aspekt der Gottheit. Seine kosmische Aufgabe besteht in der ordnenden, gestalterischen Formung des Rohstoffes der Existenz, den er von seiner »Mutter« Binah, aus der er emanierte, zur Verfügung gestellt bekommen hat.

Chesed ist nicht nur die »Geburtsstätte« der unterschiedlichen Naturgesetze, die Ordnung ins Chaos brachten. Auch das Gesetz von Ursache und Wirkung, das Kausalitätsprinzip, hat hier seine Entstehungssphäre. Das Gesetz von Ursache und Wirkung ist abhängig von den Kategorien Raum und Zeit. Alles, was oberhalb des Abyssos liegt, ist jenseits unserer Logik. In der höchsten Triade gibt es keine logisch-rational nachvollziehbaren Erscheinungen oder Vorgänge. Was dort geschieht, vollzieht sich oberhalb, außerhalb, jenseits von Ursache und Wirkung. Deshalb kann der menschliche Verstand, der mit der »software« logischer Gesetze arbeitet, nicht bis zu den höchsten drei Sephiroth vordringen.

Ein Schüler der Kabbala, dem es nach langen, ernsthaften Studien und Bemühungen gelungen ist, die Einweihung in die Sephirah Chesed zu erhalten, kann sich von seinem Karma befreien. Denn auch die Vergeltungskausalität des Karmas, die ja auf den Gesetzen von Ursache und Wirkung basiert, nimmt in Chesed ihren Anfang. Wem es gelingt, zum »Entstehungsort« der karmischen Gesetze vorzudringen, der ist frei. Unzählige Sagen, Mythen und Überlieferungen der verschiedensten Völker berichten in symbolisch verschlüsselter Form von dieser Möglichkeit. Nicht vielen ist es gegeben, dieses Ziel zu erreichen. Unwahrscheinlich, daß sich diese große Aufgabe innerhalb einer einzigen Inkarnation bewältigen läßt. Doch lohnt sich die Mühe auch in dem Fall, daß man sein Ziel in diesem Leben noch nicht erreichen kann. Entscheidend ist nicht, das Ziel sofort zu erreichen; entscheidend ist es, sich überhaupt erst einmal auf den Weg zu machen! Dazu ein altes indisches Gleichnis: Zwei Männern ist der Bericht von einem sagenumwobenen Juwel zu Ohren gekommen. Beide haben den Wunsch, diesen kostbaren Stein zu finden. Plötzlich sehen sie einen schimmernden Lichtglanz, der aus weiter Ferne zu ihnen dringt. Der erste Mann glaubt, dieses Funkeln könne nicht von dem Edelstein, den er finden möchte, gekommen sein. Deshalb bleibt er, wo er ist. Er rührt sich nicht von der Stelle. Der zweite Mann macht sich auf den Weg dorthin, woher das verheißungsvolle Licht kommt. Als er die Lichtquelle erreicht hat, stellt er fest: Das funkelnde Schimmern kam nicht von dem gesuchten Edelstein. Aber am Lichtquell, den er zunächst irrtümlich für das gesuchte Juwel gehalten hat, erhält er den entscheidenden Hinweis, welchen Weg er einschlagen muß, um den Stein zu finden. Er findet, was er gesucht hat, weil er den Mut hatte, sich auf den Weg zu machen. Er hatte die zwei Tugenden des Suchenden: den Mut zum Irrtum und den Mut zur Überwindung des Irrtums, sobald er als Irrtum erkannt ist. Nur so gelangt man zur Wahrheit.

Chesed ist in der Meditation über die achte Sephirah (Hod) und die sechste Sephirah (Tiphereth) zu erreichen. Ist Chesed erreicht, so erhält der Meditierende Inspirationen und

Einsichten in Zusammenhänge, die jenseits des sprachlich Faßbaren liegen. (Denn der Bereich des sprachlich Faßbaren endet in der Sephirah Hod.) Die schwere Aufgabe des Meditierenden besteht nun darin, die außersprachlichen Informationen seinem Verstand zugänglich zu machen, sie in Worte und Symbole zu fassen und sie danach in den Bereich Malkuths zu projizieren — das heißt: konkret und aktiv auf den Ebenen des Materiellen, also in unserer Realität, zu handeln. Dies ist die Arbeit der fortgeschrittenen Schüler der Kabbala. Wer sich von der Arbeit mit dem Baum herrliche Trancen, Erleuchtungserlebnisse, Visionen oder Einblicke in die verborgenen Bereiche verspricht, wird zwar auf Dauer nicht enttäuscht werden. Doch er gibt sich leichtfertig mit »Abfallprodukten« zufrieden. Wer die Lehren und Techniken der Kabbala mißbraucht, um aus dieser »gemeinen, häßlichen« Welt zu entfliehen, weil ihm die Probleme des Alltags über den Kopf gewachsen sind, sollte sich nicht einbilden, er sei den völlig anderen Problemen, mit denen er bei seiner kabbalistischen Arbeit konfrontiert werden kann, auch nur ansatzweise gewachsen. Wie soll man einen Berg versetzen, wenn man nicht einmal stark genug ist, einen simplen Felsblock zu stemmen?

Doch das soll uns einstweilen nicht irritieren. Niemandem wird mehr abverlangt, als er zu leisten imstande ist.

Zu den ersten kleinen »Fingerübungen« eines kabbalistischen Schülers gehört es, die Technik der Zuordnungen zu erlernen. Obwohl die Sephiroth abstrakte Prinzipien sind, kann man die Wirksamkeit ihrer Kräfte durchaus auch in unserer alltäglichen Realität erkennen. Um sich also mit den Kräften der Sephiroth vertraut zu machen, sollte man zunächst einmal einige Zeit darauf verwenden, das Abstrakte im Konkreten sehen zu lernen.

Ohne Ihren eigenen Überlegungen vorgreifen zu wollen, seien hier ein paar Beispiele möglicher Zuordnungen genannt:

Chesed — Frieden, Geburah — Krieg
Chesed — sparen, Geburah — verschwenden
Chesed — beschützen, Geburah — bedrohen
Chesed — Heirat, Geburah — Scheidung
Chesed — Athen, Geburah — Sparta
Chesed — an Körpergewicht zunehmen,
       Geburah — abnehmen
Chesed — aufbauen, Geburah — zerstören

Wie elementar wichtig es ist, daß die polaren sephirothischen Kräfte Cheseds und Geburahs miteinander in einen Zustand harmonischer Ausgewogenheit gebracht werden, können wir im alltäglichen zwischenmenschlichen Bereich beobachten. Zur Sephirah Chesed gehören die Attribute: Wohlwollen, Gnade, Güte, Milde, Nachsicht, Verzeihen und Harmonie. Wo diese Eigenschaften ohne ihr Gegengewicht auftreten, ist Ärger vorprogrammiert. Der Gutmütige wird rasch zum genasführten Hanswurst, wenn er sich nicht wirksam gegen Dreistigkeiten und Übergriffe zur Wehr setzen mag. (Dies Prinzip hat Max Frisch in »Biedermann und die Brandstifter« dargestellt.) Leider wird ein Zuviel an Güte, Nachsicht und Wohlwollen von vielen Menschen als Schwäche und Dummheit ausgelegt. Wer seine Chesed-Eigenschaften also nicht mit Geburah-Kräften ausgleicht, der kann sich auf Dauer unter seinen Mitmenschen keinen Respekt verschaffen. Man wird ihn für einen feigen Dummkopf halten, der sich alles gefallen läßt und mit dem man umspringen kann, wie man will.

GEBURAH

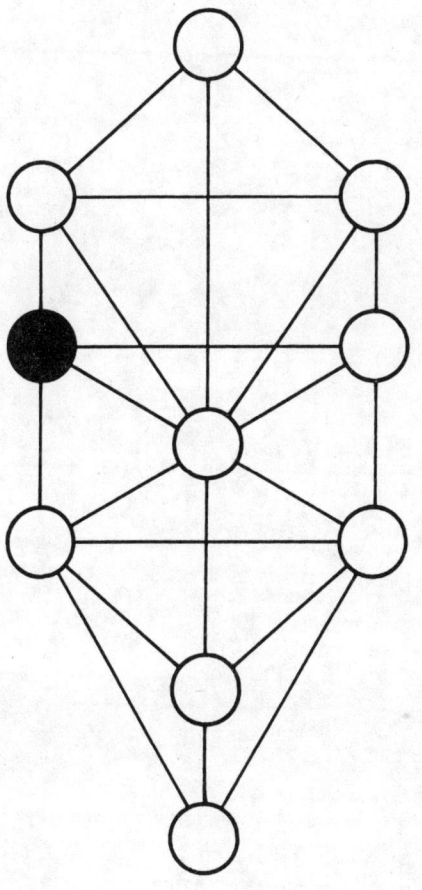

G eburah ist oftmals als die Sephirah des Bösen bezeichnete worden. Tatsächlich repräsentiert Geburah die Kräfte der Zerstörung. Daß jedoch Zerstörung nicht notwendig böse sein muß, weiß jeder, der einmal von einer gefährlichen Infektionskrankheit geheilt worden ist. Die Krankheitserreger, immerhin lebendige Organismen wie wir auch, mußten abgetötet werden, um die Gesundheit des Körpers wiederherzustellen. Dasselbe zerstörerische Geburah-Prinzip wird wirksam, wenn es der Polizei gelingt, einer Organisation von Waffenschmugglern oder Schutzgeld-Erpressern das Handwerk zu legen, oder wenn ein menschenverachtendes Unrechtsregime zerschlagen wird, damit die Demokratie wieder an die Stelle der Diktatur treten kann. Das kosmische Gleichgewicht, wie wir es in der Gleichung des Tetragramms beschrieben finden, ist ein äußerst sensibles Gebilde. Gäbe es ausschließlich die Kräfte des Aufbaus, die der Sephirah Chesed zugeordnet werden, so wäre die Möglichkeit gesunder Erneuerung nach dem Motto: »Lieber ein Ende mit Schrecken als ein Schrecken ohne Ende« nicht gegeben. Das gesamte Universum gliche einem unkontrolliert wuchernden Krebsgeschwür. Einmal entstandene Formen müßten auf ewig weiterbestehen. Es gäbe weder Tod noch Wiedergeburt. Dynamische Höherentwicklung der Formen wäre nicht möglich. Wir wären dazu verurteilt, in einem Körper zu leben, der vielleicht schon einige hunderttausend Jahre auf dem Buckel hätte — total verhutzelte, altersschwache Neandertaler wären wir.

Wenn es neben der Möglichkeit des Entstehens nicht auch die Möglichkeit des Vergehens gäbe — diese Welt wäre die schlimmste aller möglichen Höllen.

Geburah ist also kein böses, sondern ein dynamisches Prinzip, das Veränderung und Weiterentwicklung ermöglicht. Wie aber beantwortet Mütterchen Kabbala dann die Frage nach dem Bösen? Es wird doch wohl nicht so naiv sein, die reale Existenz des Bösen auf der Welt schlichtweg abzustreiten?

Zynisch und unmenschlich sind die Antworten jener Leute, die die Frage nach Folter, Unterdrückung und bestialischer Brutalität mit einem gleichgültig-achselzuckenden Hinweis auf das Karma der Opfer wie auch der Täter beantworten. Auf derart bequeme Weise darf sich niemand aus der Affäre ziehen. Und wenn das Karma tausendmal schuld ist, so gibt diese Tatsache doch niemandem das Recht, einfach die Augen zu verschließen und so zu tun, als wüßte er nichts. — Es sei denn, man legt gesteigerten Wert darauf, in einer späteren Inkarnation selbst einmal Opfer zu werden und am eignen Leib zu spüren, wie es ist, wenn Hilfeschreie mit einem gleichgültigen Achselzucken quittiert werden. Wenn das unsere Art ist, mit dem Bösen umzugehen, wird sich die Menschheit nie vom Bösen befreien können, und sollten auch hundert Messiasse aus Mitleid mit der Menschheit inkarnieren!

Mütterchen Kabbala beantwortet die Frage nach dem Bösen in der Welt nicht mit einem dualistischen Klischee. »Gott ist das Gute, der Teufel ist das Böse« oder »Geist ist das Gute, Materie ist das Böse« — solche simplen Pauschalantworten werden wir von ihr nicht bekommen. Mütterchen Kabbalas Antwort auf die Frage nach dem Bösen kann folgendermaßen wiedergegeben werden: Das Böse ist ein Zustand disharmonischer Unausgewogenheit der Kräfte; eine Kraft in falscher Dosierung, am falschen Ort oder zur falschen Zeit ist böse. (Auf funktionaler Ebene ist das Böse ein Instrument, das dem Guten dient: es schafft

120

Handlungs- und Verbesserungsbedarf. Mephisto antwortet auf die Frage nach seiner Identität, er sei »ein Teil von jener Kraft, / Die stets das Böse will und stets das Gute schafft«.)

Hier streifen wir ein Thema, vor dem viele Kabbalisten instinktiv zurückschrecken: nämlich die Kelippoth-Aspekte der Sephiroth. Oft wurde behauptet und geschrieben, es sei bereits gefährlich, überhaupt um die Existenz dieser Aspekte zu wissen, an sie zu denken oder sich gar mit ihnen auseinanderzusetzen. Diese Warnungen sind nicht so völlig aus der Luft gegriffen, wie es zunächst den Anschein haben mag. Dennoch ist es wenig hilfreich, vor der Existenz der Kelippoth einfach die Augen zu verschließen und zu behaupten, man könne beim besten Willen nichts Böses im Universum erkennen. Ignoranz hat sich noch nie als erfolgreiche Problemlösungs-Strategie bewährt.

»Kelippoth« ist die Pluralform des hebräischen Wortes »Kelippa«. Kelippa bedeutet: Hure. Wenn Gott im Alten Testament Seinem Volk durch die Propheten mitteilen läßt, daß das ewige Herumgehure Sein ganz entschiedenes Mißfallen erregt und Strafen nach sich ziehen wird, so ist nicht von sexuellen Ausschweifungen die Rede. Wenn man einmal aufmerksam nachliest, wird man feststellen, daß Gottes erklärte Lieblinge durchaus keine Kostverächter waren; am wildesten hat es vermutlich Salomo getrieben. Gott ist kein kosmischer Anstandswauwau, der als allgegenwärtiger Voyeur notiert, was Seine Kinder in den Betten treiben. Wenn die Propheten im Auftrag Gottes gegen die »Hurerei« des Volkes wettern, so ist die Rede von den Kelippoth. Wo die Kelippoth Herz und Hirn der Menschen vergiften, da herrscht Maßlosigkeit, wildes Oszillieren zwischen den Extremen, und Tugenden arten in Untugenden aus. Da wird aus dem legitimen Wunsch nach finanzieller Absicherung der Familie die nackte Geldgier oder der Verarmungswahn. Da verwandelt sich die gesunde Vernunft in begriffsklauberische Haarspalterei. Aus echten, tiefen, aufrichtigen Gefühlen wird heuchlerische Sentimentalität; Zivilcourage verwandelt sich in brutale Einmischung, Hilfsbereitschaft in Bevormundung, und aus der Toleranz wird kalte Gleichgültigkeit.

Die Kelippoth-Aspekte der Sephirah Chesed haben wir im letzten Kapitel schon angesprochen: Es sind Feigheit, Memmenhaftigkeit und ängstliche Duckmäuserei. Kelippoth-Aspekte einer Sephirah liegen immer da vor, wo eine Kraft oder ein Prinzip zur falschen Zeit bzw. am falschen Ort auftritt. (Strenggenommen streifen auch spiritistische Experimente die Kelippoth-Sphären. Denn sie arbeiten mit verirrten Seelen, die keine Ruhe gefunden haben und denen es nicht gelungen ist, die entsprechenden Ebenen zu erreichen, die ihnen für die Zeit zwischen zwei Inkarnationen bestimmt ist. Die Gefahren solcher scheinbar harmlosen Spielchen sollte man nicht leichtfertig unterschätzen.)

Wie die Kelippoth im Verlauf der Involution entstanden sind, braucht uns in diesem Zusammenhang nicht weiter zu kümmern. Entscheidend ist, daß man sich bemüht, auf keinen Fall unter die Herrschaft der Kelippoth zu geraten. Diese Gefahr umgeht man, indem man versucht, die gegensätzlichen sephirothischen Kräfte in der eigenen Psyche im Gleichgewicht zu halten. Eine Liste der Kelippoth-Aspekte Geburahs müßte unter anderem folgende Elemente enthalten: Vandalismus, hemmungslose Zerstörungswut, blindwütige Aggressivität, Machtmißbrauch, Terror, Rachsucht, Gnadenlosigkeit, Sadismus, Jähzorn und Unbarmherzigkeit.

Wohlgemerkt: Geburah ist ebensowenig »böse« wie jede andere Sephirah. Sie ist eine jener Kräfte, die das harmonische Gleichgewicht im Universum aufrechterhalten. Böse, das heißt: zur Kelippa, wird eine Sephirah immer nur dann, wenn sie nicht durch ihren Gegenpol ausbalanciert wird. Dasselbe Phänomen können wir in der Geschichte beobachten: Ein Staat, in dem eine wachsame, kritische Opposition genauso verboten ist wie eine freie Presse und das Recht des Bürgers auf individuelle Meinungsbildung, kann kein guter Staat sein. Eine Regierung ohne Opposition ist nicht ungefährlicher als ein unkontrollierter Kelippoth-Aspekt.

Gerade in Zeiten wie diesen, in denen es sich die Menschheit nicht mehr leisten kann, nach dem Try-and-error-Verfahren weiterzuwursteln und einfach abzuwarten, welche Entscheidungen welche Konsequenzen mit sich bringen werden, gerade jetzt ist es wichtig, das Wesen der Kelippoth zu erkennen und wirksam gegenzusteuern. Beispiel: Geburah ist die Sephirah des Kriegsgottes Mars. Das zerstörerische Wirken der Geburah-Kräfte ist bekannt. Wenn eine Atombombe Ihre Stadt dem Erdboden gleichmacht, Ihre Freunde, Kinder, Verwandten und Bekannten tötet, dann hat Geburah als Kalippa gewirkt. Wenn dieselbe Bombe entschärft und durch Verschrottung vernichtet wird, ist ebenfalls das zerstörerische Geburah-Prinzip wirksam geworden — diesmal allerdings als segensreiche Kraft.

Die Natur ist ein ökologisches System mit starker immanenter Tendenz nach Ausgleich der verschiedenen Kräfte. Jeder menschliche Eingriff in die Natur stört das harmonische Gleichgewicht und mobilisiert unkontrollierbare Gegenkräfte, ist also kelippothisch. Der Mensch hat sich zum Produzenten starker Kelippoth-Kräfte entwickelt. Die historische Aufgabe dieser und der folgenden Generationen wird darin bestehen, den bereits produzierten Kelippoth ausgleichend entgegenzuwirken.

Die Fähigkeit zu friedlichen Verhandlungen und die aufrichtige Bemühung um gangbare Kompromisse, die für alle Beteiligten akzeptabel sind, gehören zu den wertvollsten Verhaltensweisen, die der Mensch entwickeln kann. Aber auch sie können zu Kelippoth werden. Wenn die Gegenseite uneinsichtig ist und auf Maximalforderungen beharrt, nützt Kompromißbereitschaft gar nichts. Jesus ist nicht in den Tempel gegangen und hat gesagt: »Verehrte Herren Wechsler und Höker, hätten Sie bitte die Freundlichkeit, das Haus meines Vaters zu verlassen und Ihre Geschäfte dort zu tätigen, wo der vorgesehene Ort für Geschäftemacherei ist: nämlich draußen auf dem Markt?« Man hätte ihn ausgelacht. Zeit, Ort und Umstände waren nicht zum Diskutieren geeignet. Die Sprache der Vernunft hätte kein Gehör gefunden. Die Sprache der Faust und der Geißel dagegen wurde auf Anhieb verstanden. Jesus wütete wie ein Berserker; einer Furie gleich, verwüstete er Stände und Buden — die richtige Kraft am richtigen Ort!

Geburah als der fünften Sephirah wird das fünfte Gebot zugeordnet. Es lautet: »Du sollst nicht töten.« — Eine Warnung vor dem Mißbrauch der zerstörerischen Kräfte Geburahs. Wer zum Träger der Geburah-Kräfte wird, der muß das Werk der Zerstörung tun. Er wird zum Instrument der Erneuerung, denn sein Auftrag ist es, das Schlechte, Alte zu vernichten. Nicht Menschen aber soll er vernichten, sondern Irrtümer, Unrecht, Prinzipien, falsche Denk- und Verhaltensweisen. Gandhi beispielsweise hat solch einen Geburah-Auftrag vorbildlich erfüllt. Sein Ziel war die Beendigung der englischen Kolonialherrschaft in Indien. Nicht Menschen wollte er vernichten, sondern eine ungerechte

Herrschaftsform. Er tat ein Werk der Zerstörung. Der Kolonialismus wurde vernichtet — nicht aber die Kolonialherren. Gandhi hat der staunenden Welt bewiesen, daß es möglich ist, ein Werk der Zerstörung zu tun und für eine bessere Staatsform zu kämpfen, ohne die Idee der Gerechtigkeit leichtfertig mit Blut zu besudeln. Die gefährlichen Irrtümer früherer Revolutionen hat er nicht wiederholt. Wenn eine politische Veränderung Menschenleben kostet, wird im Regelfall das Prinzip »Die Revolution frißt ihre Kinder« wirksam. Wo Geburah als Kelippoth-Aspekt auftritt, da findet das sinnlose Morden so rasch kein Ende. Ein neuer Staat, der mit dem Blut seiner Gegner getauft wird, mobilisiert Kelippoth-Kräfte, die seine Existenz auf Jahrzehnte hinaus gefährden können. Dem Terror als Herrschaftsform ist in der Geschichte der Menschheit noch nie lange Lebensdauer beschieden gewesen.

In gewisser Weise ähneln die Kelippoth den radioaktiven Isotopen der chemischen Elemente, die in sich instabil sind, zerstörerisch wirken und sowohl Zerfall bringen als auch selbst zerfallen müssen. Man könnte sagen: Was im Bereich der menschlichen Ethik das Böse ist, das ist im Bereich der chemischen Elemente das radioaktive Isotop: gefährlich, aber nicht von Bestand.

(Wer will, kann das Leben Friedrich Nietzsches einmal unter dem Aspekt der Geburah-Kelippoth betrachten. Es führt ein schnurgerader Pfad von Schriften wie »Die Genealogie der Moral« zur tränenreichen Umarmung der geschundenen Kreatur, des gepeitschten Pferdes in Turin im Januar 1889. Nicht einmal diesem Giganten des Geistes ist es auf Dauer gelungen, ohne Liebe und Güte, ohne Chesed zu sein. Er verlor darüber seinen Verstand.)

»Geburah« heißt übersetzt: Stärke. Die Kabbalisten kennen noch zwei weitere Namen für die fünfte Sephirah, nämlich »Pachad« und »Din«. Pachad heißt: Furcht. Din heißt: Gerechtigkeit.

Geburah (Stärke), der erste und am weitesten verbreitete Name der fünften Sephirah, beschreibt das Wesen, den Charakter dieser Emanation. Der zweite Name, Pachad (Furcht), beschreibt die mögliche Wirkung dieser Kraft auf die Menschen, also das, was sie in den Menschen auslösen kann, während Din (Gerechtigkeit), der dritte Name, den kosmischen Auftrag der fünften Sephirah nennt: nämlich für Ausgleich und Gerechtigkeit zu sorgen.

Dion Fortune sagt: »Wenn unsere Gesinnung rein ist, ist Geburah der beste Freund, den wir finden können. Wer ehrlich ist, braucht Geburahs Wirken nicht zu fürchten.« Wer dagegen auf Sand gebaut hat und im Kartenhaus der Lebenslügen wohnt, der hat allen Grund, vor Geburah zu zittern. Stellen Sie sich vor: Jemand hat als korrupter Günstling der Mächtigen durch Protektion und nicht etwa durch Fleiß und Können einen gutbezahlten Posten bekommen. Die Angst vor der Wahrheit äußert sich bei so jemandem in Form von Angst vor möglichen zukünftigen Veränderungen. Wo Vetternwirtschaft, feige Heuchelei und Eitelkeit wohnen, da wohnt auch die Angst vor Geburah.

Eine der gefährlichen Waffen Geburahs ist — der Kindermund! Der naive Mut zur Wahrheit ist von höchst explosiver Sprengkraft. Falls Sie ein Märchenbuch zur Hand haben: Lesen Sie doch noch einmal unter diesem Gesichtspunkt das Märchen »Des Kaisers neue Kleider«! Dort finden Sie beschrieben, wie der Kindermund als Waffe Geburahs wirken kann.

Der Name desjenigen Erzengels, der für die Sphäre Geburahs zuständig ist, lautet: Chamael, zu deutsch: Strafe Gottes. Einen Engel dürfen wir uns nicht als blondgelockten Flügelmann mit Harfe und Heiligenschein vorstellen, der im weißen Nachthemd auf einer Wolke sitzt, die Füße baumeln läßt und in regelmäßigen Abständen »Halleluja« flötet. Solche Engel gibt es nur auf Kitschbildern. Dennoch ist es möglich, daß Engel auch in menschlicher Gestalt gesehen werden können. (Die Interpretation von Gesehenem ist nicht ganz unabhängig von Erwartungshaltungen, die durch den kulturellen Hintergrund bedingt sind.) Generell gilt jedoch: Ein Erzengel ist die zugleich abstrakteste und wirksamste Form eines kraftvollen Prinzips — und gleichzeitig eine individuelle Wesenheit mit eigenen Charaktermerkmalen. Chamael ist so etwas wie die geballte Faust Gottes, die für Respekt und gesunde Gottesfurcht sorgt, denn: »Die Furcht des Herren ist der Weisheit Anfang!«

Chamael wacht über das Karma. Man könnte ihn einen kosmischen Polizisten nennen, der auf die Einhaltung der göttlichen Gesetze achtet. Durch sentimentale, vor heuchlerischem Selbstmitleid nur so triefende Lamentierereien und Jeremiaden läßt er sich nicht beeindrucken. Man kann ihn weder täuschen noch hintergehen. Wer sich einbildet, er könne sich die Gnade Gottes kaufen — wie es zu Zeiten Luthers beim Verkauf der Ablaßzettel versprochen wurde und noch heute bei gewissen Spendenaufrufen suggeriert wird —, der erhält von Chamael eine eiskalte Dusche.

Faule Ausreden von der Sorte: »Ich habe nichts davon gewußt« oder: »Ich habe es nicht böse gemeint«, finden vor Chamaels Augen keine Gnade. Für ihn zählen nur Fakten. Wer sich um Aufrichtigkeit, Ehrlichkeit und Wahrhaftigkeit bemüht und versucht, weder sich selbst noch anderen etwas vorzumachen, der findet in Chamael einen starken Helfer. Schon Einsicht und guter Wille werden honoriert. Chamael gibt uns immer wieder eine neue Chance, alte Fehler nicht zu wiederholen. Und wenn wir tausendmal versagt haben — er gibt uns die abertausendste Gelegenheit zu beweisen, daß wir unsere Lektion gelernt haben. Und mag es auch zehn, zwanzig oder dreißig Inkarnationen lang dauern, ehe wir zur Vernunft kommen — Chamael hat Zeit, viel Zeit. Die Namen seiner »Kollegen« lauten: Metatron (Kether), Raziel (Chockmah), Zaphkiel (Binah), Zadkiel (Chesed), Raphael (Tiphereth), Haniel (Netzach), Michael (Hod), Gabriel (Jesod) und Sandalphon (Malkuth).

Geburah ist auch die Sephirah des Provokateurs, Bürgerschrecks, Kritikers und unbequemen Fragestellers. Allen vieren ist eines gemeinsam: Ihr Lebensziel besteht nicht darin, sich bei den Leuten lieb Kind zu machen. Sie ärgern und verletzen, kränken und stochern genüßlich in den wunden Punkten der Gesellschaft herum. Sie werden als Nestbeschmutzer, Störenfriede, als Querulanten, Nervensägen oder kontraproduktive Quertreiber denunziert. Tatsächlich ist die Gesellschaft ihnen jedoch zu Dank verpflichtet. Sie nehmen mutig und konfliktbereit die unattraktive Geburah-Rolle auf sich. Ohne sie gäbe es nur Selbstzufriedenheit und geistigen Stillstand. Sie zwingen zum Nachdenken. Ein Land, in dem nicht mehr nachgedacht wird, ist verraten und verkauft. Wo nicht mehr argumentativ diskutiert wird, wo keine öffentlichen Meinungsverschiedenheiten ausgetragen werden, da sinkt das allgemeine Niveau bald unter den Nullpunkt ab. Unerfreuliche wirtschaftliche wie auch außenpolitische Konsequenzen können nicht ausbleiben. Konflikt muß sein. Werden die Konflikte nicht im Land unter den Bürgern argumentativ ausgetragen, so wird die aufgestaute Aggressivität bald auf die Nachbarstaaten projiziert. Die Folgen solcher Entwicklungen in der Geschichte sind bekannt. Ein Staat, der seine Kritiker im eigenen Lande mundtot macht, erweist sich den angrenzenden Staaten gegenüber nur höchst selten als guter Nachbar.

»Wie oben, so unten«: Was für den Staat gilt, das gilt auch für den einzelnen Bürger. Was für den Staat der unbequeme Journalist, der Kritiker ist, das sind für das Individuum Selbstzweifel und Infragestellung der eigenen Standpunkte. Wer seine inneren Konflikte nicht löst — oder in der Terminologie der Kabbala: Wer die gegensätzlichen sephirothischen Kräfte innerhalb seiner Psyche nicht ausbalanciert, der beginnt irgendwann damit, seine innere Disharmonie nach außen zu projizieren. Er ist unglücklich und unzufrieden. Die Schuld an seinem inneren Unbehagen sucht er überall: im Beruf, in der Familie, im Freundeskreis, in der Nachbarschaft, in der Vergangenheit oder in seinen Zukunftsaussichten — nur eben nicht dort, wo sie wirklich zu finden ist: nämlich in ihm selbst! Er wird überall den Streit suchen, den er mit sich selbst auszufechten zu feige oder zu träge ist. Wer sich nicht mit sich selbst auseinandersetzen will, der schafft sich künstliche Probleme und sucht die Auseinandersetzung im Kampf gegen die Windmühlen. Er ist wie eine Kelippa, wie ein radioaktives Isotop, eine tickende Zeitbombe auf zwei Beinen. Die gemeinsten, heimtückischsten Mörder beispielsweise finden wir nicht etwa unter den aggressiven Geburah-Typen, sondern unter den scheinbar gutmütigen, harmlosen, weichen, nachgiebigen Chesed-Typen. Sie wehren sich nicht gegen Gemeinheiten. Sie dulden die Bevormundung. Geschieht ihnen Unrecht, so werden sie traurig statt böse. Chesed wird zur Kelippa, Geburah wird es irgendwann notwendigerweise auch. Eine Sephirah infiziert die andere mit dem »Bazillus« der Kelippoth.

Diese scheinbar hilflosen, sanftmütigen Dulder können sich über Nacht in die grausamsten Bestien verwandeln. Sieht man solch ein Häuflein Elend später auf der Anklagebank hocken, glaubt man kaum, es mit einem bestialischen Verbrecher zu tun zu haben. Wem es gelingt, solch einem Menschen rechtzeitig zu helfen, ehe die Kelippoth wie wilde Naturkräfte zerstörerisch zu wüten beginnen, der hat die Welt ein Stück besser und friedlicher gemacht.

Es gab einen Zeitpunkt der historischen Entwicklung, da wäre es vergleichsweise einfach gewesen, Millionen Menschenleben zu retten: durch Umwandlung eines gewissen Geburah-Kelippoth-Menschen in eine harmonische Persönlichkeit. Einige Jahrzehnte später begab man sich schon in Lebensgefahr, wenn man nur versuchte, einem einzigen das Leben zu retten!

(Beispiel Rasputin: Der damalige Zar war hoffnungslos von Chesed-Kelippoth durchseucht — ein weichlicher, wankelmütiger Schwächling. Die Chesed-Kelippoth zogen Geburah-Kelippoth nach sich. Der Krieg brach über Rußland herein. Rasputin war der Mann, der sein Volk vor dem Blutbad des Ersten Weltkrieges hätte retten können. Er hat alles Menschenmögliche unternommen. Er war Rußlands Chance. Die Chance wurde vertan, der Erlöser — wie bisher leider üblich in der Geschichte der Menschheit — getötet. Doch auch wenn solch ein Versuch — wie im Falle Rasputins — scheitert: er muß immer wieder gewagt werden. Es gibt dazu keine vernünftige Alternative.) Mit wohltönenden Sonntagsreden zum Thema »Frieden und Toleranz« ist noch nie etwas Nennenswertes erreicht worden. Was du nicht ganz konkret in deinem Alltag tust, das wird auf immer ungetan bleiben. Und das kann kelippothische Konsequenzen haben. Nur wer Bewußtsein verändert, verändert Realität.

TIPHERETH

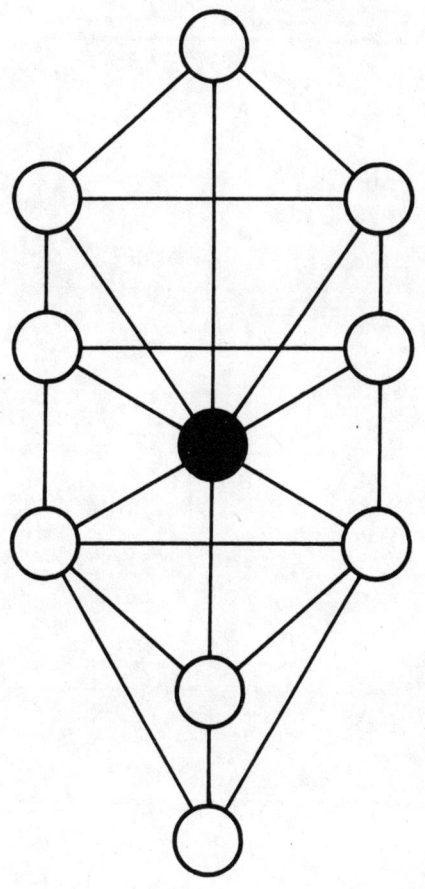

K ehren wir von den Ebenen der polaren Gegensätze in die harmonische Mitte, auf die (mittlere) Säule des Bewußtseins, zurück. Im Zentrum des Baumes finden wir die sechste Sephirah. Sie heißt Tiphereth. Als Sephirah zentrierter Harmonie steht sie mit allen anderen Sephiroth des Baumes — Malkuth, die zehnte Sephirah, ausgenommen — in Verbindung.

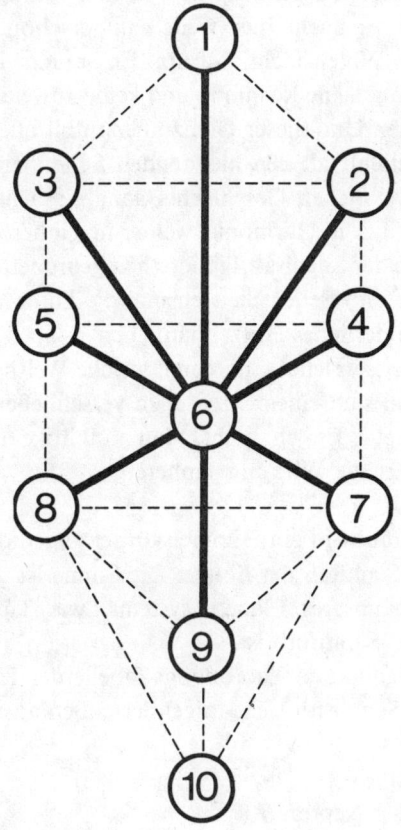

Abb. 14

»Tiphereth« heißt auf deutsch: Schönheit. Denn: Schönheit und Harmonie sind in Wahrheit ein und dasselbe. Ein Mensch, der mit sich selbst in Harmonie lebt und seine sephirothischen Kräfte ausgeglichen hat, ist immer schön, mögen auch seine Zähne schief und gelb, seine Nase knubbelig, seine Haut pockennarbig und sein Haarwuchs spärlich sein. Wir kennen das: Einen mordshäßlichen Menschen, den wir als herzlichen, witzigen Gesprächspartner kennengelernt haben, finden wir nach einer Weile wunderschön und wissen beim besten Willen nicht, warum. Er braucht keine modische Kleidung, keine Kosmetik und keine Juwelen. Er glänzt von innen her. Und dieser Glanz überstrahlt alle Äußerlichkeiten. Er stiehlt all den blendenden Schönheiten männlichen und weiblichen Geschlechts ganz einfach die Schau. Warum? Weil er in Harmonie, weil er in Tiphereth ist. (Sein Herzchakra, der Sephirah Tiphereth zugeordnet, steht sperrangelweit offen.) Sehen Sie sich mal die Fotos von Gandhi an: ein kümmerliches Hutzelmännchen — aber welche Faszinationskraft, welches Charisma, welche Weisheit und Güte! Wer kann sich einem Menschen verschließen, der »von innen leuchtet«? Es geht nicht. Man muß ihn einfach lieben. Genau das ist die Wirkung Tiphereths.

Jeder Sephirah wird ein Himmelskörper zugeordnet. Tiphereth ist die Sephirah der Sonne. Die Sonne ist genauso der Mittelpunkt unseres Planetensystems, wie Tiphereth das Zentrum der Sephiroth ist.
Die derzeit gängigste Zuordnungs-Tabelle der Himmelskörper zu den Sephiroth sieht folgendermaßen aus:

Kether — Pluto
Chockmah — Neptun

Binah — Saturn
Daath — keine Zuordnung
Chesed — Jupiter
Geburah — Mars
Tiphereth — Sonne
Netzach — Venus
Hod — Merkur
Jesod — Mond
Malkuth — Erde

Dieses Zuordnungs-System hat einige »Schönheitsfehler«. Es tut beispielsweise so, als gäbe es den Planeten Uranus nicht. Es gibt ihn aber — nachweislich!

Die Zuordnung Chockma — Neptun ist unbefriedigend. Neptun repräsentiert die unergründlichen Tiefenschichten (die »Wasser«) der Seele. Wo ist die Analogie zum explosiven Charakter Chockmahs? Dagegen steht der Planet Uranus für das Explosive. Vieles spricht also für eine Zuordnung Chockmah — Uranus.

Wenig überzeugend ist auch die Zuordnung Kether — Pluto. Pluto, erst 1930 entdeckt, gilt als der Planet der Massen. Kether aber ist die Sephirah der Masselosigkeit. Die Zuordnung Kether — Neptun scheint plausibler, denn die Seele mit ihren unauslotbaren Tiefendimensionen ist genauso raum- und zeitlos wie Kether.

Nächste kritische Frage: Was hat der Mond in dieser Liste der Planeten und ihres Zentralgestirns zu suchen? Der Mond ist kein Planet. Er ist lediglich derjenige Himmelskörper, der unserer Erde am nächsten ist, genauso, wie Jesod der Sephirah Malkuth am nächsten ist.

Eine Hauptaufgabe der Kabbalisten wird immer darin bestehen, sich die Köpfe über korrekte Zuordnungen zu zerbrechen. (Falls eines Tages ein transplutonischer Planet entdeckt wird, sind die nachfolgenden Überlegungen für die Katz; dann muß wieder neu über die Zuordnungen nachgedacht werden.) Die Kabbala ist kein mundgerecht servierbares Konsumgut. Sie ist auch eine Herausforderung an die »kleinen grauen Zellen«.

Es dürfte schwierig, wenn nicht gar unmöglich sein, die Zuordnung Jesod — Mond argumentativ ad absurdum zu führen. Höchst fragwürdig allerdings, ob überhaupt die zwingende Notwendigkeit solch einer widerlegenden Beweisführung besteht. Statt zu widerlegen, sollten wir einmal gemeinsam überlegen, was es bedeuten würde, wenn man der Sephirah Jesod sowohl den Mond als auch den Planeten Pluto zuordnen würde.

In der antiken Mythologie gilt Pluto/Hades (der »stygische Zeus«) als Herr der Unterwelt. Er raubte Persephone/Proserpina, das Symbol der weiblichen Elemente der Seele, und hielt sie in der Unterwelt gefangen. Persephone/Proserpina repräsentiert viele Attribute, die auch dem Mond zugeschrieben werden.

Jesod als die Sephirah des Mondes steht unter anderem für die Sphären des Unbewußten. Strukturelle Verwandtschaften zwischen Unterwelt und Unbewußtem sind deutlich erkennbar. Der Mond herrscht über die Nacht, wie Pluto über das finstere Reich der Schatten.

Der Planet Pluto wurde 1930 entdeckt — das heißt: seit 1930 ist die Menschheit in ihrer Entwicklung so weit fortgeschritten, daß sie sich auch ihrer Pluto-Aspekte kollektiv bewußt werden kann — darf — muß.

Jesod ist die erste »Durchgangsstation« auf der mittleren Säule, gewissermaßen das »Tor« zu Tiphereth auf der Säule des Bewußtseins. Dies Tor ist seit 1930 schwerer passierbar

138

geworden. Wer über Jesod auf der mittleren Säule empor-
steigen möchte, muß zunächst wie ein Orpheus in das Reich
der Schatten, in das Reich des Pluto/Hades, hinabsteigen,
um seine »Eurydike«, seine »Persephone«, das heißt: diejenigen Bestandteile seiner Seele, die durch den Mond repräsentiert werden, zu befreien. — Im wahrsten Wortsinn eine
Herkules-Arbeit, denn auch Herkules mußte, genau wie
Aeneas, in die Unterwelt hinabsteigen.

Pluto hält das weibliche Element der Seele gefangen und
gibt es nicht kampflos wieder her. Anders gesagt: Der »Pluto« in mir hält gewaltsam das, was in mir »Mond« ist, gefangen. Dein »Pluto« hat deine »Mond-Elemente« ver-
sklavt. Wir müssen zum Schwert greifen. Das Schwert repräsentiert den Intellekt (vgl. Satz der Schwerter im Tarot) und
die Hod- bzw. Merkur/Hermes-Bestandteile der Psyche.
Selbst-Erkenntnis statt der weitverbreiteten, kläglich bana-
len Ich-Erkenntnis: das ist unser Schwert. Ein anderes haben wir nicht. Pluto ist der Planet des Kollisions-Kurses. Seine Umlaufbahn schneidet die des Planeten Neptun. Neptun
ist, wie wir gesehen haben, der Planet der Seele: Pluto sucht
die Konfrontation mit der Seele. Er greift an. Er fordert heraus. Die eine Hälfte der menschlichen Seele, das Weibliche,
die durch den Mond repräsentierten Energien der Psyche,
hat Pluto bereits »heim in sein Reich« geholt. Wir sind uns
selbst schon ein großes Stück fremder geworden und von einer Hälfte unseres Seins abgeschnitten. Entweder wird es
Pluto gelingen, auch die andere Hälfte zu versklaven und unser bewußtes Denken zu unterjochen — dann sind wir Zombies, Wesen ohne Seele und ohne Verstand. Oder wir wagen,
jeder für sich, den großen »inneren Befreiungskrieg«. Pluto
fordert jeden von uns zum Zweikampf heraus. Wer diesen
Fehdehandschuh, den Pluto uns vor die Füße geschleudert

hat, nicht sehen will, der ist schon halb besiegt. Wer sich dem Herausforderer (der uns in letzter Konsequenz fördert, indem er uns fordert) nicht in dessen Territorium, im »Reich der Schatten« stellt, das heißt: wer sich weigert, seinen eigenen Schatten ins Licht des Bewußtseins heraufzubringen, der hat nicht nur, der ist verloren. (Unbewußtheit ist die eigentliche »Sünde«!)

Pluto zieht auf seiner Umlaufbahn von allen Planeten den weitesten Kreis um die Sonne. Die Astrologen sehen in ihm (unter anderem) den Planet der Massen, denn er ist zwar sehr klein, aber von sehr dichter Masse, und er gilt als Repräsentant eines über-individuellen Prinzips. Das heißt: die Herausforderung Plutos geht an alle. An jeden von uns, ausnahmslos.

Kein (bekannter) Planet unseres Sonnensystems ist so weit von der Erde entfernt wie Pluto — freilich nur, solange Pluto nicht die Umlaufbahn des Neptun geschnitten hat. Seit 1979 befindet er sich aber innerhalb der Neptun-Bahn. Und dort wird er bleiben bis 1999. Er ist uns also ein Stück näher gekommen. Das heißt: er ist in den »Herrschaftsbereich« Neptuns, der Seele, eingedrungen — jetzt ist die Chance am größten, ihn zu erkennen und als »nahen« Gegner ins Visier zu nehmen.

Der Mond dagegen ist derjenige Himmelskörper, der sich in nächster Nähe der Erde befindet. Würden beide, Pluto und Mond, durch ein und dieselbe Sephirah repräsentiert werden, so würden weiteste Ferne und nächste Nähe plötzlich in einen Punkt zusammenfallen. Das polare Gegensatzpaar des Raumes »Ferne — Nähe« wäre perfekt harmonisiert, und zwar exakt dort, wo der Ort der Harmonisierung ist, nämlich auf der (mittleren) Säule des Bewußtseins. Die auf den ersten Blick paradoxe Doppel-Zuordnung Jesod —

Mond — Pluto symbolisiert eine kollektive Aufgabenstellung der Menschheit, die es jetzt zu lösen gilt.
Unsere korrigierte Zuordnungs-Tabelle jedenfalls sieht nun folgendermaßen aus:

Kether — Neptun
Chockmah — Uranus
Binah — Saturn
Daath — Asteroidengürtel zwischen Jupiter und Mars
Tiphereth — Sonne
Netzach — Venus
Hod — Merkur
Jesod — Mond und Pluto
Malkuth — Erde
(Eventuell muß Pluto ab 1999 Daath zugeordnet werden.)

Aus diesen Zuordnungen ergäbe sich folgende graphische Darstellung (Abb. Seite 142).

Man kann dies achtspeichige Rad, das sich um die zentrale Sephirah Tiphereth dreht, als symbolische Darstellung der Wanderung der Planeten durch den Tierkreis sehen. Nun wird auch klar, weshalb es keine direkte Verbindung zwischen Malkuth — Erde und Tiphereth — Sonne gibt — nämlich aufgrund unserer irdischen Perspektive. Der Baum ist ein Geschenk an die Menschen, zugeschnitten auf die menschliche Erkenntnisfähigkeit und die menschliche Perspektive im Universum. Solange es Menschen gibt, werden sie (vermutlich) nicht aufhören zu glauben, Beobachter und Beobachtetes seien zwei verschiedene, getrennt und unabhängig voneinander existierende Dinge. Malkuth repräsentiert also die menschliche Perspektive, die sich außerhalb

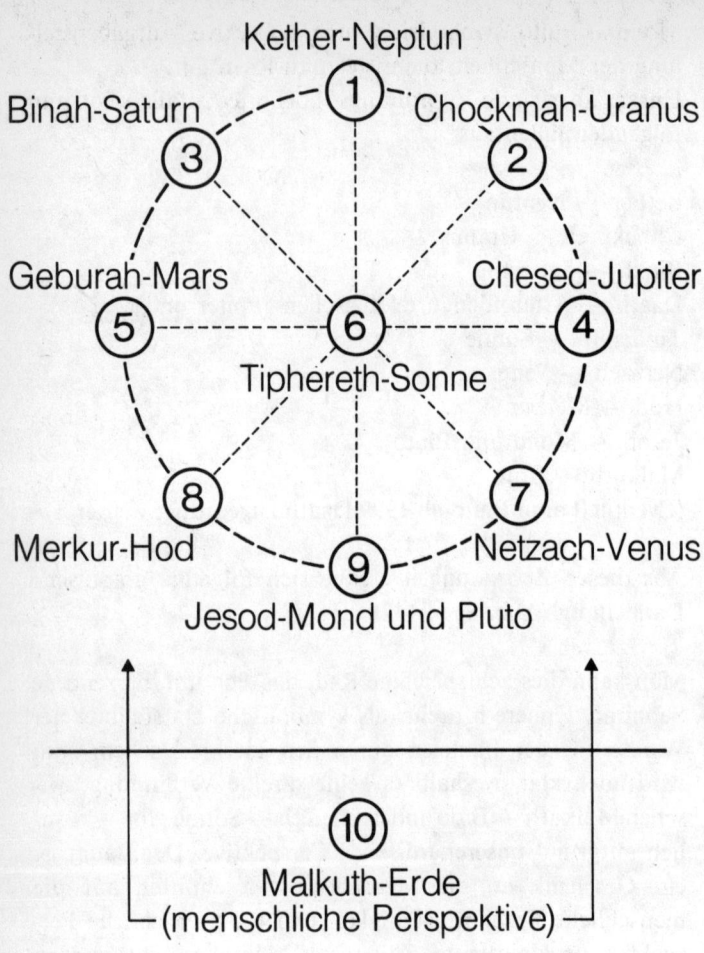

Abb. 15

142

des Betrachteten wähnt und die Polarität zwischen Subjekt und Objekt als Voraussetzung des Erkennens hat. (Man könnte sagen: Die Planeten sind kollektive Projektionen, denn die Menschheit stellt sie sich als außerhalb ihrer befindlich vor.) Unsere Tiphereth-Planeten-Grafik läßt noch eine zweite Interpretationsvariante zu. Denn Tiphereth ist nicht nur die Sephirah der Sonne, sondern auch die der inkarnationswilligen Seele, nämlich der sogenannte »Inkarnationspunkt«. Dieser »Inkarnationspunkt« steht in engem Zusammenhang mit der Gestirnkonstellation zum Zeitpunkt der Geburt. Naiv, aber im Kern zutreffend, wäre folgende Vorstellung: In Tiphereth beschließt die Seele zu inkarnieren, ein Menschenkind zu werden. Sie wählt sich diejenige Gestirnkonstellation aus, die es ihr möglich macht, in der bevorstehenden Inkarnation mit genau jenen Problemstellungen konfrontiert zu werden, die sie zu ihrer Weiterentwicklung braucht. Diese Wahl bzw. Entscheidung der inkarnationswilligen Seele läßt sich aus dem Geburtshoroskop rekonstruieren. Unsere Grafik wäre dann auch eine vereinfachte symbolische Darstellung der Seele, wie sie in der Sphäre Tiphereths auf die geeignete Gestirnkonstellation wartet, auf den geeigneten Zeitpunkt, zu dem sie nach Malkuth, in die Welt des Materiellen hinabsteigen kann, um ein neues Erdenleben zu führen.

Unter diesem Aspekt betrachtet, ist Tiphereth nicht nur die sephirothische Sphäre der Problemstellungen einer neuen Inkarnation, sondern auch die Sephirah der Problemlösungen — und, in letzter Konsequenz: die Sephirah der Erlösung. In Tiphereth vollzieht sich die Vereinigung des Bewußtseins mit dem Höheren Selbst; oder, etwas poetischer gesagt: In Tiphereth findet der Dialog mit dem »Heiligen Schutzengel« statt.

Der Mensch als solcher ist nur eine Möglichkeit. Wer auf seinem individuellen Weg der Evolution Tiphereth erreicht hat, ist eine realisierte, verwirklichte, konkret umgesetzte Möglichkeit. Er wird zu dem, was er seiner (im »Inkarnationspunkt«) selbstgewählten Bestimmung gemäß werden sollte. Er erfüllt seinen eigenen Auftrag. (Goethe spricht in diesem Zusammenhang vom Prinzip der Entelechie.)

Der sechsten Sephirah wird das sechste Gebot zugeordnet. Es lautet: »Du sollst nicht ehebrechen.« Uns soll es vorrangig um ein subtiles kabbalistisches und nicht naiv moralisierendes Verständnis der Gebote gehen. (Denn die Gebote kommen von Gott — folglich sind sie nicht so dumm, wie wir es sind...) Vom kabbalistischen Standpunkt aus betrachtet, ist das sechste Gebot natürlich zunächst einmal eine Warnung vor den »Huren«, den Kelippoth. Wir erinnern uns: Wenn die Propheten im Namen Gottes gegen die Hurerei wetterten, so zielten diese Strafpredigten auf Herz und Hirn der Menschen, und nicht auf den Unterleib. Wenn die Ehe als Symbol stabiler, »Gott-gewollter« Ordnung verstanden wird, dann bedeutet »Ehebruch«: das Verlassen dieser inneren Harmonie, die auf der Ausgewogenheit der sephirothischen Kräfte innerhalb der Psyche basiert. Auf dieser Verständnisebene sagt Gott also mit dem sechsten Gebot: »Du sollst nicht unter die Herrschaft der Kelippoth geraten, sonst wirst du sowohl eine Gefahr für dich selbst als auch für andere sein!«
Da Tiphereth jedoch die Sephirah der Erlösung ist, geht es noch um viel mehr als das.
Wir hatten es bereits angesprochen: Die menschliche »Malkuth-Perspektive« basiert auf einer Subjekt-Objekt-Trennung. Es ist unsere feste Überzeugung: »Das, was ich sehe,

ist nicht identisch mit mir selbst. Ich bin etwas anderes als das, was ich sehe und erkenne. Dies Buch hier zum Beispiel, das bin nicht ich, sondern es ist außerhalb meiner. Es existiert unabhängig und getrennt von mir.« Bei dieser Überzeugung handelt es sich um eine menschliche Erkenntniskategorie, nicht aber um objektive Realität.

Mit diesem Wissen um menschliche Erkenntnisfähigkeit im Hinterkopf, projizieren wir uns jetzt in unsere Tiphereth-Planeten-Grafik hinein. Wir stellen uns vor: Ich bin jetzt die inkarnationswillige Seele, befinde mich in der Tiphereth-Sphäre und warte auf diejenige Gestirnkonstellation, die für meine nächste Inkarnation zweckmäßig und geeignet ist.

Was sehe ich? Die Planeten des Sonnensystems? Nein!!! Eben gerade nicht! Wer glaubt, man könne von der Tiphereth-Sphäre aus die Planeten sehen, der hat seine Malkuth-Sichtweise mit in Tiphereth hineingenommen, was weder möglich noch zulässig ist. Die Subjekt-Objekt-Trennung ist ein Attribut der Malkuth-Sphäre. Die irdische Malkuth-Sphäre haben wir jedoch hinter uns gelassen, nämlich in Malkuth, auf der Erde. Wir nehmen jetzt die Tiphereth-Perspektive ein.

Also, noch einmal: Was sehe ich als inkarnationswillige Seele von der Tiphereth-Sphäre aus, wenn ich die Subjekt-Objekt-Trennung hinter mir gelassen habe? Mich! Mich selbst! Mich selbst in einem bestimmten Zustand der sephirothischen Kräfteverteilung. Ich bin nicht mehr getrennt von dem, was ich sehe. Sehe ich Mars — Geburah, dann bin ich Mars — Geburah. Sehe ich Jupiter — Chesed, dann bin ich Jupiter — Chesed. Was ich von Tiphereth aus als inkarnationswillige Seele also sehe, das sind die unterschiedlichen sephirothischen Kräfte meiner Seele zu einem bestimmten Zeitpunkt meiner evolutionären Entwicklung.

Was aus der Malkuth-Perspektive wie der Planet Mars aussieht, das erkenne ich in Tiphereth als mein eignes destruktives Potential. Es ist ein Teil meiner selbst! Was aus irdischer Sicht wie der Planet Jupiter aussieht, das erkenne ich als inkarnationswillige Seele in Tiphereth als meine Versöhnlichkeit, meine Kompromißbereitschaft, mein eigenes konstruktives Potential.

Ich sehe von Tiphereth aus also die Bestandteile meiner Seele. Ich sehe das, was ich bin. Was ich bin, das sehe ich. Erkennender, Erkanntes, der Vorgang des Erkennens und die Erkenntnis — sie sind eins.

Ich sehe meine ungelösten karmischen Aufgabenstellungen, die unerlösten Bestandteile meiner Seele, die Unausgewogenheit meiner sephirothischen Kräfte.

Die Seele inkarniert in der Sphäre Malkuths, also auf dieser Welt, die ja eine Welt des Handelns und der Veränderung ist, um vollkommener zu werden.

Das heißt ganz konkret: Sie sind Mensch geworden, um die unerlösten einzelnen sephirothischen Bestandteile Ihrer Seele in einen Zustand der Harmonie zu bringen. Sie werden so lange immer wieder inkarnieren müssen, bis es Ihnen gelungen ist.

Vor dem Hintergrund des bisher Besprochenen wird der höchst seltsame Imperativ Crowleys: »Entdecke dich selbst in jedem Stern!« plötzlich sinnvoll. Jemand, der sich selbst beispielsweise im Planeten Mars entdecken möchte, nimmt sich sein Geburtshoroskop zur Hand und studiert in Ruhe das Verhältnis der durch Mars repräsentierten Geburah-Kräfte seiner Seele zu den anderen sephirothischen Kräften, die durch die Planeten repräsentiert werden. Was er dann erkennt, das ist nicht die Stellung des Planeten Mars zu den anderen Himmelskörpern, sondern die karmisch gewachsene Beziehung seiner eigenen Geburah-Kräfte zu den übrigen Bestandteilen seiner Seele.

So weit, so gut. Gehen wir jetzt einen Schritt weiter. Und behalten wir in Erinnerung, worum es uns bei unseren Überlegungen geht, nämlich um das sechste Gebot.

Als nächstes müssen wir uns ein wenig mit der Lehre von der sephirothischen Geschlechts-Polarität vertraut machen. Sie besagt, vereinfachend zusammengefaßt, folgendes: Wer in Malkuth männlich ist, das heißt, wer auf dieser Welt in einem männlichen Körper lebt, der ist in Jesod weiblich, in Hod wieder männlich, in Netzach weiblich usw.

Die Seele ist geschlechtsneutral. Wenn wir in diesem Zusammenhang mit Worten wie »männlich« und »weiblich« operieren, dürfen wir nicht die kabbalistischen Definitionen dieser Begriffe vergessen. »Männlich« steht für: aktiv, gebend, kinetisch (das Chockmah-Prinzip). »Weiblich« steht für: passiv, empfangend, statisch (das Binah-Prinzip). All dies kann natürlich nicht ohne Konsequenzen für die korrekte Interpretation des Geburtshoroskops bleiben. Beispiel: Venus als Symbol der Netzach-Kräfte ist im Geburtshoroskop eines Mannes »weiblich«, das heißt: eine passive, empfangende, statische Kraft; im Geburtshoroskop einer Frau dagegen »männlich«, also eine aktive, gebende, kinetische, sich verströmende Kraft. Wer »sich selbst in Venus entdecken« möchte, das heißt: wer etwas über den karmischen Entwicklungsgrad seiner Netzach-Kräfte wissen will, der sollte diese Überlegungen berücksichtigen.

Malkuth repräsentiert die irdische Perspektive und das menschliche (Wach-)Bewußtsein, Jesod dagegen (unter anderem) das Unbewußte. Das bedeutet: Der Mann hat ein »weibliches«, die Frau dagegen ein »männliches« Unbewußtes. — Dasselbe sagt auch C. G. Jung, wenn er von den

Anima- und Animus-Aspekten der Seele spricht. Einige Alchimisten gingen im Zusammenhang mit der »Chymischen Hochzeit« von denselben Überlegungen aus.

Bevor wir nun die gedankliche Brücke zum sechsten Gebot schlagen, erinnern wir uns an die Ausführungen Jesu zum Thema »Ehe« (Matthäus 19,12). Wir haben es hier mit einer zentralen Aussage Jesu zu tun — leicht erkennbar am Schlußsatz des Zitats: »Wer es fassen kann, der fasse es!« Formulierungen wie diese benutzte Jesus immer dann, wenn er begründeten Anlaß zu der Befürchtung hatte, daß er über Themen sprach, die für den gewöhnlichen Menschen zu kompliziert sind. Jesus spricht hier über die drei Varianten der Ehelosigkeit.

Es gibt nicht nur drei Formen der Ehelosigkeit, sondern auch drei Arten, die Bibel zu lesen:

1. Naiv-historisch — als Tatsachenbericht
2. allegorisch-moralisch — als Entscheidungshilfe und Leitfaden im Alltag
3. mystisch — als Evolutionsgeschichte sowohl der individuellen als auch der kollektiven Seele.

Wer die Bibel auf der dritten, der mystischen Ebene liest, der nimmt dieselbe Perspektive ein wie die inkarnationswillige Seele in Tiphereth; er liest seine eigene Geschichte: von der ersten Emanation aus Kether (Genesis) bis zur Rückkehr zu Kether (Apokalypse). Jeder dieser drei Verständnis- und damit auch Entwicklungsebenen muß eine Art der Ehelosigkeit zugeordnet werden.

1. Ebene: »Denn etliche enthalten sich der Ehe, weil sie von Geburt an zur Ehe unfähig sind.«

2. Ebene: »Etliche enthalten sich der Ehe, weil sie von Menschen zur Ehe untauglich gemacht sind.«

3. Ebene: »Und etliche enthalten sich, weil sie um des Himmelreiches willen auf die Ehe verzichten. Wer es fassen kann, der fasse es!«

Die Ehe ist eine dauerhafte Verbindung des Männlichen mit dem Weiblichen.

Die erste Verständnisebene besagt: Angeborene körperliche Anomalien können einen Menschen an der geschlechtlichen Vereinigung hindern. (Mystisch verstanden: Manche Seelen sind noch zu wenig entwickelt, um ihre »männlichen« und »weiblichen« Seelenteile miteinander zu verbinden.)

Die zweite Verständnisebene besagt: Manche Menschen sind zur Harmonisierung der Polarität zwischen dem Männlichen und Weiblichen in der geschlechtlichen Vereinigung unfähig, weil sie körperlich oder seelisch verstümmelt worden sind. Sie sind von Menschen kastriert, frigid oder impotent gemacht worden und können deshalb die Polarität zwischen den Geschlechtern durch Sexualität nicht aufheben. (Mystisch verstanden: Manche Seelen haben sich für ihre Inkarnation bewußt eine Umgebung ausgesucht, die sie daran hindert, ihre polaren sephirothischen Kräfte zu harmonisieren — sie wollen und müssen zunächst noch andere Erfahrungen machen, ehe sie diesen Schritt vollziehen können. Deshalb haben sie sich für ihre Inkarnation eine Umgebung ausgewählt, die ihnen die Vereinigung ihrer unterschiedlich polaren Sephiroth unmöglich macht.)

Auf der dritten Verständnisebene kommt nur noch die mystische Bibel-Lesart zur Anwendung. Es geht hier nicht mehr um die körperlich-materielle Ebene. Nicht die sexuelle Vereinigung zwischen Mann und Frau steht hier zur Debatte, sondern die kabbalistische Vereinigung der gegensätzlichen Geschlechtspolaritäten auf den verschiedenen sephirothischen Stufen. Jesus spricht hier von der Aufhebung der »geschlechtlichen Spannungen« zwischen Malkuth und Jesod, Jesod und Hod, Hod und Netzach usw. Sex ist auf dieser Entwicklungsstufe kein Thema mehr. Sexualität ist lediglich eine vergnügliche »Malkuth-Notlösung« zur kurzfristigen Überwindung der Polaritäten. Wer noch nicht so weit entwickelt ist, daß er sein Bewußtsein mit den höheren sephirothischen Sphären verbinden kann (wer sein »Malkuth mit seinem Jesod noch nicht verheiraten kann«, sein Jesod nicht mit seinem Hod usw.), der muß sich mit der Sexualität begnügen. Einige wenige Menschen aber, und nur von ihnen ist hier die Rede, brauchen die »Notlösung Sex« nicht mehr, denn sie kommen ihrer Pflicht zur Vereinigung der geschlechtlich polaren Gegensätze auf höherer, unkörperlicher Ebene nach. Sie können Geschlechtsverkehr haben oder nicht, ganz nach Belieben. Sie können heiraten oder sich freiwillig einer zölibatären Askese unterwerfen — es ist nicht mehr konstitutiv für die evolutionäre Entwicklung ihrer Seele, wie sie sich entscheiden.

Was bedeutet vor diesem Hintergrund das sechste Gebot in kabbalistischer Auslegung? Noch immer ist die »Hurerei«, sind die Kelippoth der zentrale Gesichtspunkt. Auf dieser subtilsten, mystischsten Verständnisebene spricht Gott von der Erlösung. Er sagt mit dem sechsten Gebot: »Die Vereinigung deiner unterschiedlich polaren Seelenteile darf erst dann geschehen, wenn nichts Kelippothisches mehr in dir ist. Du sollst dein Bewußtsein nicht mit Kelippoth vereinigen, wie es König Ödipus tat, als er Jokaste heiratete. Als umfassende, multidimensionale Gesamtseele darfst du dich erst dann erlösen, wenn die einzelnen sephirothischen Teile deiner Seele, jede sephirothische Sphäre für sich, harmonisiert und erlöst ist.« (Sind die sephirothischen Seelenbestandteile durch Vereinigung erlöst, können, quasi im »zweiten Arbeitsgang«, auch die früheren Inkarnationen der Seele erlöst und mit der Gesamtseele vereinigt werden.) Jeder kann potentiell für seine anderen, »früheren« Inkarnationen der »Jesus«, der Erlöser sein, indem er dafür sorgt, daß die unterschiedlichen inkarnierten Teile der multidimensionalen Seele sich vereinigen, mischen und dann wieder trennen; denn dann sind alle Teile vollkommen und erlöst. Nebenbei bemerkt: Bisher war es immer so, daß ein Mensch, der sich selbst auf diese Weise erlöst hatte, früher oder später den Opfertod sterben mußte. Der Erlöste wurde zum Erlöser für andere Menschen; zunächst als Lehrer und/oder Heiler, später als Opfer. Die Körper derjenigen Seelen, die die Vollkommenheit erreicht haben, sind in der Geschichte der Menschheit ermordet, zerfetzt, gekreuzigt, vergiftet oder erschossen worden. Das was so. Aber das muß nicht so bleiben.

Zur Einweihung in die Tiphereth-Sphäre gehören zwei unterschiedliche Visionen. Tiphereth ist die Sephirah des »Inkarnationspunktes« und hat eine Vermittlerfunktion zwischen den Ebenen der Kraft und den Ebenen der Form. Entsprechend lautet der kabbalistische Name Tiphereths: »Vermittelnde Intelligenz«. Tiphereth ist eine Art »Transmutations-Punkt« zwischen Energie und Materie.
Betritt man Tiphereth von den Ebenen der Form her, so erhält man die Initiations-Vision der kosmischen Harmonie — schlagartig wird dem Initianden klar, warum und worum sich alles dreht. Tritt man in Tiphereth dagegen von den Ebenen der Kraft her ein (also von einer oberhalb Tiphe-

reths gelegenen Sephirah), so hat man — als Mitteleuropäer, der in die christliche Symbolik hineingeboren wurde — die Vision der Mysterien der Kreuzigung, das heißt: das Erlebnis der »Festnagelung« der Kraft an die Form, der Seele an den Körper. Sollte ein Initiand glauben, das Mysterium der Kreuzigung in Tiphereth bestünde darin, daß er quasi in der Nachfolge Christi das Opfer der Kreuzigung, die Rolle des Gekreuzigten auf sich nähme, so kann er auf unbeschreiblich grauenvolle Art von seinem Irrtum befreit werden. Sensiblen Gemütern sei dringend empfohlen, Tiphereth zunächst nur von den Ebenen der Form, also von den unteren Sephiroth aus, zu betreten.

Tiphereth ist die Sephirah der Erlösung, der Harmonie und des Opfers. Das Opfer war im Fische-Zeitalter ein Instrument der Erlösung, der Los-Lösung der Kraft von der Form. Die pervertierte Kelippa-Variante des Opfers ist die Todesstrafe: ein Mensch wird der Rachsucht des Mobs geopfert. Kaum ein Irrsinn ist so gefährlich wie die Todesstrafe. Die kelippothischen Kräfte des Delinquenten, die nur in Malkuth hätten harmonisiert werden können, werden leichtfertig freigesetzt und können sich bei nächster Gelegenheit neu manifestieren. Nur in Malkuth, nur während der Inkarnation können Ausgleich und Läuterung stattfinden. Transformation der sephirothischen Energien kann es nur auf der materiellen Malkuth-Ebene geben.

Durch das Opfer, das nicht-pervertierte, wird (nach der Vorstellung des Fische-Zeitalters) Energie frei, und die Waagschalen der sephirothischen Kräfte geraten kollektiv wieder ins Gleichgewicht: durch immense Kraftzufuhr. So wird das Gesetz der Tetragramm-Formel erfüllt, das besagt, daß jede

Kraft durch ihre Gegenkraft ausgeglichen werden muß — die Kelippoth durch die Energie perfekt harmonisierter Sephiroth.

Das Opfer freilich schafft nicht nur harmonischen Ausgleich, es muß auch in sich harmonisch ausgeglichen sein, um keine neuen kelippothischen Kräfte heraufzubeschwören.

In der tradierten Variante des Christus-Dramas, die den Hauptakzent auf den (gleichnishaften!) Golgatha-Mythos legt, finden wir ein perfekt ausgeglichenes Opfer. In diesem Zusammenhang müssen wir auf den größten Sündenbock der vergangenen zweitausend Jahre zu sprechen kommen: auf den Mann, der uns unter dem Namen »Judas« bekannt ist. Um sich selbst opfern und die Schrift erfüllen zu können, wählte Jesus den Mann »Judas« als Mit-Opfer aus. Judas allein war unter allen Jüngern stark genug für diese übermenschliche Aufgabe. Sein Beitrag zur Erlösung bestand ebenfalls in einem schweren Opfer. »Judas« lud eine gigantische, fast untilgbare karmische Schuld auf sich, indem er denjenigen Menschen verriet und verkaufte, den er am meisten verehrte. Welche marternden Gewissensqualen diesem Verrat im Auftrag des Verratenen vorangegangen sein müssen — niemand wird es nachfühlen können. Jesus opferte sich. Judas tat dasselbe. Jesus als Gott-Mensch opferte das, was nicht göttlich an ihm war — seinen Körper. Judas opferte das, was nicht irdisch an ihm war — seine Seele: indem er sie mit übermenschlicher Schuld belud. Ein ausbalanciertes Opfer: dem Opfer des Leibes steht das Opfer der Seele gegenüber; die göttliche Liebe wird durch hundsgemeine menschliche Niedertracht kontrastiert. Der Verehrung, die dem einen nun schon seit fast zwei Jahrtausenden entgegengebracht wird, stehen der Haß und die Verachtung gegenüber, die man »Judas« entgegenbringt. Vielleicht ist es langsam an der Zeit, in beiden, in Jesus wie in Judas, die zwei Seiten ein und derselben Medaille zu erkennen? Mit gutem Grund kann man »Judas« als die »dunkle Seite« Jesu, als die »andere Seite des Erlösers« bezeichnen. Jesus und »Judas« sind die beiden Kräfte, die die Waagschalen des Opfers von Golgatha im Gleichgewicht halten. (Und, einen Schritt weiter: Vielleicht ist es langsam an der Zeit, unsere Blutrünstigkeit, die der Opfer-Ideologie zugrunde liegt, zu erkennen und zu transformieren.)

Tiphereth ist also nicht nur die Sephirah Jesu, sondern auch die des »Judas«.

Zwischen der sechsten Sephirah (Tiphereth) und dem sechsten Buchstaben des hebräischen Alphabets (Waw) besteht ein subtiles Verwandtschaftsverhältnis. Jeder, der sich intensiver mit dem Baum beschäftigt, wird früher oder später auf diese Zusammenhänge aufmerksam. Es ist lohnend, sich eingehender mit ihnen zu befassen.

Den Buchstaben Waw haben wir schon als das dritte, das verbindende Element der Tetragramm-Gleichung kennengelernt. Waw steht dort für das »und«. Auch Tiphereth ist ein »Und«, denn die sechste Sephirah verbindet als »Inkarnationspunkt« Geist mit Materie, Seele mit Körper, Makrokosmos mit Mikrokosmos und Kraft mit Form. In ihrer Vermittler-Funktion stellt Tiphereth quasi das »kosmische Und« dar.

Tiphereth gilt als diejenige sephirothische Sphäre, in der ein Schüler seinem (desinkarnierten) Meister/Lehrer begegnen kann. Für den Waw-Pfad gilt exakt dasselbe. Dem Buchstaben Waw ist derjenige Pfad im Baum zugeordnet, der Chesed mit Chockmah verbindet: eine Brücke zwischen den kosmischen Kohäsionskräften und der einen kinetischen Energie, zwischen ordnender und freier Kraft. Diesem Pfad wird der sechste Tarot-Trumpf zugeordnet. Dieser Trumpf trägt zwar die laufende Nummer 5, ist aber, da die Zählung bei Null, mit dem Narren, beginnt, in Wahrheit der sechste Trumpf. In manchen Tarot-Decks wird die Karte »Hohepriester«, in anderen »Hierophant«, in veralteten auch »Papst« genannt. So oder so — zu sehen ist auf jeder Darstellung ein weiser, würdiger Mann, von dem es viel zu lernen gibt — ein eingeweihter Meister.

Sowohl auf dem Waw-Pfad wie auch in Tiphereth wird die Entwicklung der intuitiven Kräfte und Fähigkeiten im Menschen gefördert. Beide, Waw wie Tiphereth, haben die Funktion einer Brücke. Auf dieser Brücke kann der klaffende Abgrund zwischen Bewußtsein und Unbewußtem, zwischen Mikrokosmos und Makrokosmos, zwischen Form und Kraft überwunden werden.

Tiphereth, das »kosmische Und«, schafft die erste Verbindung. Als Sephirah der Erlösung ist sie die wichtigste Station auf dem evolutionären Weg zum Ursprung. »Niemand kommt zum Vater denn durch mich« (Joh. 14,6), sagt Jesus. Er hätte auch sagen können: »Ich bin Tiphereth, das kosmische Und.«

NETZACH

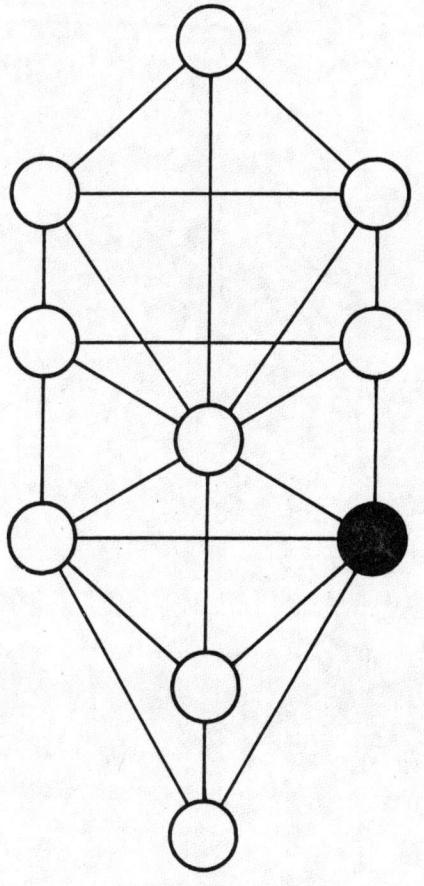

N etzach ist die Sphäre der Venus. Venus repräsentiert die Macht der Liebe sowie die aufbauende Schöpferkraft der Natur. Über ihre »Geburt« weiß die antike Mythologie folgende bluttriefend-ironisch-poetische Skandalgeschichte zu berichten:

Saturn, der letzte der »alten Götter«, war zunächst, genau wie später sein Sohn Jupiter, ein rächender Befreier. (Seit seiner »Pensionierung« fungiert Saturn als Herr des Elysiums.) Uranus, der Vater Saturns, konnte in seinen Kindern nur unliebsame potentielle Konkurrenten erblicken. Durch sie sah er die Fortdauer seiner unumschränkten Herrschaft gefährdet. Deshalb sperrte er seine Nachkommenschaft in den Tartarus, der alles andere als ein behagliches Kinderzimmer war (= er hinderte seine Emanationen daran, sich zu manifestieren). Saturn setzte der väterlichen Schreckensherrschaft ein Ende — um sie bald durch eine nicht minder grausame zu ersetzen. Denn auch er, lieblos und tyrannisch wie sein Vater, fürchtete die nächste Generation (= seine eigenen Emanationen).

Zum Zwecke der Machtergreifung entmannte er Uranus. Er nahm dem Alten gewaltsam die zeugende göttliche Potenz, die Schöpferkraft als legitimierende Garantin der Herrschaft. Mit seiner Sichel nahm Saturn diesen »chirurgischen Eingriff« vor. Von nun an hätte es kein göttlich-kreatives Schöpferpotential mehr gegeben, wenn nicht das Wunderbare und Folgerichtige geschehen wäre: Saturn in seinem vermeintlichen Triumph schleuderte das abgehackte phallische Symbol der Schöpferkraft in hohem Bogen ins Meer (zurück in den amorphen göttlichen Urgrund). Doch kaum hatte der abgetrennte Phallus die Wellen des Meeres berührt, da bildete sich ein weicher Schaum. Diesem aber entstieg Venus, die Personifizierung der vereinigenden Liebe und der

kreativen Natur. Liebe bewirkt die gegenseitige Anziehungs-
kraft der Polaritäten. Liebe ist der Wunsch nach Eins-Wer-
den. Aus der gewaltsamen Ab-Trennung durch die Sichel des
Saturn entstand also die Möglichkeit liebevoller Vereinigung. Venus ist die letzte Zeugung ihres sterbenden Vaters,
und in ihr, durch sie lebt seine Schöpferkraft weiter. Aus Tod
und Trennung und dem Versuch, das göttliche Schöpferpotential zu vernichten, entstand jene Kraft, die Tod und Trennung besiegt und alles Lebendige entstehen läßt: die Liebe.
(Wir erinnern uns: Uranus ist der Planet, der Chockmah zugeordnet wird. Zu Chockmah gehört auch der »alte Gott«
Eros. In Uranus und Eros zwei Aspekte derselben Gottheit
zu erkennen fällt nicht besonders schwer.)
Saturn hat in seiner blindwütigen Machtlüsternheit unge-
wollt die Liebe (neu) erschaffen. Venus ist die süße Rache
des Uranus. Sein Sohn hat ihn zwar vernichtet. Aber im Au-
genblick seines Todes erneuert Uranus sich durch Transformation: Er zeugt dasjenige Prinzip, das die unumschränkte
Herrschaft des Saturn (des Todes/der Materie) verhindert
und in dem sein kreatives Potential fortbesteht und weiter-
wirkt. Er verwandelt sich in Venus. Ironie des Götterschick-
sals! Die Macht des Saturn ist exakt zum Zeitpunkt seiner
Machtergreifung durch die Geburt der Venus in Frage gestellt.

Netzach als die siebte Sephirah steht in enger Affinität zum
siebten Buchstaben des hebräischen Alphabets. Der siebte
Buchstabe heißt Sajin, das bedeutet: Schwert. Das Schwert
nun ist in gewisser Hinsicht der »Geburtshelfer« der Venus
(= das Mittel zur Erneuerung, zur »Reinkarnation« der
Gottheit Uranus/Eros), denn eine Sichel ist nichts anderes
als ein halbmondförmig gekrümmtes Schwert. Dem Buch-

staben Sajin wird der Tarot-Trumpf »Die Liebenden« zugeordnet — ein Rückverweis auf das verbindende Wirken des Prinzips Venus.

Vulkan, hinkend und so häßlich, daß die anderen Götter seinen Anblick kaum ertragen konnten, seines Zeichens Schmied, war der Götter-Gatte der Venus. Mars, aufgrund seiner Aggressivität unter den Göttern ebenfalls recht unbeliebt, war ihr Geliebter. Venus unterhielt sowohl eheliche Beziehungen zum Produzenten wie auch außereheliche zum Benutzer des Schwertes. Beide, Vulkan und Mars, repräsentieren auf ihre Weise den Dualismus: das Schwert, das Trennende und Vernichtende. Venus dagegen steht für Harmonie, Vereinigung und Liebe. Diese weibliche Macht ist so stark, daß ihr zwei männliche Schwert-Gottheiten (bzw. drei, wenn man den sichelschwingenden Saturn dazurechnen will) gegenüberstehen!

Das Wort »Netzach« beginnt mit dem hebräischen Buchstaben »Nun«. Diesem Buchstaben wird der Tarot-Trumpf »Tod« zugeordnet. Venus entstand im Todesmoment des Uranus und symbolisiert zugleich den Triumph über die Macht des Todes. »Nun« bedeutet: Fisch. Der Fisch verweist sowohl auf das Wasser, dem Venus entstieg, als auch auf das Phallische, dem sie ihre Existenz verdankt, und auf den Erlösungs-Aspekt der Liebe, der ja auch durch Venus repräsentiert wird. Denn der Fisch (il pesce, Ichtys) ist ein altes Symbol Christi, dessen Geburt mit dem Beginn des Fische-Zeitalters zusammenfiel.

Im Kapitel über die Sephirah Kether wurde bereits erwähnt, daß sich in der Sphäre Tiphereths eine Umkehrung der säulenspezifischen Polaritäten im Baum vollzieht. Die rechte Säule gilt als »männlich«, die linke als »weiblich«. Netzach ist die erste Sephirah unterhalb Tiphereths und das letzte Element der rechten Säule. Daraus folgt, daß Netzach zwar eine »weibliche« Sephirah ist, die Attribute »empfangend-statisch, passiv« jedoch nicht für sie gelten. Netzach ist, da die Polaritäten sich in Tiphereth umgekehrt haben, eine »weibliche« und zugleich gebend-kinetische, aktive Kraft. Einige Eigenschaften der oberhalb Netzachs auf der rechten Säule liegenden Sephiroth Chockmah und Chesed finden wir auch in Netzach wieder, zum Beispiel die unbändige, selbstlos sich verströmende Kraft Chockmahs wie auch das verbindende, komplexe Strukturen erschaffende Element Cheseds. Liebe ist ein dynamisches Prinzip. Liebe verströmt sich selbstlos, ohne eigensüchtige Hintergedanken, und verbindet gleichzeitig das, was zuvor voneinander getrennt war und vollkommen isoliert voneinander zu existieren schien. Doch die Liebe ist nur ein Teilaspekt Netzachs.

Netzach als die Sephirah der kreativen Naturkräfte ist auch die Sphäre der Elementarwesen, von denen Mythen und Märchen aller Kontinente zu berichten wissen: Nixen, Elfen, Feen, Trolle, Fairies, Zwerge, Salamander, Sylphen, Undinen, Gnome und wie auch immer man sie nennen mag. Wir sind eine Zivilisation der hochintelligenten Ignoranten. Unsere großartigen technischen und intellektuellen Errungenschaften haben wir mit der vollständigen Verblödung auf anderen Bewußtseinsebenen bezahlt.

Würde man einem Eingeborenen, der noch nie mit der Zivilisation in Berührung gekommen ist, folgende Geschichte auftischen: »In unserem Land gibt es gewisse Kästen, in denen man sehen kann, was in der Welt geschieht. Man kann Menschen aus fernen Erdteilen in diesen Kästen sehen. Man kann sogar Menschen sehen, die längst tot sind, beliebig oft, wann man möchte« — der Eingeborene würde vermutlich lachen. Tote Menschen und Bewohner anderer Erdteile in einem Kasten — es klingt ja auch wirklich zu albern! Wenn wir ihm dann noch erzählen, daß all diese wunderbaren Dinge nur deshalb zu sehen sind, weil ein feiner metallischer Faden, der aus der Erde kommt, mit diesem Kasten verbunden ist, so würde er mit Recht fragen: »Wie kann ein Toter oder ein Bewohner eines anderen Landes durch diesen Faden in den Kasten kriechen?« Und doch können wir James Dean, Hans Moser oder Charlie Chaplin sehen, wenn wir wollen — obwohl sie längst tot sind.

Würde uns der Eingeborene erzählen: »Es gibt bei uns einen Trank. Der Medizinmann kennt das Rezept. Wer davon trinkt, der sieht die unsichtbaren Wesen der Natur, die schönen und die häßlichen, die ihre Gestalten nach Belieben wechseln und von einer Form fließend in die andere übergehen können« — wir Ignoranten würden herablassend lächeln und uns dabei sehr überlegen und aufgeklärt vorkommen.

Die Nachkommen unseres Eingeborenen werden wissen, was Fernsehen ist. Wollen wir hoffen, daß unsere Nachkommen auch irgendwann wieder wissen werden, wovon er sprach.

Jeder Kontinent bringt bestimmte Pflanzen hervor, die einen »Schlüssel« zu den Sphären Netzachs enthalten. Viele Berichte Carlos Castanedas beispielsweise sind eindeutig der Netzach-Sphäre zuzuordnen. Alice, bevor sie durch den Spiegel ins »Wunderland« ging, aß einen bestimmten Pilz.

Es gibt immer einen schnellen und einen langsamen Weg. Der schnelle ist stets der falsche. Wer beispielsweise den Wunsch hat, von heute auf morgen reich zu werden, der kommt nur durch Kriminalität an sein Ziel. Wer sofort und auf der Stelle in die Bereiche Netzachs eindringen will, der muß bestimmte Substanzen einnehmen. Der Preis, der für solche Experimente gezahlt werden muß, kann unverhältnismäßig hoch sein. Viele haben mit ihrem Leben oder ihrer Gesundheit bezahlt. Vermutlich hatte Jesus unter anderem auch solche gefährlichen Experimente im Sinn, als er vor dem Weg des scheinbar geringsten Widerstandes warnte: »Gehet ein durch die enge Pforte. Denn die Pforte ist weit, und der Weg ist breit, der zur Verdammnis führt, und ihrer sind viele, die darauf wandeln. Und die Pforte ist eng, und der Weg ist schmal, der zum Leben führt, und wenige sind ihrer, die ihn finden.« (Matthäus 7,13 ff.)

Man kann sich durch die Einnahme spezieller Substanzen quasi gewaltsamen Zutritt zu den Sphären Netzachs verschaffen und sich einbilden, jene Instanzen, die von den Kabbalisten die »Hüter der Pfade« genannt werden, überlistet zu haben. Ungebetene Gäste und freche Eindringlinge sind jedoch nirgends willkommen. Überall verfügt man über die geeigneten Mittel, solchen Eindringlingen einen saftigen Denkzettel zu verpassen. Ungefährlicher, befriedigender und auf Dauer erfolgreicher jedoch ist es, geduldig nach der »engen Pforte« zu suchen und erst dann einzutreten, wenn man auch erwünscht und willkommen ist. Denn wer nicht einsieht, daß er zu einem bestimmten Zeitpunkt seiner Entwicklung noch abgewiesen werden muß, der wird vermutlich auch nicht zum richtigen Zeitpunkt begrüßt, eingelassen und von freundlichen Begleitern geführt werden können.

Nachdem wir Tiphereth verlassen und Netzach betreten haben, befinden wir uns wieder auf der Ebene eines polaren Spannungsverhältnisses. Um Netzach zu verstehen, müssen wir auch Hod, ihr Gegenüber auf der linken (»weiblichen«)

Säule der Härte etwas näher betrachten. Im Gegensatz zu Netzach ist Hod, die achte Sephirah, zwar eine »männliche«, zugleich aber empfangend-statische, passive Sephirah. Hod repräsentiert unter anderem all jene Funktionen, die in der linken menschlichen Hirnhälfte heimisch sind. In der intellektualistischen Sephirah Hod darf man die heimliche Regentin der zweiten Hälfte des Fische-Zeitalters erblicken.

Die Hod-Dominanz in Gestalt wissenschaftlicher Rationalität hat Fortschritte in allen Lebensbereichen gebracht. Sie hat aber auch Kelippoth produziert (hauptsächlich in unseren Köpfen, erst in zweiter Linie auch in der Umwelt; Goethes »Faust« beispielsweise verkörpert einen Menschen, der unter die Herrschaft der Hod-Kelippoth geraten ist. Entsprechend präsentiert ihm Mephisto, sein Alter ego, sein »Schatten«, kelippothische Netzach-Erlebnisse).

Auch Hod vereinigt in sich solche Eigenschaften, die wir schon als Attribute der beiden anderen Sephiroth auf der linken Säule kennengelernt haben. Von Binah hat Hod die passiv-aufnehmende Fähigkeit, die man »Intelligenz« nennt, von Geburah die unemotionale Fixiertheit auf Abstraktionen und (selbstgemachte!) Gesetze.

Im Mikrokosmos, im Menschen, repräsentiert Netzach zum einen all jene Fähigkeiten, die der rechten Hirnhälfte zugeordnet werden. Doch auch die Funktionen des entwicklungsgeschichtlich älteren Stammhirns können Netzach, die »älter« ist als Hod, zugeordnet werden. Der Anschaulichkeit halber grob vereinfachend, könnte man sagen: Hod ist die Sphäre der Wissenschaftler und Intellektuellen, Netzach dagegen die Sphäre der Künstler. Die Logik verhält sich zur Lyrik, die Mathematik zur Musik, wie Hod zu Netzach. Wenn im Individuum die Hod-Kräfte vorherrschen, hat man es im Idealfall mit einem bewußten Individualisten zu tun, der durch scharfsinnige Analysen Gesetzmäßigkeiten entdecken und abstrakte Begriffe schaffen kann. Er ist vernunftgesteuert und versteht sich auf die Kunst der Selbstbeherrschung. Ein Netzach-Mensch dagegen erfaßt im Idealfall Zusammenhänge intuitiv. Er distanziert sich weder von Instinkten noch Inspirationen oder Gefühlen. Manchmal kann es den Anschein haben, als sei er durch eine unsichtbare Nabelschnur mit dem kollektiven Unbewußten (dem »Meer«, dem Venus entstieg) verbunden, das ihn großzügig mit Informationen versorgt.

Einige Kabbalisten weisen darauf hin, daß Netzach die mikrokosmische quasi »verkleinerte« spiegelbildliche Entsprechung Geburahs sei. Tatsächlich beginnt mit der Sephirah Netzach der Bereich des »niederen Selbst«, die »Inkarnationseinheit«, deren sich die Seele bedient. Hätte in Tiphereth nicht die Umkehrung der säulenspezifischen Polaritäten stattgefunden, so wäre Netzach ein »legitimes Kind« der linken (»weiblichen«) Säule der Härte. Wenn wir uns vergegenwärtigen, daß Netzach auch die Bereiche des Triebhaften repräsentiert, so wird auch die Affinität zwischen Netzach/Venus und Geburah/Mars deutlich: Es schlummern starke destruktive Triebe im Menschen, unbewußte Aggressivität, Wut und Zügellosigkeit. Würden diese Triebe nicht durch die Hod-Kräfte der Vernunft kontrolliert, so wären vermutlich Mord und Totschlag nicht die Ausnahme, sondern die Regel. Es gäbe keine Zivilisation.

Die Kelippoth-Aspekte der Sephiroth Geburah und Netzach sind also weitgehend deckungsgleich. Zusätzlich fallen unter die kelippothischen Netzach-Aspekte alle Untugenden, denen ein Mangel an Vernunft und verantwortungsbewußter Selbstkontrolle zugrunde liegen. Zu den zerstörerischen

Geburah-Kelippoth kommen bei Netzach also noch die selbstzerstörerischen Tendenzen hinzu, beispielsweise: Alkohol- und Drogenmißbrauch, ungezügelte Triebhaftigkeit, Manipulierbarkeit, Emotionalisierbarkeit, Unbeherrschtheit.

Netzach wird von den Kabbalisten die »verborgene Intelligenz« genannt. Dieser Name deutet auf eine nicht alltägliche Wahrnehmungsart der Dinge hin, die durch Netzach vermittelt werden kann. Wer zufällig gerade frisch verliebt ist, der weiß, wovon die Rede ist, nämlich von diesem unbeschreiblich schönen Gefühl: »Plötzlich sieht alles ganz anders aus!« Dies »Wunder« hat jedoch nicht der oder die Geliebte vollbracht, sondern die Liebe selbst — Netzach! Mit einem Mal hört und sieht man Dinge, denen man zuvor taub und blind gegenüberstand. Das Leben ist plötzlich reich, das Spektrum der Wahrnehmung erweitert sich. Der Alltag wird bunt und aufregend. Kein Platz mehr für Ängste und Sorgen; selbst regnerisches Matschwetter kann die Welt nicht häßlich machen oder gar die Stimmung trüben. Alles ist von eigentümlicher Schönheit erfüllt, alles ist neu und anders und doch urvertrauter denn je. Man könnte das Moos auf dem Stein genauso umarmen wie den in allen Regenbogenfarben schillernden Ölfleck, der auf der Pfütze schwimmt. Mauern sind nicht mehr grau und kalt, Wege nicht mehr lang und sinnlos. Alles lebt, atmet, pulsiert. Man fühlt plötzlich die Intelligenz und Bewußtheit scheinbar unbelebter Materie, irgend etwas in einem »weiß«, daß jedes Sandkorn, jeder Kiesel, ja selbst der Regentropfen und der Groschen in der Jackentasche ein Eigenleben führen, das anderen Gesetzen als denen unseres Verstandes unterworfen ist.

Zugang zu Netzach findet man nur über die Liebe im allumfassenden Sinn, Liebe im Sinne der Ur-Verbundenheit mit allen Dingen und Lebewesen. Ein frisch Verliebter erhält dies Gefühl gratis, quasi als »Abfallprodukt«, denn sein Ego schrumpft — jedenfalls für eine Weile. Sein eigenes kleines Ich ist für ihn eine Zeitlang nicht mehr der Nabel der Welt. Dadurch öffnet er sich unbewußt der »verborgenen Intelligenz« Netzach. Dies rauschhafte Gefühl ebbt beim Verliebten im Regelfall nach einigen Wochen wieder ab. König Ego kehrt triumphierend aus dem Exil zurück und reißt die Herrschaft wieder an sich. (Das ist die Phase der »platzenden Seifenblasen«.)

Wer Zugang zu Netzach hat, braucht nicht in einen einzigen Menschen konkret und aktuell verliebt zu sein, um die Welt mit den Augen des Verliebten sehen. (Wer's nicht glaubt, der sehe sich beispielsweise die Bilder Marc Chagalls an: So sieht und malt ein Netzach-Mensch.)

Der mittelalterliche Minnesang war im Grunde nichts anderes als ein subversiver Netzach-Kult und eine Alternative zu den (etwas sauertöpfischen) Angeboten der Kirche. Das Netzach-Prinzip wurde »Frau Minne« genannt und durch die jeweilige Minnedame repräsentiert. Der Dichter bezog seine kreative Kraft aus der Verehrung. Dessen war er sich bewußt. Gewissermaßen »absichtlich« verliebte er sich in eine für ihn unerreichbare, nämlich vornehme und verheiratete Frau, die ständig unter der Aufsicht wachsamer (und intriganter) Höflinge stand, mit der er also nach menschlichem Ermessen niemals würde schlafen können. Auf diese Weise zog er den Rausch des Verliebtseins künstlich in die Länge. So aktivierte er seine eigenen Netzach-Potentiale.

Goethe stimulierte in analoger Form seine Kreativität. Man

(= K. R. Eissler) hat herausgefunden, daß Goethe bis zu seinem 37. Lebensjahr »jungfräulich« geblieben ist. Auch er verliebte sich in möglichst unerreichbare Frauen, um seine schöpferischen Potentiale zu nutzen. (Freudianer würden in diesem Zusammenhang von »sublimierter Triebenergie« sprechen.)

Diese etwas selbstquälerische, bittersüße, aber äußerst produktive Netzach-Stimulation führt zur Entmachtung des Ego. Der verengte geistige (Malkuth-)Horizont erweitert sich, eine gigantische Öffnung vollzieht sich im Menschen, die den Zufluß ungenutzter Kraftpotentiale ermöglicht. Das Individuum gelangt zu einer intensivierten Wahrnehmungs-und Erlebnisfähigkeit, registriert seine Umwelt in verstärktem Maße und erhält auf diese Weise mehr Anregungen und Informationen. Der Mensch hört auf, ein »Schlafwandler« zu sein — also jemand, der hochgradig unbewußt durchs Leben stolpert und sich durch gewohnheitsmäßig selektive Wahrnehmung eine Art »Brille« geschaffen hat, die alles grau und langweilig erscheinen läßt. Die Netzach-Kräfte reißen ihm diese Brille von der Nase. Er reibt sich die Augen wie jemand, der soeben erwacht ist. Er hat sich von einem Blinden in einen Sehenden verwandelt. Von solchen Wundern wissen die Evangelisten zu berichten. Wenn erzählt wird, daß Jesus Blinde sehend gemacht und Tote wieder zum Leben erweckt hat, so müssen diese Schilderungen »dreidimensional« verstanden werden — nämlich auf allen drei Verständnisebenen: Auf der ersten als Zeugnis einer medizinisch nicht erklärbaren Wunderheilung, auf der zweiten Ebene als angstbeseitigendes Mittel zur Stärkung des Gottvertrauens und auf der dritten Ebene als symbolische Darstellung einer radikalen innerlichen Wandlung im Menschen.

Das Wort »Netzach« heißt übersetzt: Sieg. Denn Netzach ist die Sphäre derjenigen Prinzipien, die auf der Welt immer den Sieg davontragen werden: die Liebe und die kreativen Kräfte der Natur. Nicht einmal durch noch schlimmere Umweltverschmutzung wird es uns gelingen, die Natur zu besiegen. Momentan gehen wir den Weg der Dinosaurier. Was die Natur mit Gattungen macht, die viel Kraft und wenig Hirn haben, hat sie im Fall der dummen Riesenechsen bewiesen. Wir haben das Erbe der Dinosaurier angetreten und beherrschen nun statt ihrer die Erde. Wir zerstören nicht die Natur, sondern, was schlimm genug ist, »nur« unsere eigenen Lebensgrundlagen. Damit schaffen wir unter Umständen die idealen Lebensgrundlagen für andere Lebensformen, die Gift und Dreck genauso dringend brauchen wie wir saubere Luft und reines Wasser. Falls unser »Experiment Menschheit«, wie wir es momentan durchführen, mißlingen sollte, was alles in allem doch recht schade wäre, so würde, wie einige Freunde des schwarzen Humors gemutmaßt haben, die Herrschaft der Ratten und/oder Insekten auf diesem Planeten beginnen. Robustere Lebensformen würden an unsere Stelle treten, im Laufe der Jahrtausende leistungsfähige Hirne oder vergleichbare Organe entwickeln — und das alte Spiel begönne von vorn (Stichwort: Atlantis).

So oder so — ob wir gemeinsam umdenken oder fortfahren, unseren blauen Planeten in einen rabenschwarzen, verdreckten zu verwandeln: das Prinzip Netzach wird siegen. Mit uns oder ohne uns. Entweder siegt der Netzach-Aspekt der allumfassenden Liebe, und wir beginnen, unser gutmütiges Mütterchen Erde endlich mit liebevollem Respekt zu behandeln, oder es siegt der Netzach-Aspekt der kreativen Naturkräfte, der die Ratten und Insekten zu den Herren der kommenden Zeitalter machen könnte. Netzach ist Sieg, Netzach wird siegen. Wir sollten so klug sein, uns auf die Seite der Siegerin zu stellen. Als Ratte oder Schmeißfliege wiedergeboren zu werden, nur weil keine menschlichen Körper mehr für eine neue Inkarnation bereitstehen — keine verlockende Perspektive.

Netzach als archaischstes und dem Bewußtsein am schwersten zugängliches Element des »niederen Selbst« — niemand kann Netzach erreichen, der nicht zuvor die Initiationen in Malkuth, Jesod und Hod erhalten hat; niemand kann ohne die Tiphereth-Initiation in Netzach irgend etwas Nennenswertes bewirken — Netzach also gilt als die zentrale Sephirah der Magie.

Was ist Magie? Magie wird im umgangssprachlichen Verständnis oft mit Zauberei, Hexerei oder Illusionskunst gleichgesetzt. Varietékünstler, die sich darauf verstehen, kuschelige Angorakaninchen aus dem Zylinder hervorhoppeln oder ein Turteltaubenpaar aus einem Seidentuch hervorflattern zu lassen, werden »Magier« genannt. Aber auch den sagenumwobenen Merlin nennt man einen Magier. Was hat Merlin mit dem Varietékünstler gemein? Ungefähr so viel, wie der lupenreine Einkaräter mit dem Felsbrocken gemein hat — beide nennt man »Stein«.

Was also ist Magie? Man könnte es zunächst mit folgender Definition versuchen: »Magie ist die Fähigkeit, aus dem eigenen Willen das zu machen, was für das Licht der Laserstrahl ist: eine extrem gebündelte, konzentriert gerichtete Kraft.« Wer sich mit den von Dr. Joseph Murphy vorgeschlagenen Techniken beschäftigt und kreativ-experimentell die Bereiche banaler Autosuggestion verlassen hat, der dürfte ungefähr wissen, worum es geht. Nämlich darum, im Geiste Bilder zu schaffen, sie mit Energie zu füllen und sie Realität werden zu lassen.

Bevor man die Frage: »Was ist Magie?« zu klären versucht, muß man zunächst die grundsätzliche Frage beantworten: »Was ist Realität?« Denn Magie ist per definitionem eine Technik zur Produktion von Realität. (Jeder wendet diese Technik an. Doch im Unterschied zum Durchschnittsmenschen tut der Magier es bewußt.) Realität ist ein Produkt der Psyche. Realität wird vom Menschen selbst hergestellt. Realität ist ein Produkt des Willens und der Gedanken. Du bist, was du dir vorstellst, im Negativen wie im Positiven. Was du siehst und erlebst, ist ein Spiegel deiner Gedanken und Vorstellungen. Eine Änderung in dir, eine Veränderung deines Bewußtseins zieht automatisch eine Veränderung dessen nach sich, was du täglich siehst, hörst und erlebst.

Das ist im Prinzip schon der Schlüssel zur Magie. Doch wie alles wirklich Schwierige klingt es nur in der Theorie kinderleicht. (Ein Schriftsteller ist einmal gefragt worden, wie er es nur schaffe, so großartige Bücher zu schreiben. Er antwortete: »Ganz einfach: Meine Schreibmaschine hat verschiedene Tasten. Auf die drücke ich. So entsteht ein Manuskript.« Auch das klingt kinderleicht.)

In Netzach hat man Zugang zum Unbewußten bzw. zu denjenigen Sphären, die dem normalen Wachbewußtsein unzugänglich sind. Das Unbewußte darf nicht verwechselt werden mit Freuds Begriff vom »Unterbewußtsein«, das eine Art Giftmüllkippe verdrängter psychischer Inhalte darstellt. Das Unbewußte ist, versteht man es im Sinne C. G. Jungs, keine Müllkippe, sondern, ganz im Gegenteil: eine prallgefüllte Schatzkammer. Diese (teilweise) amorphe Sphäre ist unter gewissen Voraussetzungen vom menschlichen Geist und Willen form-bar — das jedenfalls sagt die Magie, die alte Lehre von der konzentrierten menschlichen Willenskraft. (Man darf gespannt sein, wie lange die Wissenschaften noch brauchen, um zu denselben Lehren zu gelangen — die Psychologie ist bald soweit, und auch die Physik befindet sich in Sichtweite der Zielgeraden...)

Magie ist der Versuch, sich mit den gestaltenden, formenden Naturkräften zu vereinigen (= die Sephirah Netzach in sich selbst zu aktivieren) und auf das Unbewußte (die Astralebenen) formend einzuwirken, um auf diese Weise Strukturen zu schaffen, die sich in unserer Realität manifestieren und zur Realität werden.

Um diesen Vorgang anschaulicher zu machen, stellen wir uns folgendes vor: Der heiße, flüssige Erdkern ist das Unbewußte, die Erdkruste ist die Realität, und der Magier ist ein Vulkan. Die Erdkruste schwimmt wie ein hauchdünnes Häutchen auf heißer Milch auf dem glühenden Erdkern. Ein Vulkan ist eine Art Druckventil, durch das heiße, flüssige Gesteinsmassen (Lava) aus dem Erdinneren an die Erdoberfläche gelangen können. Solange die Gesteinsmassen heiß und flüssig sind, sind sie formbar und beweglich. An der Erdoberfläche erstarren sie und werden zu festem Gestein. Das, was wir Realität nennen, schwimmt auf dem (kollektiven) Unbewußten, dem göttlichen Urgrund, wie die Erdkruste auf dem flüssigen Erdkern. Der Magier durchdringt diese Kruste, taucht in das »Flüssige« ein, formt es, läßt es an die Oberfläche treten und schafft so neue Realität. (Edelsteine entstehen durch Vulkanismus — nur folgerichtig, daß ihnen magische Kräfte zugesprochen werden! Wer Ohren hat zu hören...)

Wer durch eiserne Disziplin, unermüdliches Üben und zähe Geduld die entsprechenden Fähigkeiten in sich kultiviert hat, kann sich seine Realität bewußt selbst gestalten. Die wenigen wirklichen »Wunderheiler« (Magier der Liebe), die es zur Zeit gibt, arbeiten nach dieser oder individuellen Variationen dieser Methode. Sie schaffen in den Sphären des Unbewußten durch ihre geübte geistige Willenskraft ein Bild des geheilten Menschen, erfüllen es mit Energie und lassen es Realität werden. (Jeder hat seine individuelle Handschrift; aber das Alphabet ist stets dasselbe.)

Es fordert nicht nur ein Maximum an Kraft, Selbstdisziplin und Zähigkeit, ein Magier zu werden, sondern auch einen starken Charakter, die magischen Fähigkeiten nicht zu mißbrauchen. Ist er nicht verlockend, der Gedanke, auf dem satten Pölsterchen einiger Milliönchen zu hocken und eine Jugendstilvilla mit Hanggrundstück zu bewohnen? Vor diesem Hintergrund ist das siebte Gebot in kabbalistischer Deutung zu verstehen. Das siebte Gebot, der Sephirah Netzach zugeordnet, lautet: »Du sollst nicht stehlen.« Auf der ersten Verständnisebene bezieht sich dies Gebot auf Eigentumsdelikte und mahnt zur Selbstbeherrschung, denn es sagt: »Wenn du etwas haben willst, darfst du es dir nicht einfach nehmen. Arbeite dafür, kaufe es, tausche es ein oder laß es dir schenken — aber nimm es nicht einfach an dich!« Auf subtiler kabbalistischer Verständnisebene bezieht sich das siebte Gebot auf die Magie-Aspekte Netzachs. Ein Dieb ist jemand, der etwas an sich nimmt, was ihm nicht rechtmäßig zusteht. Genau das aber tut der Schwarzmagier. Als kleingeistiger Egoist, der nicht einmal ein Bruchteil dessen begriffen hat, was er eigentlich verstanden haben sollte, verschafft er sich eigennützige Vorteile, indem er bestimmte Gegenstände an sich bringt oder anderen Menschen Schaden zufügt, weil er sich einbildet, davon profitieren zu können. Er mißbraucht seine kostbaren Fähigkeiten, die er lieber in den Dienst bedürftiger Menschen stellen sollte, um sie zu heilen oder ihre kelippothischen Kräfte zu neutralisieren. Das siebte Gebot besagt also, wenn man es vor kabbalistischem Hintergrund versteht: »Deine Kräfte sind dir nicht gegeben, damit du dir persönliche materielle Vorteile verschaffst. Sie sind dein Werkzeug, genau, wie auch du ein Werkzeug bist. Hilf und gib, anstatt zu schädigen oder zu nehmen, denn was du anderen zu tun glaubst, das tust du in Wirklichkeit dir selbst!« (Beiläufig bemerkt: Manche Halb-Eingeweihten sagen, daß selbst der menschenfreundlichste, wohltätigste Magier ein Dieb sei, denn er bestehle sich selbst; er raube sich seine eigene Lebenskraft und bringe seine Energie, die er als intensive Präsenz im Jetzt genießend ausleben könne, übergeordneten Zielen zum Opfer. — Ein Standpunkt, über den ein Magier der Liebe vermutlich nur milde lächeln würde.)

Man neigt oft dazu, sich einzubilden, Gedanken, Erkenntnisse oder Erfahrungen könnten verlorengehen, so als habe es sie nie gegeben. Wer beispielsweise erfährt, daß die bedeutendsten Kabbalisten keine schriftlichen Aufzeichnungen hinterlassen haben, der könnte bedauern, daß mit den großen Gelehrten auch ihr Wissen gestorben und in Vergessenheit geraten sei, und schwermütige Betrachtungen über die Vergänglichkeit anstellen. Dieser trübsinnige Aberglaube jedoch widerspricht (nicht nur) den physikalischen Gesetzen. Generell nämlich gilt: In unserem (und in jedem anderen) Universum geht nichts verloren. Die Summe all dessen, was die besten und erfahrensten Kabbalisten im Laufe der Jahrhunderte gedacht, herausgefunden und erkannt haben, hat sich nicht plötzlich in Luft aufgelöst. Es ist nicht einfach weg und verschwunden, sondern präsent und abrufbar in einer Art kosmischem Datenspeicher. Kabbalisten, Magier und Gelehrte haben im Laufe der Jahrtausende große Gedanken- und Energiereservoirs angelegt. Nicht ohne Grund wird immer wieder gesagt: Im Prinzip reicht es aus, einem einigermaßen intelligenten Menschen nur die Skizze des otz chiim, des Baumes, zu geben. Aus diesem kann er alle Lehren der Kabbala rekonstruieren.

In gewisser Weise gleichen diese großen Speicher, diese Ideen-Depots, Schweizer Nummernkonten. Wer Nummer und Kennwort weiß, kann sich nach Herzenslust bedienen. In Netzach findet man einige »Zapfhähne« zu den großen »Speichern«. Wie ein »kabbalistischer Hacker« kann man so lange experimentieren, bis man Zugang zu den Daten hat. Ein Schüler von Mütterchen Kabbala sollte sich ein Vorbild an den Computer-Kids nehmen. Diese unermüdlichen Schlaumeier und experimentierfreudigen Draufgänger arbeiten exakt nach demselben Prinzip, das auch einem Kabbalisten Erfolg bringt. Wer also als Fortgeschrittener irgendwann einmal seine Kenntnisse über griechische oder ägyptische Mysterien komplettieren möchte, wer seinen Wissensdurst nicht durch die Lektüre dicker Bücher stillen konnte und mehr über keltische, mittelamerikanische, germanische oder indische Götter wissen will, der sollte in Netzach mit dem »Hacken« beginnen. Aber nicht vergessen: »Du sollst nicht stehlen!« Wer nimmt, der sollte auch etwas geben. Und wer nichts geben kann, der sollte bitten, daß er geschenkt bekommt.

HOD

Machen wir einen kleinen Ausflug in den Bereich der Alchimie, in die Sphäre jener wunderlichen Mischung aus experimenteller Naturwissenschaft und Tiefenpsychologie. Beide, Naturwissenschaft und Psychologie, sind die »legitimen Kinder« der Alchimie.

Einen Alchimisten stellen wir uns heute als einen raffinierten Schwindler vor, der auf höchst elegante Weise die geldgierigen Herrscher ärmer machte, indem er ihnen versprach, Gold herzustellen, und der sich dabei selbst eine goldene Nase verdiente, so gesehen also tatsächlich »Gold gemacht« hat, nur eben in einem anderen als dem versprochenen Sinne. Auch solche »Alchimisten« hat es gegeben. Ursprünglich aber ist die Alchimie eine gnostisch geprägte Methode zur Selbst-Findung, das heißt: es ging darum, das Selbst (nicht: das Ich/Ego) zu finden. Dieser Suche lag die Idee zugrunde, daß wahre Selbsterkenntnis gleichbedeutend mit Gotteserkenntnis sei, da (»Wie oben, so unten«!) die menschliche Seele als Teil des Ganzen (Gottes) das Ganze in verkleinerter Form darstelle. Der Stein der Weisen oder das alchimistische Gold, nach dem die Alchimisten zu suchen vorgaben, war nur ein Symbol des Selbst, der Seele — und somit auch: Gottes. Die äußeren Vorgänge in den Laboratorien waren nichts anderes als illustrierende Parallelvorgänge im Äußeren, die die inneren Transmutationsprozesse begleitend darstellen sollten. Viele alchimistische »Rezepte« enthielten verschlüsselte Botschaften für den Selbst- und Gottessucher, die sich auf innerpsychische Entwicklungen bezogen und symbolisch verstanden werden mußten. Dem wirklichen Alchimisten ging es weder um Geld noch Gold.

Er suchte Gott.

Einer der Kernsätze der Alchimie lautet: »SOLVE ET COAGULA.« Das heißt: »Trenne (zunächst) und verbinde (das Getrennte dann wieder).« Dies ist die elementare Formel eines jeden Erkenntnisprozesses; zunächst werden Polaritäten geschaffen, und danach werden die scheinbaren Polaritäten als symmetrische Bestandteile einer Ganzheit begriffen. Man könnte »Solve et coagula« auch folgendermaßen übersetzen: Erkenntnis ist Analyse mit nachfolgender Synthese.

Beispiel: Man möchte wissen, was »Mensch« ist. Man zerlegt »Mensch« also, genau wie der Gott des zweiten biblischen Schöpfungsberichtes, in »Mann« und »Frau«. So entsteht ein symmetrisches Polaritäten-Paar. Mit dieser Aufteilung lassen es die meisten »Denker« dann bewenden. Sie nehmen das gefundene Polaritäten-Paar und heften dem einen Bestandteil das Attribut »gut«, dem anderen dagegen das Attribut »böse« an. Das heißt: »Solve« wird vollzogen, und auf den zweiten Arbeitsgang, nämlich das »Coagula«, verzichtet man — aus welchen Gründen auch immer.

Nachdem der Begriff »Mensch« in die Bestandteile »Mann« und »Frau« untergliedert wurde, muß er wieder zu seiner ursprünglichen Einheit (im »Coagula«-Verfahren) zusammengefügt werden: zu »Mensch«. Der Kreis der Erkenntnis muß sich schließen und dort enden, wo er begann. (Wäre dies in der Geschichte der Menschheit unternommen worden — alle »Geschlechterkämpfe« wären überflüssig gewesen. Plato erzählt folgendes Gleichnis: Der ursprüngliche, vollkommene Mensch [der Androgyn] wurde in zwei Hälften zerschnitten. Jedes Individuum ist nur eine Hälfte. Es muß seine andere Hälfte finden, um wieder vollständig zu werden: also den Mann oder die Frau, mit dem/der zusammen sie/er wieder eine ursprüngliche Einheit, Ganzheit bildet.)

Aber auch im Alltag arbeiten wir, wenn auch unbewußt,

nach der Formel »Solve et coagula«. Wenn wir beispielsweise wissen wollen, wie ein technisches Gerät funktioniert, nehmen wir es zunächst einmal auseinander, zerlegen es in seine Bestandteile, um es danach wieder zu einer (hoffentlich!) funktionstüchtigen Einheit zusammenzusetzen.

Das Prinzip »Solve et coagula« führt immer zu einem Erkenntniszuwachs — vorausgesetzt freilich, daß man den »Coagula«-Arbeitsgang nicht einfach auf den Sankt-Nimmerleins-Tag verschiebt. Das »Solve« allein nämlich bewirkt lediglich eine zunehmende »Zersplitterung der Perspektive« durch immer mehr feindselig einander gegenüberstehende Polaritäten-Paare und verhindert auf diese Weise Erkenntnis. Der Kreis schließt sich nicht.

Fassen wir zusammen: Etwas, das vom menschlichen Verstand begriffen werden soll, muß zunächst in seine polaren Bestandteile zerlegt und danach wieder zur ursprünglichen Einheit zusammengefügt werden. (Nach diesem Prinzip arbeiten auch die menschlichen Augen: sie »zerlegen« gewissermaßen das Betrachtete in zwei einzelne Bilder, die dann im Hirn zu einem einzigen perspektivischen synthetisiert werden.)

Was hat das alles mit Hod zu tun? Ganz einfach: Hod ist »Solve et coagula«.

Analysiert (erkannt) werden kann nur etwas, was zuvor synthetisiert wurde. Der Chemiker kann ein Molekül nur deshalb analysieren, weil Mutter Natur (die Netzach-Kräfte) es zuvor aus unterschiedlichen Atomen zusammengesetzt hat. Aus Neugier ein technisches Gerät auseinandernehmen kann man nur aufgrund der Tatsache, daß dies Gerät zuvor aus Einzelteilen zusammengesetzt wurde. Vor Hod war Netzach; vor der Analyse war die Synthese. Hod als Sephirah des alchimistischen »Solve et coagula« — »Trenne und verbinde (das Getrennte dann wieder)« — reproduziert also nach vollzogener Analyse (Trennung) auf intellektueller Ebene die bereits in Netzach vonstatten gegangenen Synthese-Prozesse und transformiert sie so ins Geistige, für den Menschen Erfaßbare.

Hod gilt als die Sphäre der Gottheit Merkur/Hermes/Thot. Merkurs »Zuständigkeitsbereich« umfaßt alle Aspekte der Kommunikation. Kommunikation ist Austausch — Austausch sowohl von Informationen und Meinungen als auch von Waren und Dienstleistungen. (Die Frage verhält sich zur Antwort wie das Habenwollen zum Geben und das Kaufen zum Verkaufen.) Deshalb wurde Merkur sowohl als Gott der Gelehrsamkeit, der Schrift, der Sprache und Bücher, wie auch als Gott der Händler und Kaufleute (und deren Negativ-Aspekte: nämlich als Gott der Lügner und Diebe) verehrt. Buchstaben, Zahlen, aber auch das Geld sind gewissermaßen seine »sichtbaren Emanationen«. Merkur ist ein Ver-Mittler im weitesten Sinne; man könnte ihn als personifizierte Interaktion bezeichnen. Dieser übergreifende Aspekt seines Wesens wird durch seine Funktion als Götterbote symbolisiert.

Friedrich Nietzsche stellt in seiner Schrift »Die Genealogie der Moral« eine These auf, die auch die Entstehung des menschlichen Rechtsgefühls, der Gesetze und der Juristerei in die Nähe des Merkur/Hermes-Prinzips rückt. Er sagt: Unser Gerechtigkeitssinn leitet sich aus der Händler-Mentalität ab. Die moralische oder juristische Schuld entstand aus dem ökonomischen Begriff »Schulden haben« oder »jemandem etwas schulden«. Nicht zufällig sprechen wir davon, ein Verbrecher müsse für seine Tat »bezahlen«. Genaugenommen besteht die Hauptaufgabe der Justiz darin, den

nachträglich zu entrichtenden »Preis« für ein Vergehen fest-
zulegen.

Was ist der Unterschied zwischen einem Dieb und einem
Käufer? Beide wollen etwas haben, was ihnen noch nicht gehört. Der Käufer wendet, wenn man so will, das vollständige
»Solve et coagula«-Prinzip an: denn der Verkäufer trennt
sich zwar von einer Ware, die der Käufer haben möchte, bekommt dafür aber Geld oder, im Tauschverfahren, einen
gleichwertigen Gegenstand bzw. eine gleichwertige Dienst-
leistung. Das heißt: Zunächst trennt sich der Verkäufer
von einem Besitz, danach aber verbindet er sich gewissermaßen wieder mit einem anderen Gegenstand oder dem
Geld, das er zum Ausgleich in seinen Besitz, das heißt, in die
Sphäre seiner Verfügungs- und Entscheidungsgewalt aufnimmt.

Indem der Dieb einen Gegenstand unrechtmäßig in seinen
Besitz nimmt, vollzieht er das »Solve«, also die Trennung
des Gegenstandes von seinem vormaligen Besitzer. Er entzieht sich aber der Verpflichtung, für ein »Coagula« zu sorgen, also für die Verbindung des Bestohlenen mit einem anderen Gegenstand oder Geldbetrag. Dadurch lädt der Dieb,
der nicht zahlen oder für Ausgleich sorgen will, Schulden,
und, im moralischen Sinn: Schuld auf sich.

Merkur gilt nicht nur als Gott der Gelehrten und der Händler, sondern auch als »Psychopompos«. Psychopompos
heißt: Seelenführer. (Jeder gute Psychoanalytiker ist ein mo-
derner Psychopompos. Er hilft dem Analysanden, bewußt
in die Bereiche des Unbewußten vorzudringen und die Gesetzmäßigkeiten seiner Psyche zu verstehen.) Im Kapitel
über Tiphereth haben wir bereits die Pluto-Problematik ge-
streift. Wohlgemerkt: Es geht uns um innerseelische Vorgän-

ge, um psychische Mechanismen, und nicht darum, einen neuen Ersatz-Teufel zu konstruieren, den wir uns außerhalb unserer selbst vorstellen und auf den wir unser Unbehagen projizieren können! Pluto/Hades, Gott der Unterwelt und Herr im Reich der Schatten, hat Proserpina/Persephone, eine Hälfte unserer Psyche, gefangengenommen, das heißt: unserem Bewußtsein entzogen. Die Kommunikation zwischen den »männlichen« und »weiblichen« Elementen der Psyche ist auf diese Weise unterbrochen worden. Wir deuteten es bereits an: Nur Merkur/Hod, der Intellekt, ist in der Lage, die »Persephone« in uns aus den Klauen des »Pluto« in uns zu befreien. Merkur als Götterbote, als Psychopompos/Seelenführer, als personifizierte Kommunikation und als Vermittler, kann religio, nämlich: Wieder-Verbindung bewirken.

In diesem Zusammenhang könnte man durchaus von einer »Kollektiv-Persephone« oder einer »Kollektiv-Anima« sprechen. Die Kollektiv-Anima umfaßt die Summe aller von der Menschheit nicht bewußt gelebten, verdrängten »weiblichen« Denk-, Empfindungs- und Verhaltensweisen. »Männliche« Tugenden wie: Durchsetzungsfähigkeit, Leistungsfähigkeit, Konfliktbereitschaft, Aktivität stehen bei uns hoch im Kurs. Wir neigen, ob Männlein oder Weiblein, dazu, uns dem Leben gegenüber »männlich« zu verhalten. Wir wollen uns nicht (passiv, »weiblich«) vom Leben beschenken lassen, sondern (aktiv, »männlich«) das Glück »erobern« wie ein Feldherr die belagerte Festung. Wir wollen kämpfen, bewirken, überwinden, besiegen, handeln, initiieren — kurzum, wir wollen das leben und verwirklichen, was nach kabbalistischer Definition »männlich«, nämlich aktiv-kinetisch ist: das Chockmah-Prinzip! Die Gaben dieser Erde werden nicht mehr (»weiblich«) empfangen, nicht (»passiv«) als Geschenk entgegengenommen. Was Mutter Natur uns zu bieten hat, wird ihr gewaltsam entrissen. Wir dringen in den Leib der Erde ein und weiden ihn aus: Erze, Mineralien, fossile Brennstoffe — wir raffen alles an uns. »Weiblich« wäre es, die Geschenke der Natur dankbar in Empfang zu nehmen, wo sie uns freiwillig gegeben werden, sie weder frech einzufordern noch sie zu stehlen. In diesem Sinne »weiblich« mögen vielleicht noch unsere Vorfahren vor einigen Jahrtausenden empfunden haben.

Ist die kollektive Anima aus den Klauen des kollektiven Pluto befreit, so verfügt der Mensch wieder über die Fähigkeit, geduldig wachsen und reifen zu lassen: Ideen, Entwicklungen, menschliche Beziehungen. Der qualitative »Kairos«-Aspekt der Zeit rückt wieder ins Bewußtsein. Wir haben uns angewöhnt, nur noch den quantitativen Aspekt der Zeit zu sehen. Streß, Hektik und lebensfeindlich-dümmliche Sprüche wie »time is money« sind die Folge. Dadurch gehen Genußfähigkeit und die Fähigkeit zum intensiven Erleben des Augenblicks verloren. Das Jetzt ist nur noch die Durchgangsstation zwischen Vergangenheit und Gegenwart. Wer weiß noch, was Muße ist? Wer kann noch genießen und intensiv im Jetzt präsent sein? Genuß ist »weiblich«, nämlich lustvolles Aufnehmen, Empfangen, »Binah-Sein«. Wir aber wollen nicht genießen, was wir haben, sondern immer mehr haben, was zu genießen wir nicht imstande sind. Wir wollen möglichst schnell soviel wie möglich konsumieren. Wir wollen alles, und zwar sofort, denn wir haben ja angeblich »no future«. Wer versteht sich noch auf die Kunst des Abwartens? Oder auf die Kunst des Zuhörens? Am liebsten würden wir ununterbrochen auf andere Menschen einschwatzen. Auch unseren Mitmenschen gegenüber verhalten wir uns »männlich«. Gute Gespräche, fruchtbare Dialoge kann es aber nur geben, wenn beide Gesprächspartner sich auf die Kunst des Zuhörens verstehen, wenn sie bereit und fähig sind, die Gedanken des anderen (»weiblich«) in sich aufzunehmen und in sich reifen zu lassen. Kaum jemand kann und möchte empfangen, was ihm jetzt, was ihm freiwillig gegeben wird, es geduldig aufnehmen, es genießen und reifen lassen, verstehen und würdigen, das heißt: die Würde der Gabe, des Gebenden und des Beschenktwerdens begreifen.

Für weltfremd und spinnert würden wir einen Zeitgenossen halten, der vielleicht folgendes sagt (beiläufig bemerkt: dieselben Worte, gefunden in den Schriften eines alten Philosophen, würden wir vielleicht ganz anregend und bedenkenswert finden . . .):

»Ich will leer sein, damit ich angefüllt werden kann. Gral will ich sein und in mich einfließen lassen. Ich bin das Gefäß der Welt. Ich öffne mich, will empfangen wie ein Acker die Saat. Genußvoll und verstehend will ich reifen lassen, was ich aufgenommen habe, denn jetzt ist Ewigkeit, und alles, was ich bin und habe, ist jetzt.«

Wir begreifen das Leben nicht als Geschenk. Man hat uns dazu gedrillt, es als Schlachtfeld für unsere Eroberungsfeldzüge zu mißbrauchen. Wer am meisten erbeutet, wird am meisten bewundert. Wir sind reich geworden. Die Quantität des Habens und die Qualität des Genießens aber scheinen in einem umgekehrt proportionalen Verhältnis zueinander zu stehen.

Die kollektive Anima schlummert wie ein Dornröschen hinter der wildwuchernden Dornenhecke unserer Borniertheit. Welcher Prinz soll sie befreien — und damit uns? Hod/Merkur, der Psychopompos, nur der Verstand kann helfen. Doch der »Pluto« in uns hat nicht nur unsere weiblichen Seelenteile in das »Reich der Schatten« gesperrt. Mehr noch: Er hat in uns eine instinktiv-irrationale Abwehrhaltung gegen die Hod/Merkur-Potentiale entstehen lassen. So perfid war nicht einmal der Drache; vielleicht hätte auch er versuchen sollen, der Jungfrau, die er verschlingen wollte, einzureden, in Wahrheit sei Sankt Georg ihr Erzfeind? In gewissen Kreisen hat sich die Unsitte eingebürgert, die Gabe Hods, nämlich die Intellektualität (»Verkopfung«) verächtlich zu belächeln oder gar als Sündenbock zu denunzieren. Ob solche Leute genauso »bewußt« auf das Denken verzichten wie der Fuchs in der Fabel auf die angeblich sauren Trauben, ob sie ebenso »freiwillig« zu Nicht-Denkern geworden sind wie der alte, zahnlose Tiger zum Vegetarier, kann hier nicht geklärt werden. Fest steht jedenfalls: Die Dummheit wird nie eine Tugend sein.

Der Geringschätzung der Rationalität/Intellektualität liegen einige Denkfehler zugrunde. Zum einen wird der Intellekt leichtfertig mit dem Ego gleichgesetzt. Das wäre so, als würde man den Brieföffner in der Hand des Mörders mit dem Mörder selbst gleichsetzen. Diese Analogie greift jedoch nicht. Zum zweiten werden die perversen Mißgeburten aus der Paarung von Intellekt und Ego dem Intellekt angelastet. Tatsächlich aber muß der Schwarze Peter dem Ego zugeschoben werden (zum Beispiel, wenn naturwissenschaftliche und an sich wertneutrale Erkenntnisse sich in den Händen machtgeiler Militärstrategen in Massenmord-Instrumente verwandeln). Ein Sprichwort sagt: »Hinter jedem Reichen steht ein Teufel. Hinter jedem Armen stehen — zwei!« Analog kann man sagen: Hinter jedem »Kopfmenschen« steht ein Teufel; hinter jedem »Bauchmenschen« stehen — zwei!

Nicht »Hod« oder »Solve« sind gefährlich, sondern, wie immer, ihre Kelippoth-Aspekte. Wer seine Hod-Potentiale ignoriert oder mutwillig verkümmern läßt, produziert aktiv Kelippoth und soll sich nicht einbilden, er hätte auch nur die geringste Chance, Netzach »anzuzapfen«. Netzach und Hod sind entweder »im Doppel-Pack« erhältlich oder gar nicht bzw. nur als Kelippoth, das heißt: in Form eiskalten, herz- und phantasielosen Technokratentums oder in Form weltfremder Spinnerei.

Wer den Vorsatz faßt, mit dem Denken aufzuhören, um sich auf diese Weise den Zugang zu mystischen Bereichen zu verschaffen, der handelt wie einer, der sich ein neues Auto kauft und die Wagenschlüssel in den nächsten Gully wirft, weil er meint: »Ich will nicht mit dem Schlüssel fahren, sondern mit dem Auto. Mit dem Schlüssel kann ich weder lenken noch bremsen. Was nützt er mir also?« Schon wahr: Mit dem Schlüssel allein kann man weder lenken noch bremsen. Doch ohne ihn kann man es erst recht nicht.

Die Pluto-Merkur-Problematik finden wir symbolisch in der Bibel beschrieben. Zu den Attributen Merkurs zählen die Schrift, die Gesetze und der Psychopompos-Aspekt. Diese Attribute finden wir in Moses verkörpert: Er gab seinem Volk die Schrift, er gab ihnen Gesetze und führte sie (Psychopompos = Seelenführer) fort aus Ägypten.

Wenn wir den biblischen Bericht auf der dritten, der mystischen Verständnisebene begreifen und sagen: diese Geschichte handelt von mir, von Entwicklungen, die in mir stattfinden, dann ergeben sich folgende Zuordnungen:

Pharao — Pluto
Ägypten/Sklaverei — Unfreiheit durch Unbewußtheit
Versklavtes Volk Israel — Anima-Aspekt der Seele
Steine/Ziegel machen — die Last, unter der man leidet, selbst in seiner Unbewußtheit produzieren
Stein/Ziegel — Leid, innerer Druck
Gelobtes Land — diejenigen Bereiche, aus denen wir kommen und in die wir gehen: die Einheit, die Ganzheit, die vollständige Bewußtheit
Moses — Psychopompos, Hod, Intellekt
Durchquerung des Meeres — intellektueller Zugang zu bisher Unbewußtem (Wasser = Unbewußtes; Land-Schneise durch das Meer = rationale Überlegung)
Wanderung durch die Wüste — beschwerlicher Bewußtwerdungsprozeß im konkreten Alltag mit langen »Durststrecken«.

Moses ging nach dem Hod zugeordneten Solve-et-coagula-Schema vor. Zunächst (Solve) trennte er, nämlich das Volk Israel von der gewohnten ägyptischen Umgebung. Dann (Coagula) verband er, nämlich die verschiedenen Stämme, Gruppen und Großfamilien zu einem einheitlichen sozialen Gefüge.

Genau wie Zeus/Jupiter und Jesus, wurde auch Moses als Säugling von erbarmungslosen Kindsmördern bedroht und durch glückliche Umstände gerettet. Ein Hauptmerkmal des Retters scheint darin zu bestehen, daß er selbst ein Geretteter ist, die Gefahr also kennt und ihr mit heiler Haut entkommen ist. Der Pharao (Pluto) wollte die Säuglinge des Volkes Israel (Funktionen der Seele) töten (unwirksam machen). Konkret auf uns bezogen: Unsere Psyche ist »halbiert«, einzig der Verstand (Merkur/Hod) ist noch in der Lage, Bewußtheit durch re-ligio, also Freiheit durch Wiederverbindung der getrennten Hälften zu schaffen. Der Intellekt, das Hod-Potential, notfalls auch in Gestalt unseres Psychoanalytikers, versetzt uns in die Lage, unsere Problematik zu erkennen. Nur ein erkanntes, bewußtgemachtes Problem ist lösbar.

Um wieder auf die symbolische Ebene zurückzukehren: Pluto hat in einer gigantischen Solve-Aktion die »weiblichen« (passiv-empfangenden) Teile unserer Seele von unserem Bewußtsein abgetrennt. Ein Coagula der »weiblichen« und »männlichen« Seelenteile kann nur dort geschehen, wo der Ort des Solve et coagula ist: in der Sephirah Hod, wo unser Verstand, unsere Neugier, unsere Intelligenz wohnen. Unser Motto sollte also lauten: »Sapere aude«, nämlich: Wage es, deinen Verstand zu gebrauchen. Laß dich auf das geistige Abenteuer des Denkens ein. Du bist dein Psychopompos. Dein Denken ist wie ein Muskel — Training macht es stark. Ein untrainierter Muskel wird schlaff; dasselbe gilt für brachliegende geistige Fähigkeiten.

Doch Vorsicht: Auch hier lauert Pluto!

Als Herrscher im Reich der Schatten gebietet er über alles Tote, Lebensferne, Anämische, Blutleere, Weltfremde. Was ist so tot wie eine Abstraktion, so ent-wirklicht? Das Abstrakte ist der abgetrennte Schatten des Konkreten, des Realen, sinnlich Wahrnehmbaren. Die Wirklichkeit des konkreten Erlebens im Hier und Heute ist das Maß aller Dinge, das verlorenzugehen droht. Diesem Maß entzieht sich die Abstraktion. Sie will sich nicht mehr an der Wirklichkeit messen lassen. Ihr Kind, die Utopie, geht sogar noch einen Schritt weiter: Sie fordert uns auf, das Jetzt und Hier zu ignorieren und nach Wolkenkuckucksheim umzuziehen. Alles, was rein begrifflich-abstrakt ist, was nicht unmittelbar authentisch erlebt, gelebt, sinnlich be-griffen werden kann, das kommt von Pluto: Phrasen, Theorien, Abstraktionen; sie sind des Kaisers neue Kleider, die massenweise produziert werden. Im Namen toter, leerer Worte sind Millionen Menschen gestorben. Glaubenskriege werden geführt unter dem Banner der »Ismen«, der Ideologien und Abstraktionen. Was sind sie denn? Nur Worte, weder wert, für sie zu leben, noch wert, für sie zu sterben.

Oft schweben wir, verführt von Pluto, in der Gefahr, das Reden über einen Gegenstand mit dem Gegenstand selbst zu verwechseln. Wer laut von der Nächstenliebe redet, muß nicht automatisch ein liebevoller Mensch sein. Wer uns erklärt, was das Wesen der Freiheit sei, muß weder innerlich frei noch bereit sei, allen Menschen ein Maximum an persönlicher Freiheit einzuräumen. Wir glauben, das Abstrakte verleihe uns Macht über das Konkrete. Wir meinen, weil wir im Besitz wissenschaftlicher Erklärungen sind, hätten wir auch Macht über das Erklärte. Die Ehrfurcht vor dem Konkreten weicht der Anmaßung, die auf dem Besitz der Abstraktion beruht. Wir wissen, wie Blitze entstehen. Unsere wissenschaftlichen Erklärungen haben die Phänomene entzaubert. Wir glauben, unser Wissen sei Macht. Und wir vergessen: Nach wie vor hat der Blitz die Macht, uns zu erschlagen, gleichgültig, wie viel oder wie wenig wir über ihn wissen.

Ähnliches gilt für die Abenteuer des Geistes. Wir lieben es, andächtig zu Füßen der Meister und Gelehrten zu hocken, ihren weisen Worten zu lauschen; wir bewundern ihre Größe — und bleiben selbst doch Zwerge. Zu wissen, wie Einweihung und Erleuchtung theoretisch funktionieren, ist ganz und gar nicht gleichbedeutend mit: eingeweiht und erleuchtet sein. Wer sich nicht auf den Weg macht, sondern nur über die Herrlichkeit des Zieles redet, der wird es nicht erreichen. Was sich nicht im Alltag, jetzt und hier, als Handlung oder Erleben manifestiert, ist graue Theorie, ist Schatten, ist ein Werkzeug des Herren der Schatten: Plutos. Pluto macht uns zu Schwätzern, zu Theoretikern; Merkur, der Gott der direkten Kommunikation, der Interaktion, läßt uns erkennen und handeln. Merkur ist der Gott der Weisheit. Weisheit aber manifestiert sich in Handlungen. Nur wer zu handeln weiß, ist wissend. Denn: »Es gibt nichts Gutes, außer man tut es« (Erich Kästner). Anders gesagt: »An ihren Früchten sollt ihr sie erkennen«, denn »Worte sind wie Schall und Rauch«.

Was leistet Hod in der Funktion als Merkur-Psychopompos? Die Aufgabe des Psychopompos besteht darin, die Seele in den Hades zu geleiten, also dorthin, wo Persephone, wo die Anima gefangengehalten (vor unserem Bewußtsein verborgen) wird. Der Psychopompos kennt den Weg. Wer sich ihm anvertraut, kann sich nicht verirren.

Hod macht neugierig. Hod ist die Kraft, die uns Fragen stellen und Antworten suchen läßt. Hod ist wie ein Stachel, der uns aus der behäbigen Gemütlichkeit aufpiekt, anstachelt. Wer nicht fragen und suchen will, kann weder Antwort noch Ziel finden. Hod ist die Kraft, die die Frage »Warum?« in uns aufkeimen läßt. Wissen wird nur demjenigen zuteil, der es begehrt, der es haben will, der wie ein neugieriges Kind immer wieder bohrende Fragen stellt.

Jeder von uns ist einmal ein kleiner Philosoph gewesen, der unablässig fragte: »Warum, warum, warum«. Man hat es uns abgewöhnt, denn wer Fragen stellt, ist lästig. Damals richteten wir unsere Fragen an die Älteren, weil wir glaubten, sie wüßten alle Antworten. Heute müssen wir die Fragen an uns selbst richten, denn nur unsere eigenen Antworten können für uns individuelle Gültigkeit haben. (Ist es nicht sonderbar, daß wir im Denken noch immer kleine Faschisten sind, die sich nach dem großen Führer sehnen? Wir wollen eine allgemeinverbindliche Wahrheit, die für jeden gilt. Es fällt uns schwer, die höchst demokratische Tatsache zu begreifen, daß es so viele Wahrheiten gibt, wie es Menschen gibt auf der Welt!) Stell dich vor den Spiegel. Da siehst du den Menschen, der dir alle Fragen beantworten wird, wenn du ihm nur immer wieder mit deinem »Warum?« auf die Nerven gehst! Wer das Warum-Fragen verlernt hat, kann sich für einen Nachmittag seinen kleinen Neffen oder die Nachbarskinder einladen. Sie wissen noch, wie man's macht: die große (»weibliche«!) Kunst des Fragens, des Haben- und Aufnehmenwollens von Wissen! Wer sich unter der Sephirah Hod und ihrer unbändigen Kraft nichts vorstellen kann, der soll sich von Kindern einen Nachmittag lang Löcher in den Bauch fragen lassen und daraus lernen. Manche Dinge sind so einfach, daß wir uns einbilden, sie seien kompliziert . . .

Hod ist auch die Sephirah der Sprache. Von Kether, also von den Ebenen der Kraft aus betrachtet, beginnt in Hod das Phänomen der Sprache. Von Malkuth, von den Ebenen der Form aus gesehen, endet es in Hod. Deshalb mußte Jesus in Gleichnissen sprechen. Denn das, wovon er sprach, betraf im Regelfall die Ebenen oberhalb Hods. Dieses Dilemma ist jedem bekannt, der einmal in der Meditation eine große Erfahrung gemacht hat, die er gern auch anderen Menschen mitgeteilt hätte. Vor der unlösbaren Aufgabe, das Un-Sagbare in Worte zu kleiden, muß man zunächst jämmerlich kapitulieren. Man stößt an die Grenzen dessen, was die Sprache zu leisten vermag. Die Sprache ist an raum-zeitliche Kategorien gebunden, an den Subjekt-Objekt-Erkenntnisvorgang, sie trennt das Verb vom Subjekt, also die Handlung vom Handelnden — im Deutschen jedenfalls, im Lateinischen beispielsweise tut sie es nicht. Wie drücke ich eine Erfahrung aus, die ungefähr dem entspricht, was wir im Tiphereth-Kapitel als den »Inkarnationspunkt« kennengelernt haben und wo die Subjekt-Objekt-Trennung nicht existiert? Wie macht man klar, daß es Ebenen gibt, in denen der Raum eine völlig andere Bedeutung hat als in unserem gewöhnlichen Verständnis? Wer sich an eine frühere Inkarnation erinnern kann, steht vor ähnlichen Problemen. Um seine Erfahrung mitzuteilen, muß er klarmachen, daß er »ich« und zugleich auch »nicht ich« war. Er stottert herum: »Das war ich — nur ich war es auch wieder nicht, denn ich war ein ganz anderer, ich dachte und empfand völlig anders. Trotzdem war ich es, der da ganz anders dachte und empfand! Es war mein Bewußtsein, aber das, was mir bewußt war, war ganz anders als das, was mir jetzt bewußt ist.« (Und insgeheim seufzt er: »O Gott, wie erkläre ich nur einem Blinden, was Farben sind!«)

Alle großen mystischen Erfahrungen kommen aus den Bereichen oberhalb Hods, sie kommen »von jenseits der Sprache und des Verstandes«. Oberhalb Hods aber endet die Sphäre des Sagbaren zusammen mit der Sprache. Die einzige Möglichkeit, derartige Erlebnisse anderen Menschen mitzuteilen, besteht darin, sie in eine symbolhafte Bildersprache zu übersetzen, also in Gleichnissen und Analogien zu reden.

So entstehen auch die großen Mythen. Der Kampf gegen den Drachen bzw. gegen die Hydra beispielsweise symbolisiert eine grauenvolle innere Erfahrung, die in all ihrer

Schrecklichkeit mit den gewöhnlichen Mitteln der Sprache nicht adäquat wiedergegeben werden kann. Wer diesen Kampf einmal ausgefochten hat, der weiß, was der Drache ist. Wer diesen Kampf noch nicht kennt, erhält durch das Bild des schuppigen, vielköpfigen, feuerspeienden Ungetüms eine ungefähre Vorstellung von den Gefühlen, die dieser Kampf im Kämpfenden auslöst: Ekel und Panik. Dieser Ekel und diese Panik können nur nachempfunden werden, wenn sie durch etwas Ähnliches, Vorstellbares symbolisiert, also in ein Bild übersetzt werden. (Die Aufgabe in Hod besteht vorrangig darin, »Übersetzerarbeit« zu leisten.)

In Hod, dem »Enkel« Binahs, tritt ein Hauptmerkmal der »Großmutter« wieder in Reinform offen zutage: nämlich der ambivalente, facettenreiche Charakter, das Schillernde der Persönlichkeit. Hod, das letzte Element der linken (»weiblichen«) Säule der Härte ist — männlich. Merkur, in der Sphäre Hods beheimatet, gilt nicht ohne Grund als Zwitterwesen. Hod ist die problematischste, wenn man so will: die menschlichste Sephirah. Der Mensch ist das »problematische Tier«, und seine Problematik gründet sich in der Erkenntnisfähigkeit, in seinem Intellekt. Die menschliche Erkenntnisfähigkeit ist ein Diebesgut (wir erinnern uns an den Zusammenhang zwischen »Solve« und Diebstahl), das die Vertreibung aus dem Paradies, also aus der Ureinheit alles Seienden, als Konsequenz nach sich zog. In Hod werden wir, ob Männlein oder Weiblein, zur Eva, zur verführten Verführerin, die das paradiesische Netzach-Ganzheitsbewußtsein verliert. Wer vom Baum der Erkenntnis genascht hat, steht vor einer Welt von Alternativen. Immer wieder muß er sich entscheiden zwischen polaren Gegensätzen, die er selbst geschaffen hat!

Das Wort »Diabolos«, Teufel, heißt übersetzt: Zerteiler. Unser Intellekt zerteilt nach dem Solve-Prinzip die Wirklichkeit in polare Gegensatzbegriffe. Er parzelliert die Gesamtheit des Wirklichen in kleine begriffliche Schrebergärten, die er durch Zäune (Definitionen) sorgfältig voneinander abgrenzt.

Das Wort »Intellekt« leitet sich von dem lateinischen Verb »intellegere« ab. Es bedeutet, wörtlich übersetzt: zwischenlesen, auswählen zwischen zwei Möglichkeiten. Diese Auswahl zwischen zwei Alternativen kann aber nur vonstatten gehen, wenn zuvor der Diabolos, der große Zerteiler, die ursprüngliche Einheit in zwei symmetrisch-polare Hälften zerhackt hat. Wer die Wahl hat, hat die Qual, das heißt, er gerät in innere Bedrängnis, in eine Konfliktsituation. Wenn ich mich für das eine entscheide, muß ich zwangsläufig nein zu der entgegengesetzten Möglichkeit sagen. Wenn ich arbeiten will, sage ich nein zur Entspannung. Wenn ich schlafen will, sage ich nein zur Aktivität. Wir haben die Wahlfreiheit, die Freiheit des Entscheidens und Auswählens zwischen den Alternativen, die der Diabolos, der Zerteiler in uns, geschaffen hat. Wer glaubt, zwischen »Gut« und »Böse« wählen zu müssen, der ist ein Kind des Diabolos, des großen Zerteilers. Denn durch seine Entscheidung für die eine der beiden Möglichkeiten bejaht er grundsätzlich das Werk des Diabolos und erhält auf diese Weise die Trennung aufrecht. Er gibt ihr neue Kraft und neues Leben, indem er auf der Stufe des »Solve« stehenbleibt. Diejenige Geisteshaltung, die der allumfassenden Wahrheit am nächsten kommt, ist aber immer ein Produkt des »Coagula«, der Synthese, der Vereinigung der polar-symmetrischen, künstlich erzeugten Antithesen.

Edward Alexander (»Aleister«) Crowley hat ein Buch geschrieben, dem er den Titel gab: »Book of Lies«, also: Buch der Lügen. In diesem Buch finden sich viele Wahrheiten. Wie kann man so ein Buch »Buch der Lügen« nennen? Wozu der irreführende Titel?

Mit diesem Buch hat Crowley die Hod-Aufgabe erfüllt, nämlich »Übersetzerarbeit« zu leisten. Er hat versucht, seine inneren mystischen Erfahrungen anderen Menschen mitzuteilen, indem er sich bemühte, das Un-Sagbare in Worte zu kleiden. Was in Worte gekleidet (durch Worte ver-kleidet) wird, wird in die Welt der polaren Begrifflichkeiten, in die Welt des Diabolos herabgezogen. Es findet, wenn man so will, ein neuer kleiner Sündenfall statt. Die Ganzheit zerfällt in definierte, nämlich polar voneinander abgetrennte abstrakte Begriffe. Die Beschreibung eines mystischen Erlebens, das von »jenseits der Sprache« kommt, also den Sphären oberhalb Hods entstammt, muß den Gesetzen der Teilung unterworfen werden, denn nur so wird es dem menschlichen Verstand, dem Intellekt als Auswähler, zugänglich.

Wir erinnern uns: Der Vorgang, der im Mythos als Kampf des Helden gegen den Drachen, als Kampf des Herkules gegen die Hydra beschrieben wird, ist in Wirklichkeit ein ungeteiltes inneres Erleben. Herkules ist die Hydra, die Hydra ist Herkules, Herkules ringt mit sich selbst. Was in ihm vorgeht, ist ein grauenvoll-schmerzhafter, gefährlicher Bewußtwerdungsprozeß, der bildhaft-symbolisch als Kampf gegen die Hydra dargestellt wird. Es ist eine Lüge, zu behaupten, ein historisch nachweisbarer Herkules habe jemals gegen eine Hydra gekämpft. Das hat er selbstverständlich niemals getan. Doch die Aussage: »Herkules hat siegreich mit der Hydra gerungen«, ist die einzige Möglichkeit, unserem Verstand eine gewisse Vorstellung von diesem giganti-

197

schen inneren Umwälzungsprozeß zu geben. (Dabei ist es sogar völlig unerheblich, ob es jemals den Mann Herkules gegeben hat! Herkules nimmt nur die Stelle der Variablen ein, die durch jeden anderen beliebigen Namen ersetzt werden kann: durch deinen, durch meinen, durch jeden.)

In dem Sinne, in dem der Satz »Herkules hat gegen die Hydra gekämpft« eine Lüge ist, genau in diesem Sinn enthält auch Crowleys Buch nichts als Lügen, nämlich Bilder, Abbildungen, symbolische Darstellungen, die das Un-Sagbare faßbar machen sollen. Die Themen, die Erlebnisse, um die es in seinem Buch wirklich geht, können mit den Mitteln der Sprache nicht adäquat wiedergegeben werden. Wer trotzdem versucht, solche Erfahrungen mit den Mitteln der Sprache wiederzugeben, produziert halbierte Wahrheiten, also Halbwahrheiten, das heißt: Lügen, nämlich gleichnishaft-symbolische Analogien, die, wenn sie naiv-wörtlich verstanden werden, falsch und irreführend sind. Dies Dilemma wollte Crowley mit seinem Buchtitel deutlich machen.

Nebenbei bemerkt: Das Wort »symbolisch« (verbindend, zusammenfügend) ist der Gegenbegriff zu »diabolisch« (trennend). Ein Symbol, ein Gleichnis, ist die einzige Chance, das Diabolische zu überwinden. Doch leider kann ein Symbol, ein Gleichnis, meist nur von demjenigen verstanden werden, der das Zerteilerisch-Diabolische in sich bereits überwunden hat. — In diesem Faktum liegt die geheime Tragik all jener begründet, die in Gleichnissen sprechen: Sie werden nur von denen verstanden, die bereits von sich aus, aus sich selbst heraus, verstanden haben. So redet durch das Gleichnis der Wissende mit dem Wissenden oder bereits dunkel Ahnenden.

Hod als der achten Sephirah wird das achte Gebot zugeordnet. Es lautet: »Du sollst nicht falsch Zeugnis reden wider deinen Nächsten« — anders ausgedrückt: Du sollst nicht lügen. Denn wer einem anderen Menschen etwas Falsches erzählt, der lügt. Naiv verstanden, fordert dieses Gebot dazu auf, niemandem durch die Verbreitung der Unwahrheit Schaden zuzufügen: sei es durch Meineid, üble Nachrede, Betrug oder Rufmord. Wir sollen stets die Wahrheit sagen. Auf der ersten, der naiven Verständnisebene ergibt sich da kein Problem. Doch wenn wir den Begriff »Wahrheit« in seiner absolutistischen Majestät näher betrachten, müssen wir mit Pilatus, der großen tragischen Figur der Bibel, fragen: »Was ist Wahrheit?«, was ist reine, lautere, »objektive« Wahrheit?

Gibt es sie überhaupt? Und wenn — können wir, die wir an unsere subjektive Perspektive festgekettet sind, sie überhaupt begreifen?

Wahrheit ist das, was nicht mehr unter der Herrschaft des Diabolos, des großen Zerteilers und Produzenten von Wahrheits-Hälften, Halb-Wahrheiten steht. Das achte Gebot sagt also: »Du sollst keine polaren Halbwahrheiten produzieren, indem du beispielsweise behauptest, Gott sei gut. Der Begriff ›gut‹ ist vom menschlichen Intellekt geprägt worden. Er entstammt menschlichen Erkenntniskategorien. Er ist diabolisch, zerteilerisch, denn ihm steht der Begriff ›böse‹ gegenüber. Gott aber ist kein zerteiltes, parzelliertes Wesen, Er ist all-umfassend.«

Wer (zum Beispiel) behauptet: »Gott ist gut«, der spricht ganz im Sinne des Diabolos, des Herren dieser Welt. Wer dagegen sagt: »Gott ist gut und böse, zugleich ist Er weder gut noch böse, Er steht oberhalb und jenseits von Gut und Böse und umfaßt doch beides« — wer so spricht (Laotse war ein

Meister dieser Art zu sprechen!), der lügt nicht, denn er hat den Diabolos in sich, den Zerteiler, überwunden.

Im otz chiim, im kabbalistischen Baum, ist Hod mit Tiphereth, der Sephirah der Erlösung, durch einen Pfad direkt verbunden. Diesem Pfad wird der hebräische Buchstabe Ajin zugeordnet. »Ajin« als Wort hat drei Bedeutungen und kann auf dreierlei Weise ins Deutsche übersetzt werden, nämlich als »nichts«, »Auge« und als »Brunnen«. Diese drei Bedeutungsebenen symbolisieren die Hauptstationen auf dem Weg von Hod zu Tiphereth. Sie skizzieren einen Dreiphasenprozeß, den wir den »Dreischritt Gottes« nennen können. Wie oben, so unten — es handelt sich zugleich auch um den mikrokosmischen »Dreischritt des Menschen« zur Erlösung. Dieser Dreischritt führt zu Tiphereth, wo (Achtung: Symbol! Wir sprechen von innerseelischen Vorgängen!) Jesus als neuer Adam die Pforten des verlorenen Paradieses wieder öffnet.

Dem Ajin-Pfad wird der Tarot-Trumpf »Teufel« zugeordnet — ein Hinweis darauf, daß wir es auf diesem Pfad mit der Diabolos-Problematik zu tun bekommen.

Der Mensch ist ein Erkenntnis-Instrument Gottes. Durch die menschliche Erkenntnis, d. h. durch das »Solve et coagula« im menschlichen Denken, wird Gott Sich Seiner eigenen Aspekte und Möglichkeiten auf eine neue Weise bewußt. Dieser Selbsterkenntnisprozeß Gottes (einer nur von unzähligen anderen . . .) vollzieht sich in drei Stufen, und jeder dieser drei Stufen läßt sich eine der drei Bedeutungen des Wortes »Ajin« zuordnen.

Ausgangspunkt ist Ajin im Sinne von »nichts«. Es herrscht vollkommene Unbewußtheit Gottes, wie sie in den drei Schleiern der Negativen Existenz (Ajin, Ajin soph, Ajin soph or) vor der Emanation Kethers, Chockmahs und Binahs im Makrokosmos war. Im Mikrokosmos ist diese Stufe der Zustand des Nicht-Erkennens, der paradiesische Unbewußtheitszustand vor dem Genuß der Früchte vom Baume der Erkenntnis. Die Subjekt-Objekt-Trennung, die Abspaltung des Erkennenden vom Erkannten, die das Erkennen ermöglicht und Erkenntnisse produziert, hat noch nicht stattgefunden — eine im wahrsten Wortsinn sancta simplicitas: heilige Einfalt.

Der zweite Schritt, zugeordnet dem Ajin als »Auge«, bezeichnet die Stufe des Bewußtseins, der Trennung von »Ich« und »Nicht-Ich«. Das Auge symbolisiert die menschliche Erkenntnisfähigkeit. Denn kaum hatten Adam und Eva vom Baum der Erkenntnis genascht, da »wurden ihnen beiden die Augen aufgetan« (Erstes Buch Mose, 3,7). Diabolische, nämlich trennende Erkenntnisfähigkeit im Sinne des alchimistischen »Solve« kennzeichnet diese Phase der Entwicklung. »Ich« und »Erkenntnis« schließen sich zu einem Teufelskreis zusammen. Jede Erkenntnis ist dazu angetan, den »Irrtum Ich«, die Vorstellung von der isolierten, von der Welt abgetrennten, autonomen Ichheit, zu untermauern. König Ego, von dem wir schon im Kapitel über Netzach sprachen, tritt seine Herrschaft an. Die Ganzheitlichkeit der Welt wird immer weiter in polare Begriffspaare aufgespalten.

Der Diabolos ist ein Instrument Gottes auf dem Weg zur Selbsterkenntnis. Haßt der Handwerker sein Werkzeug? Nein, denn er braucht es. Ebensowenig haßt Gott den Diabolos, vulgo: Teufel. (Wer's nicht glaubt, möge das Buch Hiob und Goethes Faust lesen.)

Die qualitätslose Einheit alles Seienden wird nun zum Zwecke der Erkenntnis dem »Solve« unterworfen und symmetrisch polarisiert — im Bewußtsein des Menschen. Diese Trennung ist aber kein Endzustand, sondern eine Durchgangsstation. Dem »Solve« muß das »Coagula« folgen.

Dies geschieht auf der dritten Stufe unseres Dreischritts. Dieser Stufe entspricht das »Ajin« im Sinne von »Brunnen«. Hier ist Weisheit, hier ist »Coagula«, hier öffnet sich (Achtung: Symbol!) die Pforte zu Tiphereth und zum neuen Adam, zum erlösten Erlöser.

Was symbolisiert der Begriff »Brunnen«? Der Brunnen ist ein Tunnel in die Tiefe, ein Zugang zum unterirdischen Wasser. In gewisser Hinsicht ähnelt er dem Symbol des Vulkans, über das wir im Zusammenhang mit der Magie in den Sphären Netzachs sprachen. Er gibt Wasser. Das Wasser haben wir als Symbol des göttlichen Urgrundes, des Unbewußten, kennengelernt. Der Mensch als Erkenntnis-Instrument Gottes hat auf der dritten Stufe des Dreischritts wieder Zugang zu Teilbereichen des göttlichen Urgrundes. Er überwindet die »diabolische« Trennung. Er wird wieder eins mit sich und Gott, so wie er es schon auf der ersten Stufe war — doch diesmal ist es ein bewußtes Eins-Sein. Auf der ersten Stufe war die Einheit des Menschen mit Gott unbewußt. Auf der zweiten Stufe fand eine schmerzliche Trennung statt: der »Sündenfall«, der Qual und Leid verursachte, aber Bewußtsein entstehen ließ. Gebären ist immer schmerzhaft — auch die Geburt des Bewußtseins.

Auf der dritten Stufe nun kommt es zu einer Wiedervereinigung auf höherer, bewußter Ebene. Wir erinnern uns: Im Kapitel über Kether haben wir das »Wendeltreppen-Prinzip« kennengelernt. Der Mensch ist wieder genau da, wo er zu Anfang auch war — an derselben Stelle, nur auf einer höheren Ebene.

Auf der zweiten, der diabolisch-zerteilerischen »Auge«(Erkenntnis)-Stufe des Dreischritts, hat der Mensch sich polare Begriffspaare und Abstraktionen geschaffen. Damit hat er die Grundlagen für das große »Coagula« gelegt. Seine abstrakten Begriffe ermöglichen es ihm, nach dem letzten Abstraktum zu suchen und sich die Frage nach dem Gemeinsamen hinter der Vielheit der Erscheinungen zu stellen. Wer immer weiter differenziert und abstrahiert, gelangt am Ende zum Begriff der ersten Ursache, zum Begriff des reinen Seins, der Ewigkeit, des Göttlichen. Er sucht, wie Goethes Faust, nach demjenigen Prinzip, das »die Welt im Innersten zusammenhält«. So gelangt er auf die »Ajin-Brunnen-Stufe« des Dreischritts, wo das »Coagula« vollzogen wird. Hier wird (Achtung: Symbol!) Pluto besiegt. Hier endet das Reich des Diabolos. Seine Arbeit ist getan, sein Auftrag erfüllt. Denn Gott (Schöpfer) erkennt Gott (Sich Selbst, die Schöpfung) via Gott (nämlich Sein Sinnesorgan, Sein Erkenntnis-Instrument, den Menschen) durch Gott (die göttliche Dynamik des Erkennens).

Erkennender, Erkanntes, die Erkenntnis und der Vorgang des Erkennens vereinigen sich zu einer göttlichen Quaternität. Auf dieser Stufe erleben wir auch die »Viereinigkeit« des Schenkens, von der wir auf den ersten Seiten dieses Buches sprachen: Schenkender (Gott), Beschenkter (Mensch), Geschenk und der Vorgang des Schenkens werden in einer vierfältigen Unio mystica als ein und dasselbe begriffen. (Da lacht dem Mütterchen Kabbala das Herz: Sie hat ihr wichtigstes Ziel erreicht.)

Auf dieser Stufe befinden wir uns oberhalb Hods. Die Bereiche des Sagbaren haben wir hinter uns gelassen. Doch soviel läßt sich andeuten: Hier, auf der letzten Stufe des Dreischritts, die das Tor zu Tiphereth ist, finden wir (unter anderem) die universale Nächstenliebe. Sie ist eine gewaltige

Kraft, der nichts so fremd ist wie weinerliche Sentimentalität oder melancholisches Mit-Leiden. Diese Liebe ist das Bewußtsein der Einheit, das Produkt des großen »Coagula«. Man begreift: Ich bin das, was ich sehe. (Franz von Assisi formulierte auf dieser Stufe: »Was du suchst, ist, was dich sucht.« Auch hier haben wir es mit einer Quaternitäts-Einheit zu tun: Suchender, Gesuchtes, die Aktivität des Suchens und die Suche selbst werden als identisch begriffen. Das große »Coagula« ist vollzogen.) Hier nimmt der Mensch wieder die Perspektive des Tiphereth-»Inkarnationspunktes« ein; nun allerdings als inkarnierter Mensch, als irdisches, körperliches Wesen. Er ist sich der großen Einheit bewußt, er begreift aus tiefstem inneren Erleben, was Jesus wirklich meinte, als er sagte: Was dem Geringsten angetan werde, das werde ihm angetan. Die zerteilerische Trennung zwischen »Ich« und »Du«, zwischen Subjekt und Objekt, wird als Illusion entlarvt. Damit ist sie überwunden, obwohl sie fortbesteht, genauso, wie die Larvenhülle fortbesteht, wenn der Schmetterling sie verlassen hat.

Auf der dritten, der »Brunnen-Stufe«, begreift der Mensch, was beispielsweise die Sufis ihn lehren wollen: Das, was ich sehe, ist der Spiegel meiner selbst. Meine Umgebung ist das Abbild meiner inneren Befindlichkeit. Meine Begegnungen mit anderen Menschen sind in Wirklichkeit Begegnungen mit Teilen meines Wesens. Im Geizkragen sehe ich meinen eigenen Geiz, im Nachbarskind meine eigene Verspieltheit und Entdeckerlust, im Hund sehe ich meine eigene Tierhaftigkeit. Jeder meiner Gedanken wird postwendend im Hier und Jetzt beantwortet durch das, was ich sehe und erlebe.

Der Mensch ist wieder im Dialog mit Gott. Die Vorstellung von der Vielheit des Einen weicht dem Bewußtsein der Einheit des Vielen. Man sieht die Ewigkeit im Hier und Jetzt, erkennt das Unsterbliche in all seinen verschiedenen Masken. Was man sieht, ist, was man ist: das Ewige in der Maske des Sterblichen — ein Trugbild, das auf die Wirklichkeit verweist; in anderen Worten: ein Symbol.

Du fühlst: Gott (als Welt) ist die Bühne, auf der Gott (in Gestalt der Menschen, Tiere, Pflanzen und der »unbelebten« Materie) mit Sich Selbst spielt: die große göttliche Komödie wird inszeniert, in der Gott Regisseur, Autor, Bühne, Schauspieler, Kostüm, Beleuchter, Souffleur und Publikum zugleich ist. Er ist es — du bist es. Welch ein bittersüßes Vergnügen, mitspielen zu dürfen! In Gottes Drehbuch steht dein Name, du hast deinen Namen selbst dort eingetragen; Gott steht durch dich auf Seiner Bühne und sieht Sich Selbst mit deinen Augen an. Es entsteht eine Art multidimensionales Bewußtsein und »amor fati«, die Liebe zum Drehbuch, zur Bühne, zum Regisseur, zu den anderen Schauspielern — und damit auch: demütige Liebe zu dir selbst.

Ohne Hod kann es diese neue Bewußtheit nicht geben. Indem der Mensch sich selbst durch seine Hod-Potentiale erlöst, erlöst er auch den Diabolos. Aus dem Diabolos, dem Zerteiler, wird Luzifer, der Lichtbringer, der Erleuchter, (Achtung: Symbol!) die Laterne in der Hand des Psychopompos, der sich in die Finsternis des Hades vorwagt. (Falls Sie ein Tarot-Deck zur Hand haben, schauen Sie sich einmal unter diesem Aspekt den Trumpf IX — Eremit an. Da sehen Sie den Psychopompos mit der Laterne!)

(Achtung, Symbol:) Der Teufel ist ein gefallener Engel. Er tritt seinen Rückweg gemeinsam mit uns an. Zusammen steigen wir wieder auf. Wer begleitet nun wen? Begleiter, Begleiteter, gegenseitige Begleitung und die Dynamik des Begleitens verschmelzen.

Niemand ist so unfrei wie der, der jemand anderem die Freiheit nimmt. Nicht nur der Häftling ist eingekerkert — der Gefängniswärter ist es genauso! Mond und Pluto repräsentieren die zwei Komponenten ein und desselben Zustandes: des Zustandes der inneren Unfreiheit. Hier liegt ihre geheime Identität. Hier stellen sie sich dar als die zwei Seiten derselben Medaille. Und deshalb muß nicht nur Persephone/die Anima, sondern auch der Pluto in uns erlöst werden. Der Diabolos, der Zerteiler, dessen Stellvertreter (Achtung: Symbol!) Pluto ist, sehnt sich nicht weniger nach Erlösung als wir!

Nur gemeinsam kann der Sprung auf die andere Seite des Tetragramms getan werden.

Was heißt das? Die Tetragramm-Formel JHVH (10 = 5 + 5) besteht ja aus zwei Hälften bzw. aus einer Hälfte und zwei Vierteln, die zusammen die andere Hälfte bilden. Nämlich aus der ganzheitlichen, vollkommenen Zehn (= Einheit aller Sephiroth, aller göttlichen Emanationen) und aus den beiden polaren Fünfen. Die erste Fünf steht für die fünf Sephiroth Kether, Chockmah, Binah, Chesed und Geburah, die zusammen die Ebenen der Kraft bilden. Die zweite Fünf steht für die unteren Sephiroth, also für die Ebenen der Form.

Ist der Diabolos erlöst und in den Luzifer verwandelt, der uns den Rückweg erleuchtet und die Funktion der Laterne in der Hand des Psychopompos auf seinem Weg durch den Hades übernimmt, so wird das Werk der »diabolischen« Teilung rückgängig gemacht.

Die beiden Fünfen vereinigen sich wieder zur ursprünglichen Zehn. Oder, als Formel, als »Neues Tetragramm« ausgedrückt: HVHJ, also: 5 + 5 = 10.

Das »Alte Tetragramm« (JHVH) erzählt die Geschichte der Trennung, die Geschichte des »Solve«. Das »Neue Tetragramm« dagegen erzählt von der Vereinigung, vom »Coagula«. (Wer mag, kann das »Alte Tetragramm« dem Alten Testament und das »Neue Tetragramm« dem Neuen Testament zuordnen.)

Die göttliche Quaternität — z. B. die des Schenkens, bestehend aus dem Geschenk (J), dem Schenkenden (H), dem Schenken (V) und dem Beschenkten (H) — wird im Neuen Tetragramm wieder zu einer Einheit.

Die Eins ist zur Vier geworden. Die Vier kann wieder zur Eins gemacht werden. Wer wagt es? Wer greift zur Laterne und kommt mit auf den Rückweg? Der Tag, an dem wir aufbrechen, heißt: heute. Vor tausend Jahren hieß er heute, in tausend Jahren wird er heute heißen. Er ändert seinen Namen nicht.

JESOD

J esod, die neunte Sephirah des kabbalistischen Baumes liegt auf der (mittleren) Säule des Bewußtseins. Ihre Position als diejenige Sephirah, die sich direkt unterhalb Tiphereths und genau oberhalb Malkuths befindet, weist sie als das zentrale Bindeglied zwischen alltäglichem und höherem Bewußtsein aus. Jesod könnte für uns das sein, was sie mit Sicherheit für Kabbalisten früherer Jahrhunderte gewesen ist: nämlich der direkte Zugang zu Tiphereth, wenn — ja, wenn da nicht die vermaledeite Mond-Pluto-Problematik wäre, auf die wir schon mehrfach gestoßen sind. Denn Jesod ist die Sphäre des Mondes. Gleichzeitig aber ist sie, wie wir im Kapitel über Tiphereth gesehen haben, die Sephirah Plutos. Kurz und schlecht: diejenige Sephirah, die es uns so leicht machen könnte, zu Tiphereth zu gelangen, ist nun gerade auch diejenige, die es uns de facto so schwer macht. Man könnte in Jesod durchaus ein Symbol der verschlossenen Pforte zum Paradies sehen. Dieses Tor wieder zu öffnen ist uns so ohne weiteres nicht möglich. Doch statt dem »verlorenen Paradies« nachzuweinen, sollten wir uns lieber vor Augen halten, daß man ein verschlossenes Tor nicht mit Tränen, sondern mit einem Schlüssel wieder öffnet. Das Tor ist zwar verschlossen, aber der Schlüssel ist nicht verloren. Er wird für uns in Hod verwahrt. Dort müssen wir ihn uns abholen.

Wieso können wir nicht mehr direkt, ohne Umweg, zu Jesod gelangen? Jesod ist doch im Baum durch einen Pfad direkt mit Malkuth verbunden — es gibt ihn also, den direkten Weg! Das ist wahr. Es gibt ihn. Aber wir haben verlernt, ihn zu gehen. Er ist so steinig und hürdenreich, daß wir schon bei seinem bloßen Anblick umkehren. Fast jeder von uns hat schon einmal an der Schwelle dieses Pfades gestanden — genau wie der reiche Jüngling. Jesus bot ihm an, ein Jünger zu werden: »Gehe hin, verkaufe alles, was du hast, und gib's den Armen, so wirst du einen Schatz im Himmel haben, und komm, folge mir nach. Er aber ward unmutig über das Wort und ging traurig davon; denn er hatte viele Güter.« (Markus 10,21)

Wir bilden uns ein, wir hätten zuviel zu verlieren. Im Hinterkopf kalkulieren wir überschlagsmäßig das »Preis-Leistungs-Verhältnis« und kommen zu dem Ergebnis, daß sich die ganze Sache für uns nicht lohnt. Das Risiko ist zu groß. »Wenn ich Haus, Auto, Fernseher und Schmuck verkaufe, mein Sparbuch auflöse und meinen Job kündige — was dann?« So fragen wir. Und diese Frage läßt uns wieder umkehren. (Niemand soll hier leichtfertig zum »Aussteigen« aufgefordert werden! Es geht nur darum, daß wir uns über unsere Bewußtseinslage klarwerden. Wir wollen uns nichts vormachen, denn solange wir uns in die eigene Tasche lügen — oder gar unsere Feigheit als »Verantwortungsbewußtsein« glorifizieren und vergessen, daß ja wir selbst uns unsere »Sachzwänge« geschaffen haben —, so lange kommen wir auf keinem Pfad auch nur einen einzigen Schritt voran.)

Wer von uns wäre stark genug, den Sprung ins kalte Wasser zu wagen, sich voller Vertrauen in Gott, ins Leben fallen zu lassen in der Gewißheit: »Ich kann nicht fallen, ich werde aufgefangen«? Wer begreift wirklich, was folgendes Gleichnis besagt: »Sehet die Vögel unter dem Himmel an: sie säen nicht, sie ernten nicht, sie sammeln nicht in die Scheunen; und euer himmlischer Vater nähret sie doch.« (Matthäus 6,26)

Man muß ein Heros, ein Held sein, um, von dieser Gewißheit durchdrungen, die Möglichkeit vollkommener Freiheit zu leben. Wir aber sind Bürger.

Wenn ein berühmter Schauspieler alles aufgibt, was er hat,

um nach Äthiopien zu gehen und den hungernden Menschen zu helfen; wenn ein anderer berühmter Schauspieler in ein mittelamerikanisches Krisengebiet umsiedelt, um tätige Entwicklungshilfe zu leisten, dann bestaunen wir sie — und ein Hauch von Neid und Mitleid mischt sich in unsere Bewunderung. Sie leben ohne Netz und doppelten Boden. Sie machen Ernst, wo wir nur Lippenbekenntnisse von uns geben: »Man sollte, man könnte, man müßte...«

Doch was soll's — wir sind halt, wie wir sind. Und niemand ist ohne karmischen Grund so, wie er ist.

Für uns ist der Umweg über Hod (man könnte ihn ironisch den »Bürger-Steig« nennen!) vorgesehen. Also müssen wir ihn gehen.

Der direkte Weg, der Malkuth mit Jesod verbindet, ist dem hebräischen Buchstaben Taw zugeordnet. »Taw« bedeutet: Zeichen. Aber wer versteht die Zeichen noch zu deuten? Wer erkennt den schweren Schicksalsschlag, die bittere Enttäuschung, die persönliche Katastrophe noch als den herben Lockruf Gottes, der uns sagen will: »Jetzt ist es langsam an der Zeit, daß du dich auf den Weg machst«? Wer hat den Mut der Bremer Stadtmusikanten, die begriffen: Etwas Besseres als den Tod finden wir überall?

Taw, das Zeichen, der herbe Lockruf Gottes, der alles andere als ein sanftes Säuseln oder gutes Zureden ist, wird gern überhört und übersehen. Man betrinkt sich, betäubt sich in blindem Aktionismus, sucht schalen Trost — oder schlimmer noch: man hofft. Die Bibel sagt: »An ihren Früchten sollt ihr sie erkennen.« Das heißt: Eine Sache, ein Prinzip, muß danach beurteilt werden, was es bewirkt und welche Konsequenzen es letztlich mit sich bringt. Was die Wirkung betrifft, so kann die Hoffnung den Sedativa, den Morphinen, gleichgesetzt werden. Hoffnung nämlich bewirkt Ausharren und Untätigkeit. Wenn ich hoffe, gebe ich mich dem Glauben hin: »Es wird schon wieder werden.« Man darf Hoffnung nicht mit Zuversicht und Gottvertrauen, das immer zugleich auch Selbstvertrauen ist, verwechseln. Gesundes Gott- bzw. Selbstvertrauen macht stark. Hoffnung aber lähmt den Willen zur Veränderung. (Die Hoffnung verhält sich zur Tatkraft wie das AIDS-Virus zum körpereigenen Immunsystem.) Wo die Hoffnung endet, beginnt die Tat. Wer aber hofft, der handelt nicht, sondern er träumt.

Beispiel: Unsere Erde wird jeden Tag schmutziger. Wälder sterben, die Luft stinkt, Flüsse verwandeln sich in Kloaken. Würden die Menschen hoffen — womöglich auf ein »Wunder«! —, so könnten sie sich ruhig hinsetzen und sagen: »Es wird schon wieder werden.« Von allein wird aber gar nichts werden. Nur das kann werden, was konkret veranlaßt wird, denn nichts geschieht ohne Ursache auf dieser Welt. Es gilt also, Ursachen für Veränderungen zu schaffen! Unter denjenigen Menschen, die für Organisationen wie Amnesty International, Greenpeace oder Robin Wood arbeiten, wird man niemanden finden, der hofft. Sie alle aber haben die Zuversicht, daß ihr Einsatz nicht vergeblich ist, sie sehen sich als diejenigen, die Ursachen für Veränderungen schaffen. Die Märchenwelt der Illusion haben sie verlassen. Und genau darin liegt ihre Stärke.

Anderes Beispiel: Eine Frau ist mit einem alkoholkranken Mann verheiratet, der sie regelmäßig im Vollrausch zu verprügeln pflegt. Wenn diese Frau nun hofft, dann wird sich für sie nie etwas ändern. Ihr Leben wird zur Hölle. Hört sie auf zu hoffen, dann wird sich für sie etwas ändern, und sie wird zu handeln beginnen — entweder, indem sie ihren Mann verläßt oder indem sie veranlaßt, daß er eine Entzie-

214

hungskur macht. So oder so — sie hat das trügerische Nebelreich der Hoffnung verlassen und das Land der Zuversicht betreten. Dort erst gewinnt ihre Zukunft Konturen.

Drittes Beispiel: Jemand verdient weniger Geld, als er zum Leben braucht. Er kann sich durch die Hoffnung betäuben, indem er zweimal wöchentlich einen Lottozettel ausfüllt. Er träumt vom großen Gewinn — und hat genau dadurch schon verloren. Die Hoffnung lullt ihn ein, sie benebelt ihn. Wie ein Beruhigungsmittel wirkt die Hoffnung auf das große Lottoglück. In dem Moment, da er aufhört, von der Lottomillion zu träumen, in dem Moment, da seine Hoffnung auf das »Wunder« endet, wird er konkret zu handeln beginnen, sich nach anderen Verdienstmöglichkeiten umsehen und das erträumte Wunder nun selbst inszenieren. Er wird sich eventuell darauf besinnen, wie er mit seinen handwerklichen Fähigkeiten oder Talenten mehr Geld verdienen könnte.

Man redet gern vom »hoffnungslosen Elend« und lügt sich damit in die eigene Tasche. Es gibt kein »hoffnungsloses Elend« — im Gegenteil: Elend wird durch Hoffnung erst produziert! Hoffnung ist Selbstbetrug. Die Kraft, einen unerträglich gewordenen Zustand zu beenden und etwas Neues zu beginnen, wird durch die Hoffnung gelähmt. Die Hoffnung kettet uns noch fester an die Ursache unserer Qual. Er-lösung ist Los-lösung von dem, was uns das Leben sauer macht. Die Hoffnung aber fesselt uns an das, wovon wir uns eigentlich lösen müßten.

Der Mensch hat zwei große Feinde: Feigheit und Selbstbetrug. Wo beide sich miteinander verbinden, da entsteht Hoffnung. Uns wird vorgelogen, die Hoffnung sei eine Tugend. Man sollte einmal sorgfältig darauf achten, wer einem diese Lüge aus welchen Gründen auftischt. Eventuell fiele es einem dann wie Schuppen von den Augen ...

Genauso, wie »Gut« und »Böse«, Tag und Nacht, wie alle Gegensätze einander bedingen, so entsteht auch die Verzweiflung aus der Hoffnung. — Und umgekehrt. Hoffnung auf der einen, Verzweiflung auf der anderen Seite — es gibt auch hier eine gesunde Mitte zwischen den Extremen. Es ist die Zuversicht. (Sie müßte, wollte man sie dem kabbalistischen Baum zuordnen, exakt auf der mittleren Säule, auf der Säule des Bewußtseins, liegen. Und wo? Genau an der Schwelle zum Pfad Taw, der Malkuth und Jesod verbindet.)

Wenn wir noch einmal an den Anfang dieses Buches zurückblättern und die Abbildung 5 ansehen, erkennen wir Jesod als die Spitze einer Pyramide, deren Grundfläche aus den Sephiroth Netzach, Hod und Malkuth gebildet wird.
Abbildung 5 stellt die — auf den kabbalistischen Baum projizierte — Entstehung des dreidimensionalen Raumes dar. Kether symbolisiert den ausdehnungslosen Punkt. Chockmah und Binah bilden die Linie. Die Sephiroth Chesed, Geburah und Tiphereth lassen sich zu einer dreieckigen Fläche verbinden, während Netzach, Hod, Jesod und Malkuth zusammen eine Pyramide bilden, die die Dreidimensionalität des Raumes versinnbildlicht.
Hier ist Jesod also diejenige Sephirah, die Tiefenschärfe gibt; sie fügt den Kategorien Länge und Breite die dritte Dimension, nämlich die Höhe (bzw. Tiefe; denn Höhe und Tiefe bedingen einander und sind mithin identisch) hinzu. Aus dem Dreieck wird im Bereich des dreidimensionalen Raumes die Pyramide, aus dem Kreis die Kugel, aus der Ellipse das Ei, und das Quadrat verwandelt sich in den Würfel. — Hier stoßen wir auf eine der Lehren der Kreuzsymbolik. Denn ein Würfel besteht aus sechs Seitenflächen. Sechs aber ist die Zahl Tiphereths, der zentralen Sephirah der Erlö-

216

sung. Wenn man nun die sechs Flächen des Würfels auf-
klappt, dann entsteht — das Kreuz des Erlösers! Umgekehrt
gilt: Wenn Sie ein christliches Kreuz, bestehend aus sechs
gleich großen Quadraten, auf ein Blatt Papier zeichnen, es
ausschneiden und falten, dann können Sie daraus einen
Würfel basteln. Das Kreuz ist ein »aufgefalteter Würfel«,
der gewissermaßen von der Dreidimensionalität in die Zwei-
dimensionalität »zurück-übersetzt« wurde. Darüber zu meditieren ist äußerst lohnend.

Stichworte: innen — außen, schließen — öffnen, Ich/Ego —
kosmische Einheit, Eingrenzung — Entgrenzung.

Es gibt zwei Möglichkeiten, das Wort »Jesod« ins Deutsche
zu übersetzen. Auf der ersten Verständnisebene bedeutet
»Jesod«: Fundament — ein Hinweis auf die »fundamenta-
le« Basisfunktion der neunten Sephirah für den Menschen.
Ein Fundament ist eine tragfähige Grundlage, die uns vor
den üblen Konsequenzen bewahrt, die immer dann eintreten
müssen, wenn wir »auf Sand gebaut« haben. Unser Gedankengebäude braucht eine stabile Basis, um in stürmischen
Zeiten nicht einfach wie ein Kartenhaus in sich zusammen-
zufallen. Wir brauchen etwas, worauf man bauen kann.
Was für die Pflanze die feste Verwurzelung im Erdreich ist,
das ist für das Haus das solide Fundament und für das Gedankengebäude die sichere, tragfähige Basis. Die Verständnisebene »Jesod = Fundament« besagt also: Hier findest
du das, was dich trägt, hier ist dein Halt und deine Verwurzelung. Hier ist das, worauf du bauen kannst.

Der zweiten Verständnisebene wird »Jesod« als konjugiertes
Verb zugrunde gelegt. Die Vorsilbe »je« bedeutet: »er (tut
das und das)«, während die Silbe »sod« für sich genommen
»Geheimnis« bedeutet, also Mysterium, etwas Verborgenes.

Sinngemäß übersetzt, bedeutet das Wort »Jesod« auf der zweiten Verständnisebene: »Er hält geheim, er macht ein Geheimnis daraus, er verbirgt«. Wer etwas geheimhält, der will den Menschen Fakten und Informationen vorenthalten. Er verwehrt ihnen den Zugang zu Erkenntnissen und Einsichten. Er hält das Wissen von den Menschen und die Menschen von dem Wissen fern. Sein Ziel ist die Unwissenheit der Menschen.

Hier stoßen wir also schon wieder auf die Pluto-Problematik. Der »Pluto in uns« hält den »Mond in uns« vor unserem Tages- bzw. Wachbewußtsein geheim. Er versteckt die Anima, unsere weiblichen Seelenteile, vor uns. Sie können uns nicht bewußt werden, solange der große Mystifax Pluto, der Geheimhalter, uns den Zugang zu unserem »Jesod«, zu unseren fundamentalen Grundlagen, verwehrt.

Die Sphäre Jesods ist durch Mond und Pluto doppelt besetzt, und beiden »Einwohnern« der neunten Sephirah kann eine Bedeutungsebene des Wortes »Jesod« zugeordnet werden. Vor 1930, also bevor Pluto für die Menschheit zum Thema wurde, genügte die erste Bedeutungsebene (Jesod = Fundament) vollkommen, um die Funktion Jesods für den Menschen zu charakterisieren. Seither ist auch die zweite Bedeutungsebene aktuell geworden: »er hält geheim«. Wer? Pluto. Was? Das Fundament, die »weiblichen«, durch den Mond repräsentierten Seelenteile. Vor wem? Vor dir, vor mir, vor allen. (Für unsere alchimistischen Freunde: Man könnte den »Pluto in uns« als einen »chymischen Heiratsschwindler« bezeichnen.)

Sowohl der Mond als auch Pluto werden dem Element Wasser zugeordnet. (Was der Mond z. B. mit Ebbe und Flut zu tun hat, ist bekannt.) Jede Nacht, wenn wir an der Schwelle zum Schlaf die Fesseln unseres Tagesbewußtseins abstreifen, nimmt unsere Seele ein Bad in den »Mem«, in den unendlichen Wassern des Unbewußten. Halb gezogen, halb aus freien Stücken hinsinkend, gleiten wir tief hinab in den Stoff, aus dem die Träume sind, und bringen, wenn wir Glück haben, Bildsymbole, Traumbotschaften, farbige Allegorien oder verschlüsselte Initiationen mit von unserer nächtlichen Reise.

Jesod gilt, obwohl sie auf der »geschlechtsneutralen« mittleren Säule des Bewußtseins liegt, als »weiblich«. Warum? Generell gilt, daß sich die unteren Sephiroth den fünf oberen gegenüber »weiblich«, also passiv-empfangend, verhalten. Wir haben gesehen, daß Jesod das heimliche Zentrum der unteren Sephiroth ist — die »Sephirah der Tiefenschärfe«. Die generelle »Weiblichkeit« der unteren Sephiroth den fünf oberen gegenüber kristallisiert sich nun in ihrem Zentrum Jesod zur »Weiblichkeit schlechthin« aus. Die Mitte des Weiblichen ist das Weibliche — kristalline Weiblichkeit, symbolisiert durch die Spitze der Pyramide.
Um nun keine unnötige Verwirrung zu stiften: Die generelle »Weiblichkeit« der unteren Sephiroth ist eine funktionale. Sie bezieht sich lediglich auf das Verhältnis der unteren Sephiroth als Gesamtheit zu den oberen als Gesamtheit — in anderen Worten: auf das Verhältnis der Ebenen der Form zu den Ebenen der Kraft. Unberührt von dieser funktionalen »Gesamt-Weiblichkeit« bleibt die individuelle Polarität der Sephiroth, über die wir im Tiphereth-Kapitel sprachen. Zur Erinnerung: Es ging darum, daß eine Seele in Malkuth als »männlich« gilt (ein Mann in Jesod also »weiblich« ist), während bei einer Frau auf der Jesod-Stufe die »männlichen« Elemente vorherrschen.
Was bedeutet das? Nun, daß zum Beispiel, ganz entgegen

den verbreiteten Vorurteilen, Männer ungleich sensibler sind als Frauen und daß Frauen, da in Jesod »männlich«, über aktiv-kinetische, also gebende, sich verströmende Kräfte des Unbewußten verfügen und — in letzter Konsequenz — viel eher für das Priesteramt qualifiziert sind als Männer. Frühere Hochkulturen wußten das. Wir haben es vergessen.

Die »Weiblichkeit schlechthin«, die wir in Jesod finden, wird betont durch die Mond-Zuordnung. In den meisten Sprachen wird »der« Mond als weiblich angesehen. Noch deutlicher wird die »Weiblichkeit« Jesods, wenn wir uns den Zusammenhang zwischen den Mondphasen und dem weiblichen Monatszyklus vergegenwärtigen.

Jesod, die neunte Sephirah, steht in engem Zusammenhang mit Teth, dem neunten Buchstaben des hebräischen Alphabets. »Teth« bedeutet: Gebärmutter.

Die Gebärmutter ist der Ort des (»weiblichen«) Empfangens. Nachdem die inkarnationswillige Seele die oberhalb Hods gelegene Sphäre Tiphereths verlassen hat, erhält sie hier ihren neuen materiellen Körper. Abstrakter gesagt: Der Inhalt erhält seine adäquate Form. Im Netzach-Kapitel stießen wir auf die Zusammenhänge zwischen der Magie und dem Akt des Formens. Beide, Netzach wie auch Jesod, gelten als Sephiroth der Magie. Worin besteht nun der Unterschied zwischen der »Netzach-Magie« und der »Jesod-Magie«?

Wir haben gesehen, daß der Netzach-Magier Bilder formt und diese Formen dann im zweiten Arbeitsgang »beseelt«, also sie mit Energie anfüllt. Eine schwangere Frau verwandelt sich ebenfalls in eine kleine Magierin, nämlich in eine Jesod-Magierin. Doch ihre »Magie« geht den umgekehrten Weg. Die Netzach-Magie besteht darin, daß zuerst geformt und dann erst beseelt wird, während die Jesod-Magie eine bereits vorhandene Seele (bzw. Energie) mit einem Körper, einer materiellen Form ausstattet. Der bloßen Deutlichkeit halber überspitzt formuliert: In Netzach kann der Golem hergestellt werden. (Obwohl kein vernünftiger Magier solchen Unfug treiben würde — die theoretische Möglichkeit für solche Dummheiten jedenfalls besteht in Netzach.) In Jesod dagegen könnte das bewerkstelligt werden, was Goethe in seinem »Faust II« andeutet: die schöne Helena, eine bereits vorhandene Energieform, wird aus den Sphären der Akasha-Chronik zurückgeholt und mit einem neuen Körper versehen. (Denn die Akasha-Chronik, das kollektive Menschheitsgedächtnis, wird den Sphären Jesods zugeordnet: Jesod wird von den Kabbalisten auch als die »Schatzkammer der Bilder« bezeichnet.)

Der Netzach-Magier arbeitet mit den amorphen, formbaren Bereichen des göttlichen Urgrundes. In Jesod dagegen arbeitet der Magier mit bereits bestehenden Energieformen, denen er eine materielle Gestalt geben kann. (Netzach-Magie ist also schöpferischer, kreativer.) In Jesod stößt der Magier (unter anderem) auf jene Kräfte, die C. G. Jung die »Archetypen« genannt hat — schablonenartige Baupläne, strukturierende Kräfte, die sich in der Materie manifestieren — also quasi »inkarnieren« können.

Der Netzach-Magier formt Inhalte, während der Jesod-Magier (wie eine schwangere Frau oder wie ein Kunsthandwerker) die Materie nach vorgegebenen Inhalten gestaltend formt.

Diejenigen Bereiche der Magie, die unter dem Sammelbegriff Divination zusammengefaßt werden (Tarot, I Ging usw.), gehören der Sphäre Jesods an. Sie werden zwar in Malkuth vollzogen, beziehen sich aber auf Jesod. Sinn der

Divination ist es, den vorhandenen archetypischen Grundstrukturen, die den Gang der Ereignisse beeinflussen und eine Aussage über die Qualität der Zeit (Kairos) zulassen, diesen unsichtbaren Kräften also gewissermaßen einen materiellen »Körper« zu geben, in dem sie sich sichtbar manifestieren können. Dieser »Körper« setzt sich in der Divination beispielsweise aus der Anordnung der Tarot-Karten zusammen, die auf archetypische Einflüsse und Wechselwirkungen derzeit aktiver Kräfte hinweist.

Thot, der ägyptische Merkur, zuständig für Schriftzeichen, Weisheit und Magie, war ursprünglich eine Mondgottheit. Die durch ihn repräsentierte Magie galt als die Magie der Zeichen und Zeichendeutung. Er war/ist der Schirmherr der Divination. Im Prinzip ist er ein Hod-Jesod-Zwitterwesen und als solches bestens geeignet, die Funktion des Psychopompos einzunehmen. Für die Faulen unter uns, denen der beschwerliche Umweg über Hod zu Jesod zu anstrengend ist: der Taw-»Zeichen«-Pfad ist zwar prinzipiell versperrt. Wer aber eine starke Affinität zum Tarot oder anderen Divinationstechniken hat, kann ihn trotzdem gehen. Es fragt sich nur, ob diese Variante tatsächlich die einfachere ist. Denn Tarot zum Beispiel ist kein amüsantes Spielchen, sondern in letzter Konsequenz eine philosophische Lebensform. (Dasselbe gilt für alle anderen Divinationssysteme.) Genausowenig, wie man »ein bißchen schwanger« sein kann, kann man »ein bißchen Tarot« betreiben. Und da taucht dann wieder die Problematik des reichen Jünglings vor uns auf: Bist du bereit, alles andere aufzugeben? (Ausnahmemenschen vom Schlage Edgar Cayces werden immer einen »direkten Zugang« haben. Problemlos konnte er Jesod anzapfen. — Bezeichnenderweise galt er als »ungebildet«: Er war kein Intellektueller, und ihm ist sicherlich die

222

Sephirah Hod sein Leben lang verschlossen geblieben, »Selig sind die Armen im Geiste«, denn am ehesten sie noch haben den »direkten Draht«. Vermutlich wird Cayce nächstes Mal als »Intelligenzbestie« inkarnieren müssen . . .)

Der neunten Sephirah wird das neunte Gebot zugeordnet. Es lautet: »Du sollst nicht begehren deines Nächsten Haus.« Das sollten sich mal alle Immobilien-Spekulanten hinter die Ohren schreiben! Doch Scherz beiseite — spätestens hier stoßen wir auf eine Problematik, um die wir uns bisher elegant herumgedrückt haben. Jene »kategorischen Imperative« Gottes, die wir als die Zehn Gebote kennen, tauchen in der Bibel erstmals im zweiten Buch Mose 20 auf. Und dort sind sie durchaus nicht fein säuberlich in zehn Abschnitte eingeteilt. Unsere gebräuchliche Einteilung und Numerierung der Gebote hat erst der Doktor Martin Luther vorgenommen. Mit seiner genialen Intuition, beinahe so, als hätte ihn Mütterchen Kabbala höchstpersönlich dazu aufgefordert, unterteilte er die göttlichen »kategorischen Imperative« dergestalt, daß sie perfekt mit den zehn Sephiroth harmonieren und in einem wechselseitigen Erläuterungsverhältnis zu ihnen stehen.

Hier, beim neunten Gebot, könnten wir nun fragen: Warum hat Luther das neunte Gebot, das sich auf das Haus bezieht, abgetrennt von all den anderen Besitztümern, die im zehnten Gebot aufgelistet werden? Wieso hat ausgerechnet das Haus eine solche Sonderstellung vor allen anderen Dingen, die ein Mensch besitzen und ein anderer ihm neiden kann? Reine Theologen-Willkür — oder steckt doch etwas mehr dahinter?

Die Abtrennung des neunten vom zehnten Gebot ist — unter kabbalistischen Gesichtspunkten betrachtet — zwingend notwendig und logisch; vermutlich viel korrekter und logischer, als Luther selbst es auch nur geahnt hat. Er hat es intuitiv richtig gemacht. Zu fragen: »Warum?«, käme der Frage gleich: »Warum erhielt der Chemiker Kékulé im Traum die Inspiration, die ihn auf die ringförmige Struktur des Benzolmoleküls aufmerksam machte?« Oder, noch radikaler: »Warum gibt es überhaupt Inspiration und Intuition?« Für den Kabbalisten eine leichte Frage, die er sinngemäß folgendermaßen beantworten würde: »Weil Chockmah angezapft werden kann.« Kékulé »zapfte« im Schlaf über die Stationen Jesod, Tiphereth und Chesed. Luther dagegen benutzte vermutlich den Weg Hod — Tiphereth — Chockmah. Was immer man vom Doktor Luther halten mag: Mütterchen Kabbala muß ihn sehr gemocht haben, daß sie ihn so großzügig mit Inspirationen versorgte.

Das zentrale Wort »Haus« im neunten Gebot verweist auf den hebräischen Buchstaben Beth. Denn »Beth« heißt übersetzt: Haus. Dem Buchstaben Beth wird, genau wie der Sephirah Hod, der Planet bzw. das Prinzip Merkur zugeordnet. Nebenbei bemerkt: Diese scheinbar »zufällige« Doppel-Zuordnung des Prinzips Merkur sowohl zu Hod als auch zum neunten, zum Jesod-Gebot (durch den zentralen Begriff »Haus«) weist auf eine subtile Kommunikation zwischen Intelligenz und Unbewußtem hin. Sie deutet auf eine wechselseitige Beeinflussung beider Bereiche. Bewußtes und Unbewußtes werden von uns als voneinander abgetrennt, ja sogar als gegensätzlich empfunden. Dieser Dualismus hat jedoch nur auf der Malkuth-Ebene relative Gültigkeit. Tatsächlich stehen unsere Hod- und Jesod-Potentiale, quasi hinter dem Rücken unserer Malkuth-Perspektive, in lebendigem Austausch. Sie beeinflussen einander, und diese Kommunikation der beiden Sphären kann auf höchst fruchtbare

Weise nutzbar gemacht werden. (Stichwort: Autosugge-stion. Experimente auf diesem Sektor gewähren verblüffen-de Aufschlüsse. Die Grenzen zwischen »möglich« und »un-möglich« verwischen und werden als willkürlich erfahren.) Auf der kabbalistischen Verständnisebene des neunten Ge-botes geht es also weder um Neid noch um hemmungslose Habgier im Gewand der Immobilienspekulation, sondern um Gedankengebäude, die auf einem stabilen Jesod, einem tragfähigen Fundament, stehen müssen. (Ralph Waldo Emerson: »Jeder Geist baut sich ein Haus.«) Das Jesod-Ge-bot enthält einen subtilen Rückverweis auf die Sephirah Hod (Doppelzuordnung Merkur), auf die Sphäre der Intel-ligenz und der Intellektualität. Beth/Haus symbolisiert das Gedankengebäude, die geistige Heimat des Menschen: seine karmischen Erfahrungen, seine Ideale, Ziele und Wertvor-stellungen. Der Mensch lebt nicht vom Brot allein. Analog kann man formulieren: Der Mensch lebt nicht im Haus al-lein, er braucht auch eine geistige Heimat, ein philoso-phisch-weltanschauliches Fundament.

Das Fundament liegt in der Sphäre Jesods — fix und fertig, solide und tragfähig. Jeder verfügt über solch ein stabiles Fundament, das er sich im Laufe der Inkarnationen gelegt hat. Jeder würde es für töricht halten, wenn ein Bauherr sei-ne Villa buchstäblich in den Sand setzt, direkt neben die stei-nernen Grundmauern, die für seinen Bau vorgesehen wa-ren. Und dennoch setzen so viele Menschen ihr eigenes Ge-dankengebäude in den Sand, statt auf das bereitstehende Fundament. Wie kommt das?

Erinnern wir uns an den Anfang dieses Buches. Ein Ham-burger wurde gefragt: »Wie gelangt man nach München?« Stellen Sie sich nun vor, unser Hamburger wird am Telefon von einem Römer nach dem Weg nach München gefragt, und der Hamburger würde antworten: »Es gibt nur einen einzigen Weg nach München, nämlich meinen. Komm zuerst nach Hamburg, dann will ich dir den Weg zeigen. Man kann nämlich nur von Hamburg aus nach München gelangen. Einen anderen Weg gibt es nicht.« So wie dieser etwas verschrobene Hamburger, genauso argumentiert jeder Dogmatiker, jeder philosophische oder religiöse Fanatiker.

Ein anderes Bild: Stellen wir uns vor, die Vollkommenheit sei der Mittelpunkt eines Kreises. Auf dem Kreisumfang liegen unzählige verschiedene Punkte, die die unterschiedlichen »Jesods« der verschiedenen Menschen symbolisieren, Ausgangspunkte, Basisstationen, Grundlagen — geistige Fundamente. Alle Menschen können von ihrem individuellen Stand-Punkt auf dem Kreis aus zur Mitte gelangen. Alle haben einen gleich weiten Weg vor sich. Es gibt keinen besseren oder schlechteren Weg zum Mittelpunkt, alle sind sie gleich, obwohl sie verschieden erscheinen mögen. Kein Punkt auf dem Kreis ist einem anderen über- oder unterlegen. Der Dogmatiker nun sagt: »Nur von meinem Punkt aus gelangt man zum Mittelpunkt.« Das ist nicht nur objektiv falsch, es ist auch menschenfeindlich und irreführend. Der Dogmatiker führt seine Mitmenschen — bewußt oder unbewußt, eventuell sogar aus edelsten Motiven — in die Irre. Er bringt sie von ihrem Weg ab. Statt sie zu ermuntern, ihren individuellen Weg zum Mittelpunkt des Kreises einzuschlagen, verlangt er (oft unter Zuhilfenahme des bewährten Zuckerbrot-und-Peitsche-Prinzips, also mit Lockungen und Einschüchterungen) von ihnen, sich zunächst auf den Weg zu seinem Standpunkt, der nun weiß Gott nicht der Mittelpunkt, der »Nabel der Welt« ist, aufzumachen.

Vor dieser Gefahr der Irreführung warnt das neunte Gebot.

Wenn ich das Haus/Beth, also das Gedankengebäude/die Theologie/Ideologie meines Mitmenschen nicht begehren soll, so besagt das, positiv formuliert: »Bau dir dein Haus selbst! Finde du dein eigenes Fundament und baue auf die individuelle Grundlage, die du in dir vorfindest. Das Haus, das Gedankengebäude deines Mitmenschen, steht auf den Fundamenten deines Mitmenschen. Dein Haus aber muß auf deinem Fundament stehen, oder du hast auf Sand gebaut. Jede Philosophie, Religion oder Weltanschauung liefert dir Anregungen und Vorschläge, wie ein fertiges Haus aussehen könnte. Orientiere dich daran, aber vergiß nie: der Bauherr bist du!«

Das Haus ist das Resultat eines langen und beschwerlichen Entstehungsprozesses. Es symbolisiert als Ort der Seßhaftigkeit das Ziel eines Weges. Kraft, Verzicht, Rückschläge, Liebe und Zuversicht haben an dem fertigen Haus mitgebaut. Ehe es bewohnbar wird, muß es verschiedene Stadien durchlaufen. Wer »seines Nächsten Haus begehrt«, der will im Grunde nichts anderes, als sich um die Mühen, Qualen, Zweifel und Rückschläge, um die Einsamkeit und Durststrecken eines langen Aufbau-Prozesses herumdrücken. Er wählt den Weg des scheinbar geringsten Widerstandes — und betrügt sich dabei selbst um alle großen Erfahrungen, die er hätte machen können. Wahrheit und Weisheit will er in fertigen, mundgerechten Appetithäppchen serviert bekommen. Die Philosophie ist für ihn ein Konsumgut. Im günstigsten Fall kann er nach-denken, was andere ihm vor-gedacht haben. Doch worin besteht seine originäre persönliche Leistung?

Gott sagt mit dem neunten Gebot auf kabbalistischer Verständnisebene: »Du sollst (auf) das aufbauen, was du bist. Ich wünsche ausdrücklich die Vielfalt der Erkenntniswege.

Wichtig ist nicht die Position oder Qualität eurer Fundamente. Wichtig ist auch nicht, wie groß oder klein euer Haus sein wird. Wichtig ist mir nur euer aufrichtiger Wille, aus eigener Kraft selbst zu bauen.«

Ein Gleichnis. Gott sagt zu dir: »Ich will dir ein Haus schenken.« Er führt dich auf eine Wiese. Dort liegen verstreut alle nötigen Werkzeuge und Baumaterialien im Gras. Du fragst Ihn: »Wo ist das Haus, das du mir versprochen hast?« Er weist auf die Wiese, auf das Baumaterial und — auf dich, und Er sagt: »Das da und du, ihr werdet das Haus sein.« Neben der Wiese befindet sich ein gepflegtes Grundstück mit einer fertigen Villa. Du deutest auf dieses schöne Haus und fragst: »Warum schenkst du mir nicht das Haus da?« Gott antwortet: »Weil Ich dich liebe.«
Denn: Ist das Haus fertig, stirbt der Mensch.

MALKUTH

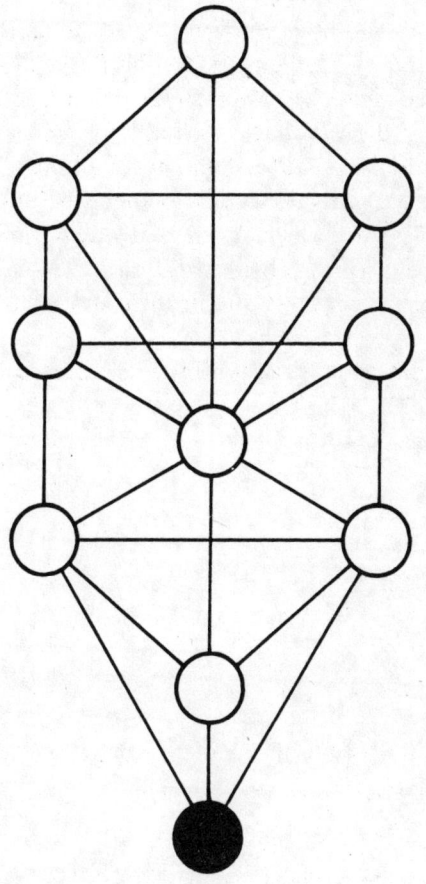

Das Innere Kethers entspricht dem Äußeren Malkuths, und was bei Kether außen ist, das ist bei Malkuth innen.

Diese kabbalistische Lehre dürfte allen, die sich mit dem (tibetanischen) Buddhismus beschäftigt haben, vertraut vorkommen. Wer, wie im Jesod-Kapitel vorgeschlagen, über die Kreuz-Würfel-Thematik meditiert hat, weiß ebenfalls, worum es geht.

Was ist das »Innere« Kethers? Die konzentrierte Summe aller Möglichkeiten der Schöpfung vom Atomkern bis zur Galaxie. Was ist das »Äußere« Kethers? Jene vollkommene, ganzheitliche, über den begrifflichen Dualismen stehende Einheit gleichzeitiger Existenz und Nicht-Existenz, wo es vor höheren Welten nur so wimmelt, die Negative Existenz, die wir, von unserer menschlichen Malkuth-Perspektive aus betrachtet, als das »Nichts« ansehen — ein Zustand jenseits oder oberhalb der materiellen Manifestation.

In Malkuth hat Kether sich vollständig veräußerlicht, nach außen gewendet. Tolpatschig formuliert: Malkuth ist Kether »in umgekrempelt«, so umgekrempelt, wie Sie auch einen Pullover umkrempeln können, wenn Sie sein Äußeres nach innen und sein Inneres nach außen wenden. Man könnte auch sagen: In Kether ist das »Etwas« innen und das »Nichts« außen, während in der Sphäre Malkuths das »Etwas« außen ist und das »Nichts«, also die Negative Existenz, die Kether umgibt, nunmehr das Innere, den Wesenskern der Manifestationen, bildet.

Was wir durch unsere Sinne als feste Materie wahrnehmen, ist im Grunde genommen nichts anderes als ein gigantischer Tanz der Elektronen im »Nichts«. Ja mehr noch: Ein Tanz, der sich den Raum, den er einnimmt, durch seine Tanzbewegung erst schafft. Poetisch gesagt: Die Materie ist das Gewand des »Nichts«, gewoben aus Bewegung, Schwingung, Vibration.

Da das Äußere Malkuths identisch ist mit dem Inneren Kethers, ist das materielle Universum die Innenansicht des ausdehnungslosen Punktes Kether, ist der materielle Kosmos eine Introspektion, eine innere Selbstbetrachtung Gottes in seiner Emanation Kether. Anders gesagt: Wenn Gott-Kether, der ausdehnungslose Punkt im »Nichts«, in sein Inneres hineinblickt, sieht er all das, was wir als materielle Manifestationen wahrnehmen. (Wer Ohren hat zu hören: Superius est sicut quod inferius!)

Versenkt Gott-Kether sich in kontemplative Selbstbetrachtung, so erblickt er seine Emanationen und die Emanationen seiner Emanationen: unser Universum. Das bedeutet im Umkehrschluß: Wem es — zum Beispiel in der Meditation — gelingt, das Malkuth-Innere zu »sehen«, der »sieht« das Äußere Kethers, also das, was wir als das »Nichts« bezeichnen, die Negative Existenz mit all ihren anderen Welten. (Auf diese Thematik spielte Jesus an, als er sagte: »Denn sehet, das Reich Gottes ist inwendig in euch.«) Hier stoßen wir auf das Paradoxon, daß die Summe der Teile »größer« ist als die Einheit. Vor dieser Vorstellung muß unser armseliger Verstand kapitulieren. Denn all das bedeutet im Klartext: Das endlos große Universum befindet sich im Inneren eines Punktes, der vielleicht, »objektiv betrachtet«, kleiner ist als die Spitze einer Stecknadel ...

Vor diesem Hintergrund wird klar, warum es heißt, die Welt und das Universum, alles Existierende, sei eine Gedankenform, eine Selbstbetrachtung Gottes. Was bist dann du, was bin ich? Wir sind Gedanken, die im inneren Erkenntnisprozeß Gottes gleichzeitig gedacht werden. Und deine Gedanken sind die Gedanken eines Gedankens. Wir stehen hier wieder vor einer Quaternität, einer »Vier-Einigkeit«: Denkender, Gedanke, Gedachtes und der Vorgang des Denkens sind in Wirklichkeit eins, sind die vier Teilaspekte einer vollkommenen Einheit. Wenn du dies hier liest und darüber nachdenkst, dann denkt Gott innerhalb seiner selbst über seine eigene Beschaffenheit nach. Er betreibt Selbsterkenntnis durch dich. Herrgottchen, das fasse, wer kann!

Malkuth, die Sphäre der Erde, ist die letzte Sephirah des kabbalistischen Baumes. Die Kraft Kethers fließt in die neun unteren Sephiroth. Malkuth ist die letzte Sephirah der Involution. Wir haben den Wendepunkt erreicht, denn hier beginnen die Pfade der Evolution. Wenn wir uns vorstellen, der kabbalistische Baum sei ein Springbrunnen, dann stellt Malkuth das unterste Becken dieses Brunnens dar. Hier endet der Fluß des Wassers (bzw. der Kraft), um abzufließen und erneut nach oben gepumpt zu werden.
Wer das Gedicht »Römischer Brunnen« aufmerksam liest, könnte fast meinen, der Dichter Conrad Ferdinand Meyer sei ein Kabbalist gewesen; seine Verse können als ein Gleichnis der Kräftezirkulation und der Funktionen der Sephiroth verstanden werden:

(Kether:) Aufsteigt der Strahl und fallend gießt
Er voll der Marmorschale Rund,
Die, sich verschleiernd, überfließt
(Chockmah:) In einer zweiten Schale Grund.
Die zweite gibt, sie wird zu reich,
(Binah:) Der dritten wallend ihre Flut,
Und jede nimmt und gibt zugleich
Und strömt und ruht.

Und so fließt es, bis hinab zur Sephirah Malkuth!

Die letzten beiden Gedichtzeilen illustrieren eine kabbalistische Lehre, die besagt: Jede Sephirah ist in ihrem Verhältnis zur über ihr liegenden Sephirah »weiblich« (passiv-empfangend), wie das Becken, das durch das Überfließen eines höher gelegenen Beckens angefüllt wird.

Gleichzeitig ist aber jede Sephirah in ihrem Verhältnis zur nächsttiefer gelegenen Sephirah »männlich« (aktiv-gebend), wie ein überfließendes Becken, dessen Wasser ein tiefer gelegenes Becken füllt. Beispiel: Chockmah verhält sich Kether gegenüber »weiblich«, denn Chockmah empfängt die Kraft Kethers. Binah gegenüber dagegen verhält Chockmah sich »männlich«, denn Chockmah gibt die Kraft an Binah weiter, und Binah ist nun die empfangende Sephirah.

Was bedeutet diese Lehre für das Verhältnis zwischen dem obersten Punkt (Kether) und dem untersten Punkt (Malkuth) des Baumes? Im Prozeß der Involution, also während des »Abstiegs« der Kraft, verhält sich Malkuth gegenüber Kether »weiblich«, denn Malkuth empfängt alle durch die sephirothischen Emanationen modifizierten Einflüsse Kethers als »unterstes Sammelbecken«. Dies polare Verhältnis ändert sich jedoch während des Prozesses der Evolution. Denn jetzt strömt die Kraft von Malkuth als Ausgangspunkt zurück in Richtung Kether. Das bedeutet: Nun verhält sich Kether gegenüber Malkuth »weiblich«, also: empfangend, aufnehmend.

Was heißt das? Simpel gesagt: Gott braucht uns. Wir geben ihm etwas, wir, die wir nicht annähernd ahnen, welchen unschätzbaren Wert wir für Gott-Kether haben. Er braucht uns. Wer sich auf den Rückweg gemacht hat, wer die Pfade der Evolution betritt, der fragt nicht mehr: »Was kann Gott mir geben?«, sondern seine primäre Frage lautet: »Was kann ich Gott geben? Was kann Gott durch mich empfangen?« Das mag zunächst überheblich klingen. Tatsächlich aber hat jemand, der so zu fragen gelernt hat, den Gipfel der Demut erreicht: er will dienen, Werkzeug sein — verantwortungsbewußter Partner Gottes im gemeinsamen Entwicklungsprozeß. Nur noch ein kleiner Schritt trennt ihn vom Satori, der höchsten Stufe des Zen.

Malkuth, die Welt, wie wir sie mit unseren Sinnen erfahren, ist eine Sphäre der ständigen Transformation. Heraklit formulierte: »Alles fließt.« Nur hier, in Malkuth, kann Entwicklung stattfinden, können karmische Lektionen gelernt werden. Zweck des Inkarnierens ist es unter anderem, weitere Erfahrungen zu sammeln und sich selbst, seine eigenen Kräfte durch Veränderung zu transformieren. Veränderungen sind, soweit wir es beurteilen können, nur möglich innerhalb von Raum und Zeit, in der Materie — hier in Malkuth. Das sinnlich Wahrnehmbare, unsere Umwelt, erfüllt hierbei eine Indikatorfunktion: Sie ist das Spiegelbild unseres Entwicklungsstandes. An dem, was wir erleben und was uns ganz konkret umgibt, können wir ablesen, welche Fortschritte wir gemacht haben und mit welchen Themen wir uns noch eingehender befassen müssen.

Beispiel: Nehmen wir an, das »Lernziel« der gegenwärtigen Inkarnation eines Menschen besteht darin, seine Geburah-Kelippoth auszugleichen, also seine Aggressivität zu erkennen und zu transformieren. Intuitiv spürt er, daß dies seine Aufgabe ist. Und er fürchtet sich vor der »Bestie in der eigenen Brust«. Er ignoriert sie und benimmt sich wie ein Kind, das sich die Augen zuhält und triumphierend kräht: »Ätsch, du kannst mich nicht sehen!« Das funktioniert na türlich nicht, und in Malkuth, in seiner Umgebung, an dem Verhalten seiner Mitmenschen kann der Betreffende erkennen, daß er auf dem Holzweg ist. Seine eigene verleugnete Aggressivität tritt ihm von außen in Gestalt widriger Umstände und hundsgemeiner Zeitgenossen entgegen, die ihm das Leben sauer machen. Immer wieder wird er das Opfer fremder Aggression, bis er — hoffentlich! — begreift: »Ich bin, was ich sehe und erlebe; ich habe es in mir selbst nicht sehen wollen, aber ich werde zum Erkennen gezwungen.« Dann muß er der Monster-Fratze seiner eigenen Wut, seines aufgestauten Hasses, seiner Zerstörungslust und Bestialität ins Gesicht blicken und sagen: Das bin ich! Der Kampf gegen Gorgo, die Hydra, den Drachen beginnt — abstrakt formuliert: die Transformations-Arbeit kann anfangen. Und das geht, wie gesagt, nur in Malkuth! Malkuth ist unsere Chance, zu begreifen, wer wir sind und worin unser Lernziel besteht. Und an Malkuth können wir auch ablesen, ob wir unsere Aufgabe ordentlich erledigt haben. Denn wer den Drachen, das Monster, Gorgo, die Hydra in der eigenen Brust besiegt hat, dem tritt sie auch von außen nicht mehr entgegen.

Der Sephirah Malkuth wird das zehnte Gebot zugeordnet. Es lautet: »Du sollst nicht begehren deines Nächsten Weib, Knecht, Magd, Vieh oder alles, was sein ist.« Auf der ersten Verständnisebene ist dieses Gebot eine Warnung vor einem der destruktivsten Seelengifte, die es gibt: vor dem Neid. Wirft man Habgier, Feigheit, Faulheit, Dummheit und Bosheit in einen Topf, würzt man dies üble Gebräu dann noch mit einer Prise Heuchelei, Selbstmitleid und moralingesäuertem Märtyrergehabe, dann erhält man die gallegelbe Ätz-Essenz des Neides. Der scheeläugige Neidling erzeugt in sich ein Gefühl von Armut und Unterlegenheit. Weder kann er sich am Glück seiner Mitmenschen freuen, noch hat er die Kraft, irgend etwas Nennenswertes auf die Beine zu stellen, um seine eigene Situation zu verbessern: denn woher die Kraft nehmen, wenn sie vom Neid vollkommen aufgezehrt wird? Niemand ist so selbstgerecht, hochmütig und verlogen wie der Neidling. Im Regelfall gesteht er sich nicht einmal ein, daß er neidisch ist — er lügt seine als »Not« empfundene Situation in eine Tugend um (wie der Fuchs in der Parabel, dem die Trauben zu hoch hingen).

Auf der kabbalistischen Verständnisebene geht es im zehnten Gebot nicht primär um das Thema Neid, sondern um das Problem individueller Identität. Denn die Kabbalisten lehren: Die verschiedenen Bestandteile der Persönlichkeit eines Menschen, also die konstitutiven Komponenten seines Charakters, haben in seiner nächsten Umgebung ihr materielles bzw. sichtbares Äquivalent. Das heißt: All jene Faktoren, aus denen sich das Ich zusammensetzt, werden in der Außenwelt repräsentiert durch das, was ich habe oder was mich umgibt. Haben und Sein verhalten sich zueinander wie Außen und Innen.

Im Alltag manifestiert sich dies Prinzip in scheinbaren Kleinigkeiten. So ist es zum Beispiel ein Unterschied, ob jemand sich eine Katze oder einen Hund als Haustier hält. Die Katze repräsentiert einen Hauch von Aristokratie, bewußtem Individualismus, Stolz, Eigenwilligkeit, Unkorrumpierbarkeit und Introvertiertheit. Der Hund dagegen ist ein neugieriger, kontaktfreudiger Draufgänger, wild, freundschaftlich und aufgeschlossen. Man kann davon ausgehen, daß der Besitzer des jeweiligen Haustiers über einige derjenigen Eigenschaften verfügt, die durch das Tier symbolisiert werden. Dasselbe gilt für das soziale Umfeld, für die

Familie und den Freundeskreis. Es ist ein Unterschied, ob ich mich lieber mit sportlichen, unternehmungslustigen Freunden umgebe oder ob ich die Nähe belesener, nachdenklicher Menschen suche, mit denen ich über Gott und die Welt philosophieren kann. All das, womit ich mich umgebe, läßt Rückschlüsse auf meine Identität zu: Hängt über meinem Sofa ein Ölbild, das einen röhrenden Hirschen im Morgennebel darstellt, oder ein Mandala? Sind meine Arbeitskollegen mißgelaunte Nörgler, denen man es nie recht machen kann, oder würde ich einige von ihnen sogar mit auf die berühmte »einsame Insel« nehmen? Lebe ich mit einem Partner zusammen, in dessen Nähe ich mich wohl fühle, oder ärgere ich mich von morgens bis abends über seine Fehler und Schwächen?

Nun stellen wir uns einmal vor: Jemand lebt mit einem faszinierenden, liebenswerten Partner zusammen, er hat sympathische Mitarbeiter, er verdient genug Geld, um sich seine Wünsche erfüllen zu können — ist so jemand nicht ein beneidenswerter Mensch?

Ein Gedankenspiel: Angenommen, ein mieser kleiner Neidling bekommt von einem Tag auf den anderen all das, worum er den eben erwähnten Glückspilz beneidet hat. Er darf mit dem faszinierenden, liebenswerten Partner zusammenleben, bekommt den Job mit den freundlichen Kollegen und der guten Bezahlung. Was passiert? Wird er ein zufriedenes Leben führen? Selbstverständlich nicht! Nach wenigen Wochen wird er am Partner herumnörgeln, sich mit den Kollegen wegen irgendwelcher Kleinigkeiten überwerfen und mit seinem Einkommen nicht mehr auskommen. Warum? Weil die äußeren Lebensumstände nicht zu seiner innerlichen Befindlichkeit passen. Und dies disharmonische Mißverhältnis bringt er nun wieder in Ordnung. Er wird sich wieder exakt diejenigen Lebensumstände schaffen, die seinen seelischen Zustand widerspiegeln. Seine inneren Konflikte projiziert er ordnungsgemäß nach außen. Dann hat die liebe Seele Ruh: Sie kann endlich wieder in ihren Spiegel blicken. (Vielleicht haben Sie schon einmal eine dieser schrecklichen Statistiken gelesen, die Aufschluß über das Schicksal von Lottomillionären geben. Die meisten von ihnen stehen nach circa einem Jahr als »kleiner Bruder des Hans im Glück« wieder mit leeren Händen da. Der äußere Reichtum ist nicht bei ihnen geblieben, weil es keine innere, keine seelische Entsprechung zu diesem Wohlstand in ihrer Psyche gab.)

Das zehnte Gebot verweist auf die Indikator-Funktion derjenigen äußeren Lebensumstände, die ein Mensch sich selbst geschaffen hat. Das »Zauberwort« heißt: innere Transformation.

Gott sagt mit dem zehnten Gebot: »Wie innen, so außen. Wenn du dich selbst änderst, ändern sich auch deine äußeren Lebensumstände. Das, was du neidest, solltest du in dir entwickeln. Haben zu wollen, was ein anderer besitzt, nützt dir gar nichts. Selbst wenn du es bekämest — du würdest es doch wieder verlieren. Äußere Veränderungen haben ihre Ursachen in dir. Wenn du ein anderer wirst, dann wird sich auch deine Umgebung und das, was du besitzt, verändern. Was du siehst, ist, was du bist — also: sieh genau hin! Schiele nicht zu deinem Nachbarn hinüber, sondern betrachte dein eigenes Leben. Was möchtest du ändern? Und was muß sich folglich zunächst in dir ändern? Übernimm Verantwortung für dein Leben! Begreife: Dies ist dein Leben, und dein Leben, das ist kein Abstraktum, das bist du!«

Die innere Befindlichkeit verhält sich zu den äußeren Lebensumständen wie Input zu Output, wie Chockmah zu Binah und wie der Mensch zu seinem Spiegelbild. Malkuth bietet die Chance zur Transformation. Das zehnte Gebot fordert, kabbalistisch verstanden, dazu auf, diese Chance zu nutzen.

DIE PFADE DER INVOLUTION

Nachdem der Geist den tiefsten Punkt der Involution, der »Hinein-Entwicklung« in die Materie, erreicht hat, kann er bzw. sein Träger, der Mensch, den Rückweg antreten. Auf den Pfaden der Involution geht es darum, die geistigen Fesseln, entstanden durch die zunehmende Unbewußtheit im Verlauf der Involution, zu sprengen. Nicht die Materie soll überwunden, nicht die Welt oder der Körper zum Sündenbock gestempelt werden. Die Antwort auf die Unterdrückung (des Geistes durch die Materie) kann nicht die Umkehrung des Unterdrücker-Verhältnisses sein (indem nun der Geist die Materie unterjocht). Die Antwort kann nur heißen: konstruktive Zusammenarbeit in Freiheit und Gleichheit. Geist und Materie verhalten sich nicht zueinander wie Herr und Knecht bzw. Knecht und Herr. Sie sind zwei Aspekte derselben Ur-Sache. Wer sich auf den Pfaden der Evolution von den Fesseln der Involution befreit, leistet seinen individuellen Beitrag zur Überwindung des scheinbaren Gegensatzes zwischen Geist und Materie. Er versteht es, Geist zu materialisieren, und erkennt auf der anderen Seite Materie als manifestierten Geist. Nicht der weltabgewandte Asket ist das Ziel, sondern der lebenszugewandte, bewußte, weltbejahende, welterkennende und weltverändernde Mensch.

An der Schwelle eines jeden Pfades der Evolution, so lehren die Kabbalisten, steht ein Wächter. Wer Fehler und Enttäuschungen vermeiden möchte, sollte unbedingt Franz Kafkas Geschichte »Vor dem Gesetz« lesen — ein brillantes Gleichnis! Es erzählt davon, daß Zaghaftigkeit, Ängstlichkeit und Unterwürfigkeit die denkbar ungeeignetsten Mittel sind, um an solch einem Wächter vorbeizukommen. Ein Wächter repräsentiert ein Hindernis, das es zu überwinden gilt. Diese

Hindernisse sind in uns (beispielsweise: Angst, falsche Vorstellungen oder Unverständnis). Kapitulation vor dem Hindernis wäre die völlig falsche Taktik. (Das weiß jeder Hürdenläufer.) Der Wächter als »Hüter des Pfades« hat die Aufgabe zu prüfen, ob Sie in Ihrer Entwicklung schon weit genug vorangeschritten sind, um die Erfahrung des betreffenden Pfades verkraften zu können. Im Klartext: Der Wächter meint es gut mit Ihnen. Er personifiziert Ihre eigenen inneren Schutzmechanismen, die Sie davor bewahren, mit Erkenntnissen konfrontiert zu werden, die Sie zu einem bestimmten Zeitpunkt Ihrer Entwicklung in eine psychische Krise stürzen könnten. Es kann geschehen, daß an der Schwelle eines Pfades eine Frage vor Ihnen auftaucht. Von der korrekten Antwort hängt es dann ab, ob der Wächter in Ihnen, das heißt: ob diejenigen Teile Ihrer multidimensionalen Persönlichkeit, die klüger und erfahrener sind als Ihr bewußtes Ich, den Zugang zum Pfad freigeben oder ob Sie zurückgewiesen werden müssen. Und wenn Sie zehnmal, hundertmal abgewiesen worden sind — machen Sie nicht den Fehler des Mannes, der in Kafkas Gleichnis beschrieben wird!

Niemand kann stellvertretend für mich lernen, Erfahrungen machen oder leben. In den wirklich entscheidenden Augenblicken des Lebens ist der Mensch auf sich allein gestellt, auch wenn er sich in einer tausendköpfigen Menschenmenge befindet. Kein Mensch kann Sie auf den Pfaden begleiten. Kein Mensch kann Ihnen helfen, kann Ihnen, wie damals in der Schule, das Lösungswort vorsagen oder Ihnen einen Schummelzettel zuschieben. Gerade diese Tatsache macht die elementare Erfahrung der Pfade so groß: Man ist dort nicht allein gelassen!

In den folgenden Kapiteln werden Sie keine Patentrezepte finden. Das wird Sie zunächst vielleicht ärgern. Aber irgendwann werden Sie begreifen: »Ich bin mein eigenes Patentrezept.« Und das ist ein sagenhaft gutes Gefühl!

Es hat sich in vielen Fällen als nützlich und hilfreich erwiesen, den Ergebnissen der Meditationen, die den Wanderungen auf den Pfaden vorangehen, einen kreativen Ausdruck zu geben, etwa in Form eines Bildes, einer Zeichnung, eines Gedichtes oder einer Geschichte. Auf diese Weise kann der innere Entwicklungsprozeß beschleunigt werden. Aufmerksam auf Träume und scheinbare »Zufälle« im Alltag zu achten zahlt sich aus, denn wer wirklich wissen will, stellt erstaunt fest, daß plötzlich von allen Seiten Antworten auf ihn einströmen.

Ebenfalls lohnend ist es, einer vorbereitenden Meditation den entsprechenden Tarot-Trumpf zugrunde zu legen, denn die Bildsymbole haben es gewaltig in sich! Man kann sie wie einen Samen ins Unbewußte sickern lassen. Dort keimen und wachsen sie und tragen Früchte, die dem Bewußtsein zugänglich werden.

Nicht das bereits vorhandene Wissen ist wichtig, sondern das Verlangen nach Wissen. Die Intensität des Wunsches hat Einfluß auf den Zeitpunkt der Erfüllung. Der Wunsch nach Wissen übt eine »Sogwirkung« auf diejenigen Bereiche des Unbewußten aus, die über die entsprechenden Informationen verfügen. Wer wirklich haben will, der bekommt.

Falls es Mütterchen Kabbala gut mit Ihnen meint, wird sie Ihnen vielleicht irgendwann das Sepher Jetzirah in die Hände spielen. Dort finden Sie verschlüsselte Informationen und Andeutungen, die Pfade betreffend — Texte, die Sie Ihren Meditationen zugrunde legen können.

Der »Lehrer in dir« weiß bereits alles. Was für dein Bewußtsein neu und sensationell ist, sind für ihn »olle Kamellen«. Wenn du dich ihm gegenüber so verhältst wie Binah zu Chockmah, nämlich »weiblich«, empfangend, offen und aufnahmebereit, dann verhält er sich so zu dir wie Chockmah zu Binah, nämlich »männlich«, gebend, sich verströmend. Er ist kein Geizkragen. Was er hat, das gibt er gern. In seiner Funktion gleicht er einem Radiosender. Gesendet wird rund um die Uhr. Ob, wann und was empfangen wird, das kannst du selbst entscheiden.

Die Pfade sind bereits vorhanden. Doch indem du sie gehst, schaffst du sie erst. Wer einen Pfad geht, wird zum Kanal; er läßt Kräfte fließen: bewußt und willentlich.
Ein Radioapparat »macht« die Sendung — er macht sie hörbar, er macht sie dem Bewußtsein zugänglich. Gesendet wird — gleichgültig, ob du auf Empfang stellst oder nicht. Jeder Pfad gleicht einer Funkfrequenz. Im Prinzip ist alles ganz einfach: Man muß »nur« empfangsbereit sein und sich auf die richtige Frequenz einstellen. Die folgenden Kapitel sollen dabei helfen, »den richtigen Sender einzustellen« und die geistigen Antennen auszufahren. Sie sind wie Wegweiser. Sie zeigen die ungefähre Richtung. Gehen mußt du selbst.

TAW

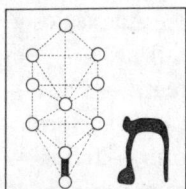

Taw ist derjenige Buchstabe des hebräischen Alphabets, dem der höchste Zahlenwert zugeordnet wird: nämlich die 400. Die Zahl 4 symbolisiert die Welt (4 Himmelsrichtungen, 4 Jahreszeiten, 4 Elemente). Entsprechend lautet die »Botschaft« der Zahl 400: »Stofflichkeit in höchster Potenz; dichteste Materie«. Diese Aussage wird durch die astrologische Zuordnung des Planeten Saturn zum Buchstaben Taw unterstrichen. Durch Saturn wird gleichzeitig auf das subtile Verwandtschaftsverhältnis des Pfades Taw zur Sephirah Binah hingewiesen, während die 400 als »höchste Potenz« der 4 auf Chesed verweist. Daraus läßt sich ein Hinweis ableiten, der folgendermaßen lautet: »Erkenne zunächst das Wesen und Wirken von Binah und Chesed!« Binahs Aufgabe besteht darin, die kinetische Energie Chockmahs in feste Materie umzuwandeln. Chockmah ordnet die Materiepartikel zu komplexen Strukturen an. (Stichwort: Kraft — Form — Ordnung — Starrheit.) Binah ist die Sephirah der Zeit und der Vergänglichkeit. Dem Buchstaben Taw wird der Tarot-Trumpf XXI — Universum zugeordnet. Diese Karte weist auf Abschluß und Neubeginn; hier schließt sich der Kreis, und die Wanderschaft des Narren beginnt erneut. Der Pfad Taw verbindet Malkuth mit Jesod, also (unter anderem) das Tagesbewußtsein mit den Sphären des Unbewußten. »Taw« heißt übersetzt: Zeichen. Wer sein Bewußtsein mit den Sphären des Unbewußten verbunden hat, verfügt über reiche Intuition: er versteht die Zeichen zu deuten. Taw ist der Pfad der Drachentöter — hier muß eine der gemeinsten Bestien besiegt werden, die es gibt: die eigene Feigheit.

Farbe: Dunkelblau

Stichworte: Angst — Enge — Beklemmung — Ausweglosigkeit — das Ende der Sackgasse — tiefster Punkt — Bedrängnis — Finsternis — Melancholie — Grenze — Ende — Prüfung — Leid — Umkehr — Einweihung — Transformation — Zeichen — Hinweis — Symbol — Form — Inhalt — Erkenntnis — Kainszeichen — gezeichnet sein — sich auszeichnen — in hoc signo vinces — in diesem Zeichen wirst du siegen

SCHIN

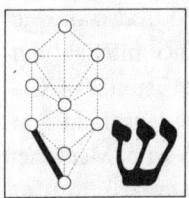 Schin hat den Zahlenwert 300. Drei ist die Zahl der Synthese, das Symbol der Vereinigung der Gegensätze zu einer neuen Einheit, die oberhalb der Dualismen steht. Die »Botschaft« der Zahl 300 lautet deshalb: »Die Fähigkeit zur Vereinigung der gegensätzlichen Hälften in höchster Potenz«. Schin ist einer der drei »Mutterbuchstaben« des hebräischen Alphabets. Die anderen beiden sind Mem (Wasser, die Sphären des göttlichen Urgrundes) und Aleph (der erste Buchstabe, der Urbeginn). Dem Buchstaben Schin wird der Planet Pluto zugeordnet. Auf diesem Pfad wird unter anderem das Wesen und die Funktion Plutos erfaßt (er ist kein »Feind«!), denn der Pfad Schin muß gegangen werden, weil es so gut wie unmöglich ist — für den durchschnittlichen Mitteleuropäer jedenfalls —, von Malkuth aus direkt in die Sphären Jesods vorzudringen. Die Zahl 300 enthält einen neuerlichen Rückverweis auf Binah, deren Zahl die 3 ist. Es besteht ein Verwandtschaftsverhältnis zwischen dem Pfad Schin und dem Stirnchakra. »Schin« bedeutet übersetzt: Zähne. Der Vorgang der Nahrungsaufnahme ist ein symbolisches, »fleischliches« Abbild der Aufnahme und »Verdauung« von Informationen. So, wie die Zähne die Nahrung zerkleinern, teilt auch der Verstand die Informationen durch Begriffsbildung und selektive Wahrnehmung in »verdauliche Bröckchen« ein. Zugleich symbolisieren die Zähne die Stationen des Individuationsprozesses: der zahnende Säugling, das Kind, das seine »zweiten Zähne« bekommt,

das meist schmerzhafte Wachstum der Weisheitszähne im Erwachsenenalter sowie der Verlust der Zähne im Greisenalter — diese vier Phasen im menschlichen Leben gehen Hand in Hand mit entscheidenden Entwicklungsschritten. Der Pfad Schin verbindet Malkuth mit Hod, also das gewöhnliche Bewußtsein mit den Sphären reiner Intellektualität. Zugeordnet wird diesem Pfad der Tarot-Trumpf XX — Aeon, der in erster Linie eine neugewonnene Unschuld symbolisiert, die das Destruktive und Negative im Menschen nicht naiv ignoriert, sondern im Erkenntnisprozeß transformiert.

Farbe: Rostrot

Stichworte: Durch Aufnahme verändern — zerlegen — zerkleinern — verdaulich machen — zertrennen — Polaritäten — Oberkiefer und Unterkiefer — Analyse und Synthese — Solve et coagula

RESCH

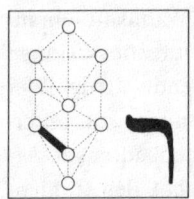 Resch hat den Zahlenwert 200. Zwei ist die Zahl der Trennung, der Polarität, zum Beispiel zwischen Bewußtsein und Unbewußtem. Diese Trennung soll auf dem Evolutionspfad Resch überwunden werden. Zugleich verweist die 200 auf Chockmah, die Sphäre der reinen, freien, ungehindert fließenden Energie, die noch nicht durch die Aktivität Binahs in die »Gefangenschaft der Materie« geraten ist. Der Pfad Resch verbindet Hod und Jesod miteinander als die zweite Etappe des Hod-Umweges, der gegangen werden muß, weil der Pfad Taw so schwer passierbar ist. Die astrologische Zuordnung zu Resch lautet: Sonne — ein Hinweis auf Tiphereth, die Sonnen-Sephirah; diese verborgene Identität des Pfades mit der Sephirah wird unterstrichen durch die Zuordnung des Tarot-Trumpfes XIX — Sonne zu Resch. Die Sonne symbolisiert die erleuchtende und zentrale Funktion dieses Pfades im individuellen Evolutionsprozeß. Resch bedeutet übersetzt: Haupt. Die wirklichen Abenteuer finden immer im Kopf, in der Sphäre des Gedanklichen statt. Der Kopf mit seinen Sinnesorganen ist der Ort der Aufnahme (sehen, hören, riechen, schmecken) und der Abgabe (sprechen, Mimik) von Informationen. Im Kopf, in den Gedanken selbst finden Transformationsprozesse statt — wie in einem alchimistischen Gefäß.

Farbe: Rostrot

Stichworte: Rationalität — Definitionen — Eingrenzung — Öffnung — Entgrenzung — Freiheit — Licht

KOF

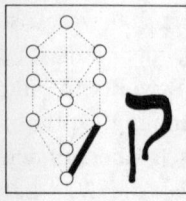

Hier reichen Genie und Wahnsinn einander oft die Hand. Inspirierende Visionen und abwegige, verwirrende Trugbilder sind nur schwer voneinander zu unterscheiden. (Dieser Pfad steht in enger Affinität zur Musik!) Kof hat den Zahlenwert 100. Die Zahl 100 als höchste Potenz der 1, der Zahl Kethers, weist auf Vollkommenheit, Ganzheit, Einheit — aber auch auf Unbewußtheit und die Gefahr des Verlustes des Unterscheidungsvermögens. Dies ist der Pfad der Zungenredner, der göttlichen Narren, der Künstler und der Berauschten. Ihn zu gehen ist nicht ganz ungefährlich. Dem Pfad Kof wird das Tierkreiszeichen Fische zugeordnet — ein mystisches, aber nicht ganz unproblematisches Zeichen. (Die letzten 2000 Jahre standen unter dem Zeichen der Fische.) Der mystische, bisweilen nebelhafte Charakter des Pfades Kof wird unterstrichen durch seine Zuordnung zum Tarot-Trumpf XVIII — Mond. Kof verbindet Malkuth mit Netzach; dieser Pfad kann für all jene zur Sackgasse werden, die ihn unter Einnahme von Drogen gehen wollen. »Kof« als Wort hat zwei Bedeutungsebenen. Die erste Bedeutungsebene ist: Affe — ein Hinweis darauf, daß man auf diesem Pfad »geäfft« werden und auf eine beinahe tierhaft-ungeistige Stufe zurückfallen kann. Die zweite Bedeutung lautet: Nadelöhr. Das Nadelöhr symbolisiert Enge. Wer seinen »Lebensfaden« durch das »Nadelöhr« Kof hindurchziehen möchte, von dem werden Geschicklichkeit, Aufmerksamkeit, Konzentration und Scharfblick verlangt.

Farbe: Pink
Stichworte: Nebelschwaden — Mond — Erlkönig — Wahn — Verwirrung — Illusion — Desorientierung — Enge — nachäffen — Konformismus — Anpassung — Raster — kollektiver Irrtum — eigene Erfahrung

ZADE

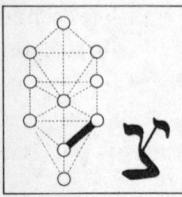

Zade hat den Zahlenwert 90; dieser Pfad verbindet Jesod und Netzach miteinander. Wer gelernt hat, den Hod-Umweg zu gehen, um Jesod zu erreichen, der sollte diesen Pfad benutzen, wenn er die Sphären Netzachs kennenlernen möchte.

Dem Pfad Zade wird das Tierkreiszeichen Wassermann zugeordnet, dem Pfad Kof dagegen, der Malkuth direkt mit Netzach verbindet, das Zeichen der Fische. Man könnte Zade als den Pfad des Neuen Zeitalters, des Wassermann-Zeitalters, bezeichnen. Im Gegensatz zu Kof ist Zade ein Pfad der Bewußtheit und des klaren Erkennens. Ihm wird der Tarot-Trumpf XVII — Stern zugeordnet: eine günstige, optimistische Karte, die geistige Klarheit und einen vielversprechenden Neubeginn signalisiert. »Zade« heißt übersetzt: Angel. Die Angel symbolisiert die Fähigkeit, unbewußte Inhalte (Fische) aus dem Wasser (den Sphären des Unbewußten) emporzuholen und sie dem Bewußtsein zugänglich zu machen. Jesus verlangte von seinen Jüngern, »Menschenfischer« zu werden, das heißt: Menschen aus dem Zustand der dumpfen Unbewußtheit zu befreien. Ein frommer, gerechter, weiser Mensch wird im Hebräischen »Zaddik« genannt. In gewisser Hinsicht ist jeder Weise ein Angler . . .

Farbe: Violett
Stichworte: Zade/Angel — Mem/Wasser — Nun/Fisch — Jonas — Moby Dick — gefangen werden — fangen — Geduld — Bewußtheit — Wissen

PEH

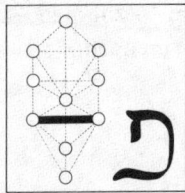 Der Pfad Peh kreuzt die (mittlere) Säule des Bewußtseins und existiert nur so lange, wie Hod und Netzach, die er verbindet, einander im Individuum als polares Gegensatzpaar gegenüberstehen. Peh hat den Zahlenwert 80; diesem Pfad wird sowohl der Planet Mars, der auf Geburah verweist, als auch der Tarot-Trumpf XVI — Turm zugeordnet. Beide Zuordnungen deuten auf die schmerzhafte Notwendigkeit der Überwindung und Zerstörung veralteter gedanklicher Strukturen. Auf diesem Pfad bricht im Regelfall das Bild, das man sich von seiner eigenen Person gemacht hat, jämmerlich zusammen; bisheriges Weltbild und bisherige Selbsteinschätzung erweisen sich als zu eng, als korrekturbedürftig. Gesunde Zweifel treten auf. Diese wichtige Station im individuellen Evolutionsprozeß verlangt Öffnung, Selbstkritik sowie die Fähigkeit, den eigenen Horizont zu erweitern. »Peh« heißt übersetzt: Mund. Das Wort »Mund« verweist sowohl auf das Sprechen wie auch auf die Nahrungsaufnahme, also auf das Abgeben (von Informationen im Gespräch) als auch auf das Aufnehmen (von Nahrung, die, wie wir im Kapitel über den Pfad Schin gesehen haben, Informationen und Erkenntnisse symbolisiert). Das Sprechen ist ein »männlicher«, nämlich aktiv-gebender, das Essen dagegen ein »weiblicher«, empfangend-aufnehmender Vorgang. Dieser Pfad symbolisiert die fruchtbare Mitte zwischen »männlichen« und »weiblichen« Kommunikationsformen — er ist (unter anderem) der Pfad

des Dialogs und der Bereitschaft zum Um- und Weiterdenken.

*Farbe:*Rot

Stichworte: Schin/Zähne — Peh/Mund — Schmetterling/
Raupe — Schlange/sich häuten — Küken/Ei — zuhören —
aufnehmen — wachsen — geistige Fesseln sprengen

AJIN

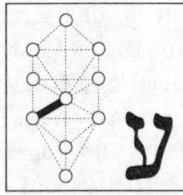 Ajin hat den Zahlenwert 70 — dies ist auch der Zahlenwert des Wortes sod, das »Geheimnis« bedeutet (Samech 60 + Waw 6 + Daleth 4 = 70). Diesem Pfad wird das Tierkreiszeichen Steinbock zugeordnet. Schäfchen, Lämmer und Herdentiere bleiben drunten im Tal. Der Steinbock ist stark und mutig genug, die Einsamkeit der Berggipfel (man denkt sofort an Nietzsches Zarathustra!) zu ertragen — der Berg verweist auf Daath. Der Pfad Ajin, im Hod-Kapitel bereits besprochen, verbindet Hod mit Tiphereth; er führt direkt ins Zentrum des Baumes; hier geht es (unter anderem) um die Lösung der Diabolos-Problematik.

Farbe: Dunkelblau

Stichworte: Ketzer — Verteufelung — Einsamkeit — Masse — Individuum — Zerteiler — Erleuchter — Licht — Helligkeit — Klarheit — Berggipfel

SAMECH

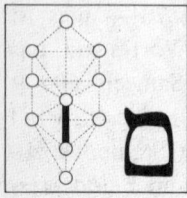 Samech hat den Zahlenwert 60 und verbindet Jesod mit Tiphereth. Dieser Pfad liegt exakt auf der (mittleren) Säule des Bewußtseins und stellt in gewisser Weise die Verlängerung des Pfades Taw dar. Ihm wird der Tarot-Trumpf XIV zugeordnet. Diese Karte trägt in verschiedenen Decks verschiedene Namen, zum Beispiel »Alchimie« (Haindl), »Kunst« (Crowley), Mäßigung usw. Samech verbindet die Sephirah des Mondes mit der Sephirah der Sonne, Unbewußtheit mit klarstem Bewußtsein, »Weiblichkeit« mit »Männlichkeit«, Unerlöstheit (= Unbewußtheit) mit Erlösung (= Bewußtheit). Diesem Pfad wird das Tierkreiszeichen Schütze zugeordnet. Im Sternbild des Schützen finden wir als dritte Konstellation Draco, die Schlange der Weisheit. »Samech« heißt übersetzt: Schlange. Wir erinnern uns: 358 ist sowohl der Zahlenwert des hebräischen Wortes für Schlange wie auch der für das Wort Messias. Die Kundalini liegt zusammengerollt in Jesod. Die erste Station ihres Aufstieges ist Tiphereth. Eine Schlange, die sich selbst in den Schwanz beißt, bildet einen Kreis und symbolisiert die Ganzheit, Einheit, Ewigkeit.

Farbe: Dunkelblau

Stichworte: Wirbelsäule — Schlange — Mond (weiblich) — Sonne (männlich) — Finsternis — Licht — Verbindung der Gegensätze zur ursprünglichen Einheit — Pfeil — Gedanke — treffen — Mittelpunkt

NUN

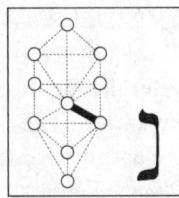 Dem Buchstaben Nun wird die Zahl 50 zugeordnet. Sie verweist als höhere Potenz der 5 auf Geburah, die Sephirah der Zerstörung zum Zwecke der Erneuerung. Zum Pfad Nun gehört der Tarot-Trumpf XIII — Tod; diese Karte drückt dieselbe Idee aus, die auch durch Geburah symbolisiert wird: Der grundlegenden Erneuerung muß eine Zerstörung des Alten vorangehen. Der Pfad Nun verbindet die Sephiroth Netzach und Tiphereth miteinander. Er führt zurück von der rechten zur mittleren Säule, zur Säule des Bewußtseins. Auf diesem Pfad wird unter anderem begriffen, was die Worte »Siehe, ich mache alles neu« bedeuten. Laschheit, Lauheit und Halbherzigkeit werden auf diesem Pfad überwunden. »Nun« heißt übersetzt: Fisch (vgl. Zade — Angel). Josua, der »das Schwert des Moses« genannt wurde, ein wilder Geburah-Typ, trägt den Beinamen: Sohn des Nun — Sohn des Fisches, das heißt: Josua ist eine Gestalt, die dadurch, daß ihr bisher unbewußte Inhalte zu Bewußtsein kamen, erneuert, neu geboren und zum Kämpfer für das Neue wurde. Dem Pfad Nun wird das Tierkreiszeichen Skorpion zugeordnet; hier regiert Pluto. Der Transformationsprozeß des Skorpions läuft über die Station Schlange/Fisch hin zum Symbol des Adlers/Phoenix.

Farbe: Dunkelgrün

Stichworte: Sterben — wiedergeboren werden — Erneuerung — loslassen — memento mori — lebe, als sei dies dein letzter Tag — Ostern — Kreislauf — Spirale — Wendeltreppe

MEM

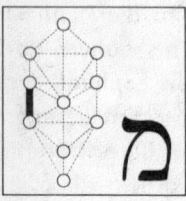 Mem trägt den Zahlenwert 40. Der Pfad Mem liegt auf der linken (»weiblichen«) Säule der Härte und verbindet die Sephiroth Hod und Geburah miteinander. Diesem Pfad wird der Planet Neptun zugeordnet. Neptun ist der Planet Kethers, und die Übersetzung des Wortes »Mem« lautet: Wasser, Meere, das heißt: göttlicher Urgrund (vgl. Binah — Maria — marah — Meer). Mem ist der Pfad der Demut aus Erkenntnis; diese Geisteshaltung wird anschaulich auf dem Tarot-Trumpf XII — Gehängter dargestellt. Der Mensch neigt dazu, sich allzuviel auf seinen Intellekt einzubilden. Der Gehängte wendet seinen Kopf wieder demütig dem Wasser und der Erde zu. Damit deutet er an, daß er sich unter die kosmischen Gesetze beugt und seinen persönlichen Hochmut überwunden hat. Er weiß, woher er gekommen ist und wohin er gehen wird. »Scio ut nesciam« ist eine Lehre dieses Pfades: »Ich weiß, daß ich nichts weiß.« Sich der eigenen Unwissenheit bewußt zu werden ist eines der höchsten Erkenntnisziele. Die Zahl 40 verweist als höhere Potenz der 4 auf Chesed, auf die Sephirah der Gnade und Güte: Wer begriffen hat, kann auf Milde rechnen. Wer weiß, daß er nichts weiß, dem kann Wissen gegeben werden.

Farbe: Hellblau

Stichworte: »Der Geist Gottes schwebte auf dem Wasser« — Wasser als Spiegel — die sanfte Kraft des Wassers, die sogar die Härte des Steines besiegt — Kreislauf des Wassers — Kreislauf des Lebens — Meer — Weite — Unendlichkeit

LAMED

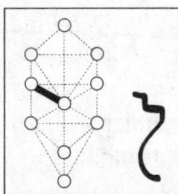 Die Zahl 30, die dem Buchstaben Lamed zugeordnet wird, weist zurück auf den Pfad Schin (300) und voraus auf den Pfad Gimel (3). Der Pfad Lamed erinnert an die Kräfte Binahs und verbindet Tiphereth mit Geburah. Tiphereth, das Zentrum des Baumes, das auf der mittleren Säule des Bewußtseins liegt, wird verlassen; die Welt der Polaritäten wird erneut, wenn auch auf höherer Stufe, betreten. Lamed stellt die Verlängerung des Pfades Nun dar. »Lamed« heißt übersetzt: Ochsen-Treibstock — ein Symbol der inneren Antriebskräfte, die dem Menschen weder Rast noch Ruh gönnen. Das paradiesische Gefühl der Einheit in Tiphereth ist nun nicht mehr Ziel und Endstation, sondern Tiphereth wird als Ausgangsbasis auf dem Weg weiter empor verstanden. Ein neuerlicher, bewußt und willentlich vollzogener »zweiter Sündenfall« findet statt. Wer den Pfad Lamed geht, der ist bereit, seine karmische Rechnung präsentiert zu bekommen, um sie begleichen zu können — ein mutiger Entschluß. Dem Pfad Lamed wird das Tierkreiszeichen Waage zugeordnet. Es deutet auf Ausgleich (des karmischen Kontostandes) und auf eine neue innere Balance, die erst dann hergestellt werden kann, wenn die alte Harmonie in Tiphereth verlassen wird. Lamed ist der größte Buchstabe des hebräischen Alphabets: er reicht über die obere Zeilenbegrenzung hinaus. Lamed strebt empor, weiter hinauf. Ist die Motivation Hochmut, dann muß der Wanderer fallen. Wandert er demütig im Wissen um die Notwendigkeit eines letzten Aus-

gleichs diesen Pfad, dann hat er wenig zu befürchten; dennoch birgt der Pfad Lamed Risiken. Wer ihn gehen will, sollte wissen, daß er hier Dinge über sich selbst erfährt, die er eventuell lieber nicht gewußt hätte.

Farbe: Hellgrün

Stichworte: empor — Empörung — Aufruhr — Streben — Ehrgeiz — Herausforderung — Risiko — was ist es, das dich treibt? — Prometheus — Ikarus — bezahlen — sich freikaufen — Notwendigkeit einer zweiten Erlösung, der Erlösung »älterer« Inkarnationseinheiten

KAF

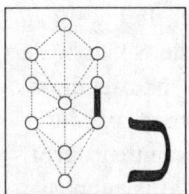

Kaf, dem die Zahl 20 (Resch 200; Beth = 2) zugeordnet wird, liegt auf der rechten Säule, der Säule der Barmherzigkeit. Dem Pfad Kaf wird der Glücksplanet Jupiter zugeordnet sowie der Tarot-Trumpf X (Glück bzw. Glücksrad, auch: Schicksalsrad). Hier erfüllt sich die Garantieerklärung »Bittet, so wird euch gegeben.« Der Pfad verbindet Netzach mit Chesed. Die gütigen, liebevollen Einflüsse Cheseds werden erfahren. »Kaf« heißt übersetzt: Handteller. Der leere Handteller, die nach oben gewendete Innenfläche der Hand, ist die Geste des Bittens. Wem ich die leere Hand entgegenstrecke, dem gebe ich zu verstehen: »Ich habe nichts, ich brauche etwas; bitte, gib mir!« Dieser Haltung des demütigen Bittens liegt eine ähnliche Erkenntnis zugrunde wie derjenigen, die auf dem spiegelbildlich gegenüberliegenden Pfad Mem erworben wird. Auf dem Pfad Mem beugt man sich demütig unter die Strenge Geburahs; auf dem Pfad Kaf bittet man um die Gnade und Güte Cheseds. Wer beide Pfade kennt, wird die verborgene Identität beider bemerken.

Farbe: Violett

Stichworte: nicht haben und bekommen — nicht wissen und belehrt werden — väterliche Güte — annehmen — angenommen werden — geben — sich hingeben — bejahen und bejaht werden

JOD

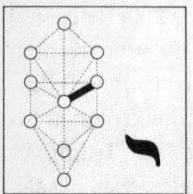 10, die Zahl des Buchstaben Jod, weist zurück auf Malkuth, auf die Sphären der Transformation, auf die Notwendigkeit konkreten Handelns in Alltag. »Jod« bedeutet: Hand — nicht die bittend geöffnete Hand, die durch Kaf symbolisiert wird, sondern die tätige, die handelnde Hand, die für zupackende Aktivität steht, die sichtbare Veränderung schafft — die Hand des Schaffens. Auf den Aspekt des Schaffens verweist auch die Tatsache, daß Jod der erste Buchstabe des Tetragramms ist, denn das Tetragramm ist ein Symbol des schaffenden, schöpferischen Aspektes Gottes. Jod verbindet die Sephiroth Tiphereth und Chesed miteinander und stellt somit die spiegelbildliche Entsprechung des Pfades Lamed dar. Lamed ist der größte, Jod der kleinste Buchstabe des hebräischen Alphabets. Jod hat die Gestalt eines Wassertropfens, eines keimenden Samens, eines fallenden Punktes, und gilt als Grundbaustein der hebräischen Buchstaben. Aus dem Jod entstehen alle anderen Buchstaben, genauso, wie aus Kether alle weiteren Emanationen hervorgehen, und genauso, wie aus dem ersten Buchstaben des Tetragramms die Welt der symmetrischen Polaritäten entsteht. Dem Pfad Jod wird das Tierkreiszeichen Jungfrau sowie der Tarot-Trumpf IX — Eremit zugeordnet.

Auf dem Pfad Jod wird die Fähigkeit verlangt, Erkenntnisse geduldig reifen zu lassen und einem »Samen«, der auf den »Acker« des Geistes gefallen ist, Zeit zum Keimen und Wachsen zu geben.

Farbe: Gelb

Stichworte: Rückzug — Reife — klein werden, um wachsen zu können — Besinnung — Zeit der Entwicklung — Saat — Keimung — organisches Wachstum — das Kleine als Baustein des Großen

TETH

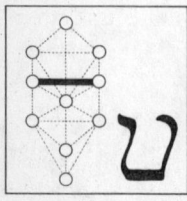 Der Zahlenwert des Buchstabens Teth, die Zahl 9, stellt diesen Pfad in gedankliche Nähe zur Sephirah Jesod sowie zum Pfad Zade (90). Teth verbindet die Sephiroth Chesed und Geburah miteinander und kreuzt oberhalb Tiphereths als Parallele zu den Pfaden Peh und Daleth die mittlere Säule des Bewußtseins. Hier wiederholt sich die Peh-Thematik auf höherem Niveau. »Teth« heißt übersetzt: Gebärmutter — ein Rückverweis auf das Prinzip des Weiblichen (Jesod) und die Fähigkeit, den Samen geduldig reifen zu lassen (Jod). Auf dem Pfad Teth geht es um das Begriffspaar »Innen — Außen« sowie um den Ausgleich der Gegensätze »Härte — Milde«, also um die Harmonisierung der Chesed- und Geburahkräfte sowie um das Problem des Wollens, denn dem Pfad Teth wird das Tierkreiszeichen Löwe zugeordnet.

Farbe: Gelb

Stichworte: Gefäß — aufnehmen — Geduld — Reifung — Entstehung — Härte — Konsequenz — Milde — Kompromiß

CHETH

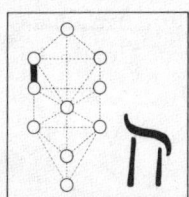 Cheth trägt den Zahlenwert 8 und steht damit in einem subtilen Verwandtschaftsverhältnis zur Sephirah Hod sowie zum Pfad Peh (80). Der Pfad Cheth kann als Verlängerung des Pfades Mem betrachtet werden; er bildet die obere Hälfte der linken (»weiblichen«) Säule der Härte und verbindet die Sephiroth Geburah und Binah miteinander. Die auf dem Pfad Mem erworbene Demut hat neue Kraftpotentiale erschlossen — auf diese Kraft sowie die Fähigkeit, sie konstruktiv zu nutzen, weist der zugeordnete Tarot-Trumpf VII — Wagen hin. »Cheth« bedeutet: Zaun. Der Zaun symbolisiert das Trennende, die Ab-, Ein- oder Ausgrenzung. An der Grenze treffen zwei benachbarte Gebiete aufeinander. Die Funktion der Grenze besteht darin, eine Vermischung beider Bereiche zu verhindern (Definitionen beispielsweise sind solche Grenzen; im Negativen erfüllen auch Vorurteile diese Funktion). Es gilt, eine Grenze zu überwinden. Das deutsche Wort »Hexe« leitet sich von einem alten Begriff ab, der übersetzt »Zaunreiterin« bedeutet. Wer auf Cheth wandert (= auf dem Zaun reitet), der kapituliert nicht vor Grenzen und Hindernissen, denn er hat sie als willkürlich erkannt. Er ironisiert sie auf spielerische Weise und beweist dadurch seine überlegene Souveränität; er ist Bürger zweier Welten und keiner Welt und aller Welten zugleich. In diese gedankliche Richtung weist auch die Zuordnung des Tierkreiszeichens Krebs zum Pfad Cheth. Der Krebs galt als Bewohner sowohl des Wassers (des Unbewußten) wie auch des Landes

(des Bewußten). Das Ufer, die Grenze zwischen Wasser und Land, kann er beliebig überschreiten.

Farbe: Bernsteingoldgelb

Stichworte: Grenze — sich abgrenzen — sich entgrenzen — Öffnung — Grenzübertritt — Bürger zweier Welten — Ich/Du — Ich/Welt — »Ich« als meine eigene Grenze

SAJIN

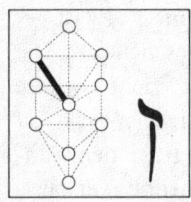 Die 7 als Zahlenwert des Buchstaben Sajin verweist sowohl auf die Sephirah Netzach als auch auf den Pfad Ajin (70). Der Pfad Sajin verbindet Tiphereth, das Zentrum des Baumes, mit der Sephirah Binah, die als Kopf der (»weiblichen«) Säule der Härte den weiblichen Aspekt Gottes, die Materie und das Prinzip Saturn verkörpert. Sajin stellt die Verlängerung des Pfades Nun dar, der Netzach mit Tiphereth verbindet. »Sajin« heißt übersetzt: Schwert. Das Schwert ist ein Instrument der Trennung. Trennung schafft Zweiheit. Diese wird durch die Zuordnung des Tierkreiszeichens Zwillinge zum Pfad Sajin unterstrichen sowie durch den Tarot-Trumpf VI — Liebende. Das Schwert ist ein Symbol der Aktivität des Diabolos — auch die Zwillinge repräsentieren diese Qualität des Intellekts. In den Zwillingen finden wir die Sterne Castor und Pollux: sie erinnern an ähnliche Geschwisterpaare (Romulus und Remus, Kain und Abel usw.) Castor läßt an Glanz nach, Pollux dagegen nimmt an Glanz zu (vgl. das Verhältnis Jesus — Johannes der Täufer). Entsprechend lautet eine der Botschaften dieses Pfades: »Das Höhere in dir gewinnt an Kraft und Einfluß, das Niedere wird geringer.«

Farbe: Orange

Stichworte: Venus/Uranus/Saturn — Trennung — Vereinigung — Schwert — Satz der Schwerter im Tarot — der siebte Tag der Schöpfung ist heute — Einheit der Gleichen

WAW

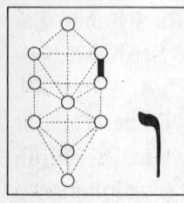 Die Logik der Erlösung lautet: »Es ist geschehen, also wird es geschehen.« Die verwirklichte Möglichkeit zieht weitere Verwirklichungen nach sich. »Waw« ist das Erlösungswort. Waw trägt den Zahlenwert 6, der auf Tiphereth verweist.

»Waw« heißt übersetzt: Haken, Verbindungsglied; »Waw« steht für »und«. Das Und verbindet das Getrennte; es ist die Kurzfassung des Sowohl-als-auch, die Grundlage einer höheren als der aristotelischen Logik. Waw überwindet die Polarität. Im Tetragramm nimmt Waw die dritte Position ein. Liebe verbindet. Waw verbindet. Dem Pfad Waw wird das Tierkreiszeichen Stier zugeordnet. Venus regiert im Stier — ein Rückverweis auf die subtile Identität des Waw und der Liebe. Waw überwindet die durch Hod bzw. Sajin entstandene Trennung. Dem Pfad Waw wird der Tarot-Trumpf V — Hohepriester (bzw. Hierophant, Papst) zugeordnet. Auf diesem Pfad wird man mit dem gütigen Humor der Meister konfrontiert (Niemand meint es so gut mit dir wie der prügelnde Zen-Meister . . .). Der Pfad Waw verbindet die Sephiroth Chesed und Chockmah miteinander und bildet die obere Hälfte der rechten (»männlichen«) Säule der Barmherzigkeit. Waw ist die spiegelbildliche Entsprechung des Pfades Cheth. Dieser Pfad stellt die Quintessenz aller Pfade dar. Wer ihn kennt, kennt alle.

Farbe: Rot

Stichworte: Verbindung — Liebe — Ende der Trennung — verstehen — vereinigen — zusammenfügen — Kraft — Weisheit

HE

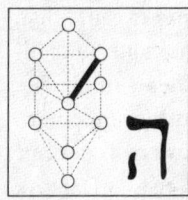 He trägt den Zahlenwert 5, der sowohl auf den Pfad Nun (50) als auch auf die Sephirah Geburah (5) verweist. Der Pfad He stellt die spiegelbildliche Entsprechung des Pfades Sajin dar und verbindet die Sephiroth Tiphereth und Chockmah miteinander. Die »Evolutionsstrecke« Hod — Tiphereth — Chockmah über die Pfade Ajin und He kann man als »Weg der Inspiration« bezeichnen. »He« heißt übersetzt: Fenster. Durch die Fenster dringt Licht in ein Haus (vgl. Beth sowie das neunte Gebot!), so daß man innen sehen (Ajin = Auge!) kann. Dem Pfad He wird sowohl der Tarot-Trumpf IV — Kaiser (bzw. Herrscher) als auch das Tierkreiszeichen Widder zugeordnet. Ein Ziel dieses Weges besteht darin, durch Erkenntnis die Zwänge der Form zu überwinden. Mars als Regent des Widders verweist noch einmal auf das Wirken der Sphäre Geburahs, das auf diesem Weg nicht ignoriert werden sollte. Das He, im Tetragramm zweimal vertreten, stellt dort die polar-symmetrischen Gegensätze dar, die durch Waw verbunden werden und sich potentiell wieder zum vollkommenen Jod (10) vereinigen können. Zwei He verweisen also auf zwei vollkommen unterschiedliche Betrachtungsweisen, die es zu verbinden gilt.

Farbe: Rot

Stichworte: Augen als Fenster der Seele — Licht hineinlassen — Erleuchtung — Licht außen — Licht innen — mentale Kontrolle — falsches Sehen ist falsches Erkennen — Überwindung der Blindheit — perspektivisches Sehen

DALETH

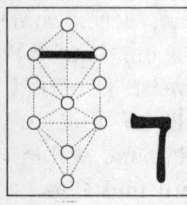 Der Pfad Daleth liegt exakt auf dem Abyssos; er verbindet Chockmah und Binah, also den »männlichen« und den »weiblichen« Aspekt Gottes miteinander. Daleth hat den Zahlenwert 4, der auf die Gnade Cheseds verweist. »Daleth« heißt übersetzt: Tür bzw. Tor. Daleth symbolisiert also einen Zugang und steht so in subtiler Verbindung mit He (Fenster) und Beth (Haus). Eine Schwelle wird überschritten. Etwas öffnet sich, sobald sich im eigenen Inneren eine Öffnung vollzogen hat. Innen und Außen werden durch das Überschreiten, durch den Hinüberschreitenden verbunden. Dem Pfad Daleth wird der Planet Venus sowie der Tarot-Trumpf III — Kaiserin (bzw. Herrscherin) zugeordnet.

Farbe: Dunkelgrün

Stichworte: Tür und Tor — Innen/Außen — öffnen — überschreiten — hinein und hinaus — zwei Welten — Schwelle — Stufe — Initiation

GIMEL

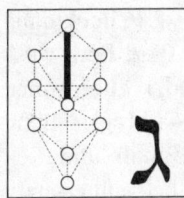 Gimel trägt den Zahlenwert 3, der auf Binah sowie auf die Pfade Schin (300) und Lamed (30) verweist. Der Pfad Gimel liegt direkt auf der mittleren Säule des Bewußtseins und ist die Verlängerung der Pfade Taw und Samech. Gimel verbindet Tiphereth mit Kether (den »Sohn« mit dem »Vater«). Der Pfad Gimel kreuzt den Abyssos sowie die Pfade Teth und Daleth. Wo Gimel und Daleth sich kreuzen — auf dem Abyssos —, darf man mit Recht das »Tor« zu den Sphären Daaths vermuten. Hier sollte der Weg enden. Weiter zu gehen und Kether zu erreichen könnte die Rückkehr in die Sphäre Malkuths erheblich erschweren, eventuell sogar unmöglich machen; es sei denn, man ist ein kleiner Buddha. Dem Pfad Gimel wird der Tarot-Trumpf II — Hohepriesterin (bzw. Päpstin) sowie der Mond zugeordnet, der zurück auf die Sphäre Jesods verweist. Das Wort »Gimel« heißt übersetzt: Kamel. Das Kamel symbolisiert Geduld, Zähigkeit, Gleichmut sowie die Kraft und Selbstgenügsamkeit, die man braucht, um lange Durststrecken zu überstehen. (Ein Kamel kann zwei Wochen lang ohne Wasser überleben — ein Mensch wäre nach zwei Wochen ohne Wasser tot.)

Farbe: Hellblau

Stichworte: Wüste — Wüstenschiff — Durst — Bedürfnis — Mitte — Vater und Sohn — Gipfel — Daath — Berg — zwei Kreuzungen — höchstes Ziel — Ende

BETH

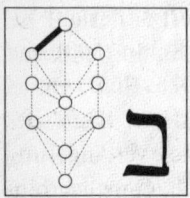 Beth trägt den Zahlenwert 2 (Chockmah; Kaf 20, Resch 200). Dem Pfad Beth wird der Planet Merkur (Hod!) zugeordnet sowie der Tarot-Trumpf I — Magier. Beth verbindet die Sephiroth Binah und Kether miteinander. »Beth« heißt übersetzt: Haus. Auf dem Pfad Beth wird das Haus endgültig verlassen. Man wird hauslos, unbehaust. Wer nirgendwo mehr wohnt, der wohnt in Wirklichkeit überall. (Viele große Meister zogen wandernd umher; sie brauchten keinen festen Wohnsitz — Achtung: Symbol! — mehr.) Der Unbehauste ist frei. Er braucht keinen Standpunkt, kein Weltbild, keine Religion. Er kann auf intellektuelle Hilfskonstruktionen verzichten. Mit dem Buchstaben Beth beginnt die hebräische Bibel: »Am Anfang« heißt auf hebräisch: »Bereschit«. Wer zurück zu Kether will, für den verwandelt sich der Anfang in ein Ende und das Ende in einen Anfang. Der Kreis schließt sich. Er hat keinen Anfang und kein Ende. Wer den Pfad Beth zu gehen versteht, der kann seinen Körper nach Belieben verlassen. Raum und Zeit stellen für ihn keine Hindernisse oder Begrenzungen mehr dar. Man könnte den Pfad Beth auch den »Ramakrishna-Weg« nennen, denn er verehrt den weiblichen Aspekt Gottes (Binah); Samadhi in höchster Vollendung.

Farbe: Gelb

Stichworte: Ende als Rückkehr zum Anfang — Haus — Seßhaftigkeit — räumliche, örtliche Gebundenheit — Heimat — verlassen — Wanderschaft — das Überall als Heimat

ALEPH

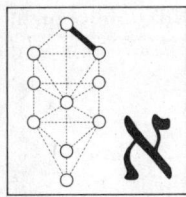 Aleph trägt den Zahlenwert 1. Die 1 ist die Zahl Kethers, die Zahl der vollkommenen Einheit, und sie verweist sowohl auf Jod (10) wie auch auf Kof (100) und Malkuth. Wie der Pfad Kof, so hat auch der Pfad Aleph gewisse Aspekte, die von denen des Wahnsinns nur schwer zu unterscheiden sind. Entsprechend lautet die Tarot-Zuordnung: 0 — Narr. Auf diesem Pfad (wie auch auf dem Pfad Beth) kann die eleganteste, nämlich die esoterische Variante des Suizids praktiziert werden: die Trance der Auslöschung (Nirvikalpa-Samadhi). Man geht hinein und kommt nicht wieder. Aleph bedeutet: Stier bzw. Kopf des Stiers. Der Stier verweist auf das Stierzeitalter, mit dem gewissen Überlieferungen zufolge die Welt, wie wir sie kennen, begonnen haben soll. Alle großen Religionen haben irgendwann einmal den Stier verehrt, auch das Christentum, wenngleich auch auf eine höchst indirekte, metaphorische Weise. Daß Jesus in unmittelbarer Nähe eines Rindes geboren wurde, ist kein Zufall. Der Buchstabe Aleph setzt sich aus zwei Jods und einem Waw in der Mitte zusammen. Das Schriftzeichen Aleph könnte man also als Symbol verstehen für: »Hand und Hand, Hand in Hand«. Zwei Jods und ein Waw, die das Zeichen Aleph bilden — sie bilden die Kurzfassung der Tetragramm-Formel. Jod (10) und Jod (10) = 20. Die Zahl 20 ist auch die Summe der Tetragramm-Formel (10, 5, 5).

Auf diesem Pfad findet sich die göttliche Heiterkeit Buddhas, ein Humor, der alles erkennt, alles vereint und von gewöhnlichen Menschen nicht mehr verstanden werden kann. Dem Pfad Aleph wird der Planet Uranus zugeordnet. Uranus ist auch der Planet Chockmahs, und Chockmah wird durch Aleph mit Kether verbunden. Der »Urknall« wird rückgängig gemacht. Wer diesen Weg geht, der kehrt nicht mehr zurück.

Farbe: Gelb

ANHANG

Zwei Bücher seien zur weiterführenden Lektüre wärmstens ans Herz gelegt:

1. Dion Fortune: *Die mystische Kabbala*, erschienen im Verlag Hermann Bauer in der Reihe »esotera Taschenbücher«.

2. Jeff Love: *Die Quantengötter. Ursprung und Natur von Materie und Bewußtsein.* Erschienen im Rowohlt-Verlag in der Reihe »transformation«.

Beide Bücher ergänzen einander hervorragend und bieten einen Einblick in das breite Spektrum der Anwendbarkeit kabbalistischer Kenntnisse. Während Dion Fortune sich vorrangig den mystischen und magischen Aspekten der Kabbala zuwendet, verbindet Jeff Love in faszinierender Weise die Überlieferungen der Kabbala mit den neueren Erkenntnissen der Wissenschaft.

Dion Fortunes Buch zählt zu den Klassikern der esoterischen Literatur. Auch Jeff Loves Buch verdient es, in die Reihe der esoterischen Klassiker eingeordnet zu werden.

In einigen wenigen Punkten mag Dion Fortunes Buch, aus heutiger Sicht betrachtet, überholt anmuten; stellenweise präsentiert Jeff Love seine Überlegungen und sein stupendes Wissen derart komprimiert, daß man Schwierigkeiten haben kann, ihn auf Anhieb zu verstehen. Dennoch zählen beide Bücher zu den lesenswertesten, die über »Mütterchen Kabbalas großes Lehrbuch«, den Lebensbaum, geschrieben worden sind.

Weitere Lesetips:

Friedrich Weinreb: *Der göttliche Bauplan der Welt.* Origo Verlag.

Gershom Scholem: *Die jüdische Mystik in ihren Hauptströmungen.* Suhrkamp-Taschenbuch.

Israel Regardie: *Das magische System des Golden Dawn,* Bauer Verlag. Der erste Band dieses dreibändigen Werkes enthält viele wichtige und interessante Aufsätze zum Thema Kabbala. Leider ist Band 1 (bisher) nicht einzeln erhältlich.

Karl A. Francis: *Heilweg der Kabbala.* Bauer Verlag.

Heinrich E. Benedikt: *Die Kabbala als jüdisch-christlicher Einweihungsweg.* Bauer Verlag, 2 Bände. Der zweite Band behandelt den Lebensbaum und ist auch einzeln erhältlich.

Ernst Müller: *Der Sohar — Das Heilige Buch der Kabbala.* Diederichs Verlag.

Hans-Dieter Leuenberger: *Der Baum des Lebens. Tarot und Kabbala.* Bauer Verlag.

Michael Strzempa-Depré: *Die Physik der Erleuchtung.* Erschienen im Goldmann-Verlag in der Taschenbuchreihe »New Age«. Dieses Buch steht zwar in keinem direkten Zusammenhang zur Kabbala, ist aber allen zu empfehlen, denen Jeff Loves Buch gefallen hat.

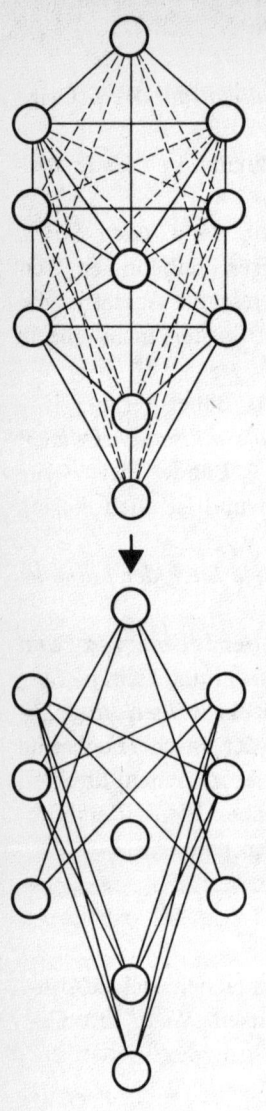

Eine harte Nuß für fortgeschrittene kabbalistische Tüftler:

Es gibt 16 weitere mögliche Pfade im Baum, 16 mögliche Verbindungen der Sephiroth, die im otz chiim fehlen.

Es gibt im Tarot 16 Hofkarten, und es gibt im Schach (pro Farbe) 16 Figuren. Es gibt vier alchimistische Elemente und 16 Möglichkeiten der Kombination. Aus 16 Teilen setzt sich, so sagt die Chandogya-Upanischad, der vollkommene Mensch zusammen.

Wer findet die Zuordnungen? Was folgt daraus?

Für Musikfreunde

OKTAVE   MITTLERE SÄULE

       Do ● Kether
       Re ● Chockmah/Binah
       Mi ● Daath

Halbtonschritt . . . . Abyssos

       Fa ● Chesed/Geburah
       Sol ● Tiphereth
       La ● Netzach/Hod
       Ji ● Jesod

Halbtonschritt . . . . Grenze der menschlichen Perspektive

       Do ● Malkuth   (vgl. Planetengrafik im Kapitel ›Tiphereth‹)

Praktische Übung

Die bekannteste praktische kabbalistische Übung ist das »Exerzitium der mittleren Säule«. Diese Übung kann im Sitzen oder (besser noch) im Liegen gemacht werden. Als Anfänger sollten Sie sich in einen ruhigen Raum zurückziehen. Später, wenn Sie diese Übung perfekt beherrschen, können Sie sie jederzeit und überall machen.

1. Zunächst entspannen Sie sich. Techniken des autogenen Trainings können hierbei angewandt werden. Sie versuchen, nichts zu denken. Zunächst werden Ihnen viele Gedanken in den Sinn kommen, die es Ihnen schwermachen, sich zu konzentrieren. Lassen Sie sich nicht ablenken. Wenn Ihre Gedanken abgeschweift sind, kehren Sie trotzdem wieder zurück zum »Denken des Nicht-Denkens«.

2. Sie konzentrieren sich vollkommen auf die Rhythmik Ihres Atems. Die flache, hektische Brustatmung wird bewußt durch Bauchatmung abgelöst. Nicht Ihr Brustkorb hebt und senkt sich, sondern das Zwerchfell. Sie ziehen den Atem tief in den Bauch hinein. Beim Einatmen zählen Sie bis 4, beim Ausatmen zählen Sie ebenfalls bis 4. Jeweils zwei Zähleinheiten lang behalten Sie die eingeatmete Luft in der Lunge; entsprechend legen Sie zwischen Ausatmen und erneutem Einatmen eine Pause von der Dauer zweier Zähleinheiten ein. Der Rhythmus lautet also: 4 (ein), 2 (halten), 4 (aus), 2 (halten). (Sie können auch bis 5 oder 6 zählen, falls es sich für Sie als angenehmer und bequemer erweist. Wichtig ist nicht die Zahl, sondern die harmonische Rhythmik.) Diese Atemübung führen Sie einige Minuten lang durch. Auf diese Weise versetzen Sie sich in einen Zustand geistig-körperlicher Harmonie; gleichzeitig mobilisieren Sie Ihre inneren Kräfte.

Wer mag, kann sich beim Einatmen auf die Worte: »Binah — ich nehme« und beim Ausatmen auf die Worte »Chockmah — ich gebe« konzentrieren. (Das ist die »verschärfte« Variante der Atemübung. Sie hat es ganz gewaltig in sich.)

3. Sie projizieren den kabbalistischen Lebensbaum in Ihre Aura. Die Techniken der Visualisierung kommen zur Anwendung. Sie stellen sich vor, Sie stünden mit dem Rücken vor einem kabbalistischen Baum, der etwas größer ist als Sie selbst. Die rechte Säule des Baumes entspricht nur Ihrer linken Seite, die linke Säule befindet sich zu Ihrer Rechten. Sie konzentrieren sich auf die mittlere Säule, die von Ihrer Schädeldecke bis zu den Fußspitzen reicht.

4. Sie visualisieren Kether als leuchtendweiße Lichtkugel,

die sich einige Zentimeter über Ihrem Kopf dreht. Das heißt: Sie stellen sich Kether ganz intensiv als weiße Lichtkugel vor; Sie erzeugen in sich die feste Überzeugung, daß Kether sich über Ihrem Kopf als weiße Kugel dreht.

5. Sie vibrieren den kabbalistischen Gottesnamen, der Kether zugeordnet wird. Er lautet: Ehyeh. »Vibrieren« bedeutet: Sie summen diesen Namen in möglichst tiefer Tonlage in einer Art kraftvoll-rhythmischem Sprechgesang, wobei jede Silbe inbrünstig betont wird; Sie konzentrieren sich auf jeden Laut. Der Ton wird zu etwas Heiligem. Es gibt jetzt nur diesen Ton, diesen Klang. Nichts anderes hat Bedeutung für Sie. Sie lassen sich ganz von Wort und Klang durchdringen: Sie selbst, Ihr Körper wird zu Wort und Klang. Jede Zelle Ihres Körpers schwingt mit, vibriert mit. (Ein unbeschreiblich schönes Erlebnis! Selbst als Anfänger dürften Sie sofort spüren: Da passiert etwas mit mir, da ist ein wohliges, prickelnd-pulsierendes Gefühl des Glücks und der Stärke, das mich ganz und gar durchdringt.)

6. Sie visualisieren einen Lichtstrahl, der von Kether ausgeht und in eine zweite Lichtkugel einmündet. Diese zweite Lichtkugel befindet sich in Höhe Ihres Genicks bzw. Ihres Kehlkopfes. Sie entspricht der Sephirah Daath. Nun vibrieren Sie den kabbalistischen Gottesnamen, der Daath zugeordnet wird. Er lautet: Jehova Elohim.

7. Von Daath aus visualisieren Sie einen Lichtstrahl, der in die Sphäre Tiphereths einmündet. In Ihrer Aura befindet sich Tiphereth ein Stück weit unter Ihrem Herzen, in der Mitte Ihres Körpers. Auch hier visualisieren Sie wieder einen Lichtball, eine leuchtende Kugel aus hellem Licht. Sie vibrie-

ren den Tiphereth zugeordneten Gottesnamen. Er lautet: Jehova Aloah va Daath.

8. Sie visualisieren einen Lichtstrahl, der Tiphereth mit Jesod verbindet. Jesod befindet sich in Ihrer Aura in der Beckengegend. Sie vibrieren den Gottesnamen Schadai Ehl-Chai. (»Chai« sprechen Sie guttural, also so, wie ein Schweizer es ununterbrochen tut bzw. so, wie ein Niederländer das »G« spricht — ein »ch«, wie es in »Kuchen« oder »lachen« ist.)

9. Jesod wird mit Malkuth (direkt unter Ihren Fußsohlen) durch einen visualisierten Lichtstrahl verbunden. Der Gottesname Malkuths wird vibriert. Er lautet: Adonai ha-Aretz.

10. Jetzt haben Sie Kether mit Malkuth verbunden. Eine visualisierte Lichtsäule durchdringt Ihren Körper vom Scheitel bis zur Sohle. Sie sind durch und durch mit spiritueller Energie geladen. Jetzt können Sie die sephirothische Kraft in Ihrem Körper zirkulieren lassen. Diese Zirkulation verläuft synchron zu Ihrer Atmung: Beim Einatmen ziehen Sie die Kraft von Kether hinab zu Malkuth, beim Ausatmen steigt die Kraft von Malkuth wieder zu Kether auf.
Im »zweiten Arbeitsgang« fließt die Kraft beim Einatmen zu Ihrer linken Seite hinab in die Sphäre Malkuths, um beim Ausatmen zu Ihrer Rechten wieder aufzusteigen.

11. Diese Kraft, mit der Sie sich aufgetankt haben, können Sie entweder »nur« genießen (was auf Dauer nicht ratsam ist) oder sie zu bestimmten Zwecken nutzen. Sie können beispielsweise Transformations- und Heilungsprozesse beschleunigen oder Autosuggestionen, Gedankenformen und Gebete »aufladen« (vitalisieren). Sie können die Kraft aber

auch an Menschen senden, die Sie lieben und denen Sie etwas Gutes tun möchten: an Freunde, an Kranke, an Kraftlose oder an solche Menschen, die sich momentan in einer Krise befinden. Sie können nach Herzenslust herumexperimentieren, um herauszufinden, wie Sie mit der Kraft umgehen und wozu Sie sie benutzen können. Wenn Sie das »Exerzitium der mittleren Säule« beherrschen, können Sie es überall und jederzeit zu jedem gewünschten Zweck durchführen. Das Vibrieren der Gottesnamen kann dann auch durch intensive Konzentration ersetzt, das heißt: auch stumm praktiziert werden. (Wer will in der U-Bahn schon blöd angeglotzt werden, wenn er plötzlich laut zu vibrieren beginnt . . .?)

Später können Sie sich dann in analoger Weise die Kräfte jeder gewünschten Sephirah zunutze machen. Sie können auch die Pfade in Ihrer Aura visualisieren. (Der Pfad Samech zum Beispiel, der Jesod mit Tiphereth verbindet, liegt exakt auf der mittleren Säule und kann aktiviert werden, indem Sie zunächst das »Exerzitium der mittleren Säule« in gewohnter Weise absolvieren und sich danach auf denjenigen Teil der visualisierten Lichtsäule konzentrieren, der Jesod mit Tiphereth in Ihrer Aura verbindet. Diese praktische Übung ersetzt allerdings nicht die langwierigen Bemühungen auf theoretischem Sektor.) Wenn Sie einmal begriffen haben, wie's funktioniert, ist Ihrer Experimentierlust keine Grenze gesetzt. Buchstäblich: keine.

Wenn Sie das Exerzitium der mittleren Säule beherrschen, können Sie alle in Ihre Aura projizierten Sephiroth durch einen visualisierten Lichtstrahl miteinander verbinden. Sie lassen dann die Kraft Kethers durch den »Pfad des Blitzes« fließen:

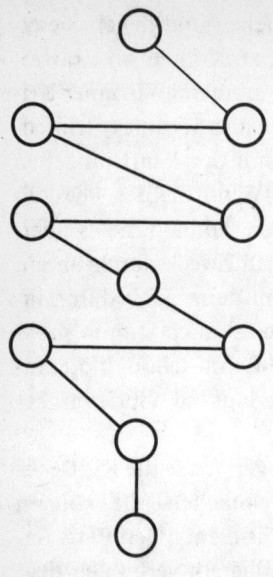

Daath wird hierbei nicht berührt. Chockmah visualisieren Sie als weiße Kugel etwa zehn Zentimeter von Ihrer linken Schläfe entfernt. (Binah liegt genau gegenüber, in der Nähe der rechten Schläfe.) Chesed befindet sich neben Ihrer linken Schulter, Geburah neben der rechten. Netzach visualisieren Sie als weiße Lichtkugel neben Ihrem Körper auf der Höhe zwischen Beckenknochen und dem linken Oberschenkel, Hod gegenüber auf der rechten Seite. Beim Einatmen strömt die Kraft von Kether aus zu Malkuth hinab, beim Ausatmen fließt sie über die mittlere Säule zurück. (Fortgeschrittene können die Kraft über das Netz der Pfade zurückströmen lassen.)

Sobald Sie einige Übung im Visualisieren haben, können Sie versuchen, die in Ihre Aura projizierten Sephiroth (und später auch die Pfade) farbig zu visualisieren:

Kether: strahlendweiß
Chockmah: perlgrau
Binah: schwarz
Chesed: blau
Geburah: rot
Tiphereth: goldgelb
Netzach: grün

Hod: orange
Jesod: violett
Malkuth: schwarz (oder vierfarbig — zitronengelb, olivgrün, rotbraun und schwarz)

Jetzt ist das Buch zu Ende. Wie geht's nun weiter? Fast immer, wenn man ein Buch wie dieses hier ausgelesen hat, fühlt man sich als Leser ein bißchen unwohl, hilflos und allein gelassen. Man hat Wissen aufgenommen und ahnt dunkel, daß sich damit durchaus etwas anfangen ließe. Aber was? Und: wie?

Während des Lesens haben Sie, um es kabbalistisch auszudrücken, das Binah-Prinzip gelebt, also die Forderung des dritten Gebotes (im kabbalistischen Sinn) erfüllt. Sie haben aufgenommen, sich geöffnet, Ideen in sich einströmen lassen. Dies Buch war für einige Zeit Ihr »Chockmah«. Sie könnten jetzt weiterhin auf »Binah-Kurs« fahren und weitere Bücher zum Thema lesen (was empfehlenswert ist). Sie können Ihr Wissen aus anderen Bereichen mit den Lehren und Prinzipien der Kabbala in Übereinstimmung zu bringen versuchen und auf diese Weise Ihr eigenes »Beth«/»Haus« (vgl. das neunte Gebot) errichten. Sie können über den Lebensbaum meditieren, Ihre Erfahrungen und Eindrücke in ein Notizheft schreiben und den Erfahrungsaustausch mit anderen Menschen suchen, die sich ebenfalls für die Kabbala interessieren. Sie können die vorgeschlagenen Übungen regelmäßig durchführen.

Das Wichtigste aber ist: Sie müssen lernen, dem »inneren Lehrer« (dem Stellvertreter des Mütterchen Kabbala in Ihnen) zu vertrauen. Irgend etwas in uns »weiß« viel mehr, als uns bewußt ist. Wenn wir an diese Instanz Fragen richten, bekommen wir Antwort. Und wie macht man das?

Ganz einfach: Man macht es, indem man es tut! Man praktiziert »learning by doing«. Man läßt sich auf das Abenteuer ein und experimentiert so lange, bis es klappt. Wir haben die schriftliche Garantieerklärung: »Suchet, so werdet ihr finden.« Mehr als eine bindende Erfolgsgarantie kann uns kein allwissender Meister und kein neunmalkluger Lehrer geben!

Solange wir fragen: »Was soll ich jetzt tun?« und von außen, von anderen Menschen eine Antwort erwarten, sind wir auf dem Holzweg. Eine brauchbare Antwort bekommen wir erst, wenn wir solche Fragen an den »inneren Lehrer« in uns richten und seiner Antwort vertrauen. Horch hin, hör in dich hinein: Was sagt er dir? Er spricht die Sprache der Intuition. Sie zu verstehen ist wirklich nicht schwer!

Also los: frag ihn! Wie? Indem du es einfach tust. Nicht morgen, nicht irgendwann, sondern jetzt! Leg das Buch beiseite und fang einfach an.